21世纪会计系列规划教材
应用型

管理会计
习题与案例

Management Accounting
Exercises and Cases

滕萍萍　主　编

吴思晓　郑清兰　副主编

东北财经大学出版社
Dongbei University of Finance & Economics Press
大连

图书在版编目（CIP）数据

管理会计习题与案例 / 滕萍萍主编. —大连：东北财经大学出版社，2025.8.—
（21世纪会计系列规划教材·应用型）. —ISBN 978-7-5654-5760-9

Ⅰ. F234.3

中国国家版本馆 CIP 数据核字第 2025TJ2566 号

管理会计习题与案例

GUANLI KUAIJI XITI YU ANLI

东北财经大学出版社出版

（大连市黑石礁尖山街217号　邮政编码　116025）

网　　址：http://www.dufep.cn

读者信箱：dufep@dufe.edu.cn

大连东泰彩印技术开发有限公司印刷　　东北财经大学出版社发行

幅面尺寸：185mm×260mm　　　字数：398千字　　　印张：17

2025年8月第1版　　　　　　　2025年8月第1次印刷

责任编辑：高　铭　　　　　　　责任校对：赵　楠

封面设计：张智波　　　　　　　版式设计：原　皓

书号：ISBN 978-7-5654-5760-9　　　定价：43.00元

前　言

在当今竞争激烈且瞬息万变的商业环境中，管理会计作为企业决策的重要支持工具，其重要性愈发凸显。它不仅为企业内部管理提供了精准的信息和科学的决策依据，还是助力企业实现战略目标、提升核心竞争力的关键要素。为了帮助广大读者更好地掌握管理会计的核心知识和技能，深入理解管理会计在实际企业运营中的应用，我们在《管理会计》（滕萍萍、刘佳昕、王琦，2023）的基础上编写了这本《管理会计习题与案例》。

本书具有以下特点：

1.内容全面系统

本书涵盖了管理会计的各个重要领域，包括成本性态分析、本量利分析、短期经营决策、长期投资决策、全面预算管理、标准成本法、责任会计等。每一章都精心设计了大量的习题，从基础的概念理解到复杂的综合应用，循序渐进地帮助读者巩固所学知识，加深对管理会计理论的理解和掌握。

2.习题类型丰富

习题形式多样，包括单项选择题、多项选择题、判断题、计算分析题、案例分析题等。不同类型的习题从不同角度考查读者对知识点的掌握程度，既有助于读者检验自己的学习效果，又能培养他们灵活运用知识的能力。此外，习题的难度层次分明，既有针对基础知识的巩固练习，又有具有一定挑战性的拓展训练，可以满足不同学习阶段和学习水平读者的需求。

3.案例真实生动

本书选取了大量来自不同行业、不同规模企业的真实案例。这些案例具有很强的代表性和现实意义。通过对案例的分析和讨论，读者可以深入了解管理会计在企业实际运营中的具体应用场景和方法，学习企业如何运用管理会计工具进行成本控制、预算编制、绩效评价等决策活动，从而提高读者的实际应用能力和决策分析能力。

4.解析详细透彻

本书提供了详细的解析和参考答案，解析过程不仅给出了正确的答案，还注重对解题思路和方法的引导，帮助读者理解每一个步骤的依据和目的。通过对解析的学习，读者可以掌握正确的解题方法和技巧，提高解题效率和准确性。同时，对于案例分析题，解析还会对案例中的关键问题进行深入剖析，引导读者从不同角度思考问题，培养他们的批判性思维和创新能力。

本书既可以作为高等院校会计学、财务管理等相关专业"管理会计"课程的配套辅导教材，又可以作为企业管理人员、财务人员以及其他对管理会计感兴趣的人士的学习参考资料。希望本书能够帮助广大读者更好地掌握管理会计知识，提高应用能力，为未来的职业发展打下坚实的基础。

　　本书由滕萍萍、吴思晓、郑清兰、孔令一、李满林编写。在编写过程中，参考和借鉴了大量相关教材成果，在此表示诚挚谢意！由于编写时间和水平有限，书中难免存在不足之处，恳请广大读者批评指正。我们将不断努力改进和完善本书，为读者提供更优质的学习资源。

编　者

2025年5月

目　录

第一章　管理会计概论	1
第一部分　内容概要	1
第二部分　练习题	7
第三部分　参考答案	13
第二章　成本性态与变动成本法	25
第一部分　内容概要	25
第二部分　练习题	29
第三部分　参考答案	40
第三章　本量利分析	53
第一部分　内容概要	53
第二部分　练习题	57
第三部分　参考答案	68
第四章　经营预测	79
第一部分　内容概要	79
第二部分　练习题	83
第三部分　参考答案	91
第五章　短期经营决策	99
第一部分　内容概要	99
第二部分　练习题	104
第三部分　参考答案	117
第六章　存货决策	135
第一部分　内容概要	135
第二部分　练习题	138
第三部分　参考答案	145
第七章　长期投资决策	153
第一部分　内容概要	153
第二部分　练习题	158
第三部分　参考答案	164
第八章　标准成本法	171
第一部分　内容概要	171
第二部分　练习题	175
第三部分　参考答案	183

第九章　作业成本法	190
第一部分　内容概要	190
第二部分　练习题	192
第三部分　参考答案	200
第十章　预算管理	209
第一部分　内容概要	209
第二部分　练习题	212
第三部分　参考答案	221
第十一章　业绩考核与评价	229
第一部分　内容概要	229
第二部分　练习题	235
第三部分　参考答案	242
第十二章　战略管理会计与环境管理会计	249
第一部分　内容概要	249
第二部分　练习题	253
第三部分　参考答案	258
参考文献	264

第一章

管理会计概论

一、管理会计的定义

(一) 国外会计机构及学者对管理会计的定义

国外会计机构及学者对管理会计的定义包括狭义与广义两个阶段，其核心内容见表1-1。

表1-1 狭义与广义管理会计阶段的核心内容

阶段	核心内容
狭义管理会计阶段 （20世纪20年代至 20世纪70年代）	①管理会计以企业为主体展开其管理活动； ②管理会计是为企业管理层的管理目标服务的； ③管理会计是一个信息系统
广义管理会计阶段 （20世纪70年代以后）	①管理会计以企业为主体展开其管理活动； ②管理会计既为企业管理层的管理目标服务，同时也为股东、债权人、规章制度制定机构及税务当局等非管理集团服务； ③管理会计作为一个信息系统，它所提供的财务信息包括用来解释实际和计划所必需的货币性和非货币性信息； ④从内容看，管理会计既包括财务会计，又包括成本会计和财务管理

(二) 国内会计机构及学者对管理会计的定义

国内主要会计机构及学者对管理会计的定义见表1-2。

表1-2 国内主要会计机构及学者对管理会计的定义

会计机构/学者	定义
李天民教授	管理会计主要是通过一系列专门方法利用财务会计提供的资料及其他有关资料进行整理、计算、对比和分析，使企业各级管理人员能据以对日常发生的一切经济活动进行规划与控制，并帮助企业领导做各种决策的一整套信息处理系统
汪家佑教授	管理会计是西方企业为了加强内部经营管理，实现最大利润的目的，灵活运用多种多样的方式方法，收集、加工和阐明管理层合理地计划和有效地控制经济过程所需要的信息，围绕成本、利润、资本三个中心，分析过去，控制现在，规划未来的一个会计分支

续表

会计机构/学者	定义
温坤教授	管理会计是企业会计的一个分支。它运用一系列专门的方式方法，收集、分类、汇总、分析和报告各种经济信息，借以进行预测和决策，制订计划，对经营业务进行控制，并对业绩进行评价，以保证企业改善经营管理，提高经济效益
余绪缨教授	管理会计是为企业内部使用者提供管理信息的会计，它为企业内部使用者提供有助于正确进行经营决策和改善经营管理的有关资料，发挥会计信息的内部管理职能
财政部	管理会计是会计的重要分支，主要服务于单位（包括企业和行政事业单位）内部管理需要，是通过利用相关信息，有机融合财务与业务活动，在单位规划、决策、控制和评价等方面发挥重要作用的管理活动

（三）管理会计定义的理解

本书认为，管理会计是以现代企业经营活动及其价值表现为对象，以加强企业内部管理、实现最佳经济效益为目的，创新和运用各种工具与方法，对经济过程进行预测、决策、规划、控制、责任考核与评价等，为企业内部管理人员提供有用信息的一种决策支持系统。

正确研究和理解管理会计应注意以下四点：

第一，从属性分析，管理会计属于会计学科的一个分支，是以加强企业内部管理、实现最佳经济效益为最终目的的会计信息系统。它是会计学与现代管理科学的融合，是利用会计特有的概念、方法和思维进行的管理活动。

第二，从对象分析，管理会计是以现代企业经营活动及其价值表现为对象进行的价值管理活动，因而应关注现金流动、资金流动，并基于信息流进行价值最大化管理，体现业务与财务、技术相融合的管理要求。

第三，从范围分析，管理会计主要为企业内部管理者当局服务，但管理会计信息的使用对象是多元的，如股东、债权人、规章制度制定机构及国家行政机构（如税务局）等非管理机构同样可以使用这些信息。

第四，从方法分析，管理会计要实现其目标，需要运用一系列专门的方法和工具，这些方法和工具应根据时代的需要不断创新和发展。

二、管理会计的形成与发展

（一）西方管理会计的发展

西方管理会计发展的四个阶段见表1-3。

表1-3　　　　　　　　　**西方管理会计发展的四个阶段**

阶段	时间
以标准成本控制为基本特征的管理会计阶段	20世纪初到20世纪50年代
以预测、决策为基本特征的管理会计阶段	20世纪50年代至20世纪80年代
以重视环境适应性为基本特征的战略管理会计阶段	20世纪80年代至20世纪末
提升企业组织核心能力的管理会计阶段	21世纪以来

（二）中国管理会计的发展

中国管理会计发展的四个阶段见表1-4。

表1-4   中国管理会计发展的四个阶段

阶段	时间
初步研究阶段	20世纪70年代末到20世纪80年代
提升、创新阶段	20世纪80年代至21世纪初
全面发展、推进阶段	2014年至2020年
数字化深化阶段	2020年至今

（三）管理会计的基本理论

1.管理会计的对象

管理会计的对象是指管理会计作为一项经济活动，所要关注的基本内容。

目前，对于管理会计的对象，国内理论界基本形成了现金流动论、价值差量论、资金总运动论、价值管理论等四种观点。这些观点从不同的角度对管理会计的对象进行论证。本书认为管理会计的对象是现代企业经营活动及其价值表现，主要原因是：

（1）从本质上讲，管理会计的最终对象是企业的生产经营活动。

（2）从经济效益的角度来看，管理会计的对象是企业生产经营活动中的价值运动。

（3）从实践角度上看，管理会计的对象具有复合性的特点。

2.管理会计的内容

管理会计的内容是指与其职能相适应的工作内容，包括预测分析、决策分析、全面预算、成本控制和责任会计等方面。其中，前两项内容合称为预测决策会计；全面预算和成本控制合称为规划控制会计。预测决策会计、规划控制会计和责任会计，三者既相对独立，又相辅相成，共同构成了现代管理会计的基本内容，具体见表1-5。

表1-5   管理会计的内容

内容	内涵
预测决策会计	预测决策会计是管理会计系统中侧重于发挥预测经济前景和实施经营决策职能的子系统，它处于现代管理会计的核心地位，是现代管理会计形成的关键标志之一
规划控制会计	规划控制会计是指在决策目标和经营方针已经明确的前提下，为执行既定的决策方案而进行有关规划和控制，以确保预期奋斗目标顺利实现的管理会计子系统
责任会计	责任会计是指为适应企业内部经济责任制的要求，对企业内部各责任中心的经济业务进行规划与控制，以实现业绩考核与评价的一种内部会计控制制度

三、管理会计的指引体系

（一）管理会计基本指引

1.管理会计基本指引的内容

（1）管理会计基本指引的框架。《管理会计基本指引》中形成了涵盖目标、原则、要素等的基本框架，并以要素为主线铺陈章节。第一章为总则，包括管理会计基本指引的制定依据、适用范围、管理会计目标、原则、要素等内容；第二章至第五章分别对总则中提出的应用环境、管理会计活动、工具方法、信息与报告这四个管理会计要素进行了展开；第六章为附则，包括《管理会计基本指引》的解释权限和施行日期等内容。

（2）管理会计的目标是通过运用管理会计工具方法，参与单位规划、决策、控制、评价活动并为之提供有用信息，推动单位实现战略规划。因此，管理会计的最终目标是提高企业的经济效益，主要包括为管理和决策提供信息和参与企业的经营管理。

（3）管理会计的原则包括：战略导向原则、融合性原则、适应性原则、成本效益原则。

（4）管理会计要素概括为应用环境、管理会计活动、工具方法、信息与报告四项内容。

（5）管理会计具有预测、决策、规划、控制、考核与评价五项职能。

2.管理会计基本指引的意义

管理会计基本指引具有以下意义：①有利于加强管理会计指引体系建设；②有利于加强单位管理会计工作；③有利于推动管理会计理论发展。

（二）管理会计应用指引

1.管理会计应用指引的内容

（1）管理会计应用指引的框架。管理会计应用指引包括概括性指引和工具方法指引两部分。

（2）管理会计应用指引的具体内容。管理会计应用指引在《管理会计基本指引》颁布之后，从2017年开始陆续推出：2017年10月，推出第一批涉及8个类别共22项，包括：战略管理、预算管理、成本管理、营运管理、投融资管理、绩效管理、企业管理会计报告、管理会计信息系统应用指引；2018年8月，推出第二批7项，增加了风险管理应用指引类别；2018年12月，推出第三批5项，增加了行政事业单位应用指引类别。其中，第一批和第二批的管理会计应用指引主要针对企业单位，第三批的管理会计应用指引第一次提出了对行政事业单位的指引。

2.管理会计应用指引的特点

管理会计应用指引具有注重指导性、注重应用性、注重开放性、注重操作性等特点。

3.管理会计应用指引的意义

管理会计应用指引具有以下意义：①管理会计应用指引是贯彻落实财政部《关于全面推进管理会计体系建设的指导意见》的需要；②管理会计应用指引是推动我国管理会计理论与实践发展的需要；③管理会计应用指引是推动我国管理会计走向世界的需要。

四、管理会计与财务会计的区别与联系

（一）管理会计与财务会计的区别

管理会计与财务会计的区别见表1-6。

表1-6   管理会计与财务会计的区别

不同点	管理会计	财务会计
工作主体不同	企业内部各层次的责任单位（整个企业或个别部门）	整个企业
职能不同	解析过去、控制现在、规划未来	反映过去
服务对象不同	企业内部各级管理层； 是"对内报告会计"	企业外界和与企业有利益关系的团体组织或个人； 是"对外报告会计"
约束条件不同	不受会计原则或企业会计准则的完全限制和严格约束	受会计准则、会计制度及其他法规的制约
信息精确程度不同	相对准确	力求精确
计量尺度不同	货币单位或非货币单位	以货币为主要计量单位
计算方法不同	大量运用现代数学方法（微积分、线性规划、概率论等）和计算机技术	简单的算术方法（加、减、乘、除）
报告期不同	不受固定会计期间（如月、季、年）的限制，可以按小时、天、月、年甚至若干年编制报告	按规定的会计期间（如月、季、年）编制报告
工作程序不同	程序性较差，可根据自己的实际情况自行设计其管理会计工作流程	必须执行固定的会计循环程序，具有一定的强制性和程序性
观念取向不同	注重管理过程及其结果对企业内部各方面人员在心理和行为方面的影响	重视定期报告企业的财务状况和经营成果的质量

（二）管理会计与财务会计的联系

管理会计与财务会计的联系见表1-7。

表1-7   管理会计与财务会计的联系

相同点	内容
起源相同	传统会计
最终目标相同	促进企业提高经济效益，为实现企业管理目标服务
基本信息同源	核算资料都来源于企业的生产经营活动，以财务会计为主体进行信息收集、加工
服务对象交叉	同时为企业内部和外部的经济组织、团体和个人服务，只是侧重点不同
相互促进，共同发展	适应时代要求而不断完善与发展

五、管理会计师的职业证书与职业道德

（一）管理会计师的职业证书

（1）美国注册管理会计师（CMA）。

（2）英国特许管理会计师（CIMA）。

（3）中国管理会计师（PCMA）。

（4）管理会计教育 1+X 证书。

（二）管理会计师职业道德规范

职业道德是管理会计师工作和职业中的重要问题，它是对提供有效的管理控制的承诺。管理会计及财务管理人员对大众、专业团体、服务机构及其本身，有维持最崇高道德准则的义务，因此美国最大的管理会计机构美国管理会计师协会颁布了《管理会计及财务管理人员之道德执行准则》。该准则的内容见表1-8。

表1-8　　　　　　　　　　　　　管理会计师职业道德规范

职业道德	主要内容
能力	①通过持续地提高自身知识和技能来保持合适的专业胜任能力； ②按照相关的法律、规则和技术标准来履行职责； ③通过恰当地分析相关和可靠的信息来编制并提供完整、清晰的报告和意见
保密性	①除法律要求或获得授权外，不得披露在工作过程中所获得的秘密信息； ②告知下属要考虑对工作中所获取信息的保密要求，并监督他们的工作，以确保信息得以保密； ③禁止亲自或者通过第三方使用或可能使用工作中获得的秘密信息去获取不道德的或非法的利益
公正性	①避免事实上或表面上可能引起的利益冲突，并通知相关各方可能存在的各种潜在的冲突； ②禁止从事那些可能影响正常执行业务的各项活动； ③拒绝接受那些影响或者可能影响其公正的礼品、馈赠和各种款待； ④禁止积极地或者被动地干扰企业合法的、符合道德的目标的实现； ⑤认识到自身的职业限制，并把这种限制告诉相关人员，即使这种不足可能影响作出有责任的判断或者影响其获得成功的业绩； ⑥告知有利及不利的信息以及职业判断或意见； ⑦禁止从事或支持各种有损管理会计职业的行为
客观性	①公正和客观地提供信息； ②充分披露那些可合理预见会影响潜在使用者理解报告、评论和意见的所有相关信息

（三）道德冲突及其解决

一般来说，管理会计人员是为企业内部经营管理服务的，追求的是企业价值的最大化。但是，在实际工作中，个人和组织都存在各自的不同利益追求，这些利益追求有时会产生冲突。美国管理会计师协会关注到道德冲突问题，并提出解决道德冲突的指导原则。在应用职业道德行为规范时，管理会计和财务管理人员可能遇到如何确定不道德的行为或者如何解决道德冲突的问题。当遇到关键性的道德问题时，管理会计师必须遵守权威机构制定的规则。如果这些规则不能解决问题，管理会计师可以考虑下列办法：

（1）与直接上级讨论这些问题，前提是这位上级没有卷入冲突，否则应上报给更高级的领导。如果问题出现以后仍然没有找到满意的解决办法，也可以把问题上报给更高一级的领导。

（2）如果直接上级是首席执行官或者同级别的领导，可以接受的检查机构包括审计委员会、执行委员会、董事会、信托委员会或股东大会。

（3）与一位客观公正的建议者（如IMA道德建议委员会）秘密讨论，以获得对各种可能出现的情况的更好理解。

（4）向自己的律师询问有关道德冲突的法律责任与义务。

（5）如果经过各种尝试，道德冲突依旧存在，且道德冲突发生在关键事项上，管理会计师应该提出辞职并给公司合适的领导提交一份详细的备忘录。辞职以后，该备忘录可以适时地提醒有关冲突的各方。

第二部分　练习题

一、名词解释
1.管理会计
2.预测决策会计
3.规划控制会计
4.责任会计
5.数字化管理会计

二、单项选择题
1.下列各项中，与传统的财务会计概念相对立而存在的是（　　）。

A.现代会计　　　　　　B.企业会计　　　　　　C.管理会计　　　　　　D.成本会计学

2.下列说法正确的是（　　）。

A.管理会计是经营管理型会计，财务会计是报账型会计

B.财务会计是经营管理型会计，管理会计是报账型会计

C.管理会计是对外报告会计

D.财务会计是对内报告会计

3.下列各项中，不属于狭义管理会计内容的是（　　）。

A.管理会计以企业为主体展开其管理活动

B.管理会计是为企业管理层的管理目标服务的

C.管理会计是一个信息系统

D.管理会计既包括财务会计，又包括成本会计和财务管理

4.从管理体现经济效益的角度来看，管理会计的对象是（　　）。

A.企业生产经营活动　　　　　　　　B.以使用价值管理为基础的价值活动

C.企业的资金运动　　　　　　　　　D.企业的会计信息

5.下列各项中，关于《管理会计基本指引》说法正确的是（　　）。

A.《管理会计基本指引》是财政部于2017年6月制定并发布的

B.《管理会计基本指引》共七章

C.《管理会计基本指引》包括概括性指引和工具方法指引两部分组成

D.《管理会计基本指引》中涵盖了目标、原则、要素等内容

6."1+X"中的"1"是指的是（   ）。

A.学历证书   B.财务共享服务职业技能等级证书

C.大数据财务分析职业技能等级证书   D.初级会计师证书

7.下列各项中，不属于高级数字化管理会计职能要求的是（   ）。

A.资金收入管理   B.战略制定

C.风险应对策略   D.绩效计划制订

8.下列各项中，属于管理会计与财务会计相同点的是（   ）。

A.起源相同   B.主体相同

C.计量尺度相同   D.职能相同

9.管理会计（   ）。

A.具有统一性和规范性   B.必须遵循公认会计准则

C.基于使用价值进行价值管理   D.方法单一

10.从服务对象上来看，管理会计侧重服务于（   ）。

A.企业投资人   B.企业债权人

C.企业内部经营管理者   D.以上都是

11.管理会计所需要的资料主要来源于（   ）。

A.统计   B.财务会计   C.销售部门   D.生产部门

12.管理会计的信息载体主要是（   ）。

A.利润表   B.资产负债表

C.财务状况变动表   D.内部报告

13.管理会计所提供的信息是为了满足内部管理的特定要求，其中涉及未来的信息不要求具备（   ）。

A.精确性   B.相关性   C.及时性   D.统一性

14.管理会计与财务会计的联系不包括（   ）。

A.最终目标相同   B.起源相同   C.方法相同   D.服务对象交叉

15.在充分考虑各种可能的前提下，按照客观规律的要求，通过一定程序对未来实践的方向、目标、原则和方法作出决定的过程符合管理会计的（   ）职能。

A.预测   B.决策   C.规划   D.控制

16.管理会计的基本职能不包括（   ）。

A.预测   B.决策   C.核算   D.控制

17.（   ）会计处于现代管理会计的核心地位，是现代管理会计形成的关键标志之一。

A.财务会计   B.预测决策会计   C.规划控制会计   D.责任会计

18.管理会计要素不包括（   ）。

A.应用环境　　　B.财务报表　　　C.工具方法　　　D.信息与报告

19.管理会计的原则不包括（　　）。

A.合法性原则　　B.战略导向原则　　C.融合性原则　　D.成本效益原则

20.管理会计师在为企业提供服务时，发现企业的一项业务存在潜在的道德风险，但管理层并不愿意采取措施改进，此时管理会计师应该（　　）。

A.听从管理层的意见，不做任何处理

B.立即辞职，避免卷入风险

C.向相关监管机构匿名举报

D.尝试与管理层进行进一步沟通，说明潜在风险和后果，如果问题仍未解决，考虑向更高级别领导或外部机构反映

三、多项选择题

1.管理会计的形成与发展经历了哪几个阶段（　　）。

A.标准成本会计阶段　　　　　　　B.决策战略管理会计阶段

C.战略管理会计阶段　　　　　　　D.提升企业组织核心能力的管理会计阶段

2.下列各项中，属于管理会计的原则的有（　　）。

A.战略导向原则　　B.融合性原则　　C.适应性原则　　D.成本效益原则

3.下列各项中，属于管理会计应用指引的特点的有（　　）。

A.注重指导性　　B.注重应用性　　C.注重开放性　　D.注重操作性

4.在以成本控制为基本特征的管理会计阶段，管理会计的主要内容包括（　　）。

A.标准成本　　B.预算控制　　C.决策　　D.差异分析

5.现代管理会计的内容有（　　）。

A.预测决策会计　　　　　　　　　B.规划控制会计

C.责任会计　　　　　　　　　　　D.考核会计

6.下列各项中，属于管理会计职能的都有（　　）。

A.预测　　B.决策　　C.规划　　D.考核与评价

7.管理会计的主体包括多个层次，它可以以（　　）作为其工作的主体。

A.投资中心　　B.利润中心　　C.成本中心　　D.企业整体

8.管理会计与财务会计在（　　）等方面有所区别。

A.服务对象　　B.目标　　C.报告责任　　D.约束条件

9.管理会计以（　　）为主体，通过计量和估值，对企业的价值转移和价值增值活动进行规划和控制，以实现价值最大化。

A.企业　　　　　　　　　　　　　B.企业内部的责任单位

C.投资者　　　　　　　　　　　　D.债权人

10.下列关于管理会计的叙述中，正确的有（　　）。

A.提供的信息相对精确　　　　　　B.可以提供未来信息

C.以责任单位为主体　　　　　　　D.必须严格遵守公认会计准则

11.预测决策会计包括（　　）。

A.预测分析　　　　　B.决策分析　　　　　C.成本控制　　　　　D.责任会计

12.规划控制会计包括（　　　）。

A.全面预算　　　　　B.成本控制　　　　　C.责任会计　　　　　D.预测分析

13.管理会计的目标包括（　　　）。

A.为管理和决策提供信息　　　　　　　　B.参与企业的经营管理

C.编制财务报表　　　　　　　　　　　　D.监督企业经济活动

14.管理会计的特点有（　　　）。

A.侧重为企业内部经营管理者服务

B.主要预测、决策和规划未来

C.不受公认会计原则约束

D.核算程序严格固定

15.管理会计师在工作中应遵循的职业道德原则包括（　　　）。

A.能力　　　　　　　B.公正性　　　　　　C.保密性　　　　　　D.客观性

四、判断题

1.狭义的管理会计只是为企业内部管理者提供计划与控制所需信息的内部会计。

（　　　）

2.管理会计的最终目标是实现价值的最大增值。　　　　　　　　　　（　　　）

3.管理会计与财务会计相比，管理会计的职能倾向于对未来的预测、决策，财务会计的职能侧重于核算和监督。　　　　　　　　　　　　　　　　　　　　　（　　　）

4.管理会计既要提供反映企业整体情况的信息，又要提供反映企业内部各责任单位经营活动情况的信息；财务会计以企业为会计主体，提供反映整个企业财务状况、经营成果和资金变动的会计信息。　　　　　　　　　　　　　　　　　　　　　（　　　）

5.管理会计受会计准则、会计制度的制约，同时企业亦可根据管理的实际情况和需要确定其处理方法。　　　　　　　　　　　　　　　　　　　　　　　　　（　　　）

6.管理会计提交报告的对象局限于企业内部各管理层次。　　　　　　（　　　）

7.虽然管理会计与财务会计有内外之分，但服务对象并不是绝对和唯一的。（　　　）

8.相对于财务会计而言，目前的管理会计体系更具有统一性和规范性。（　　　）

9.机会成本、边际成本、边际收益是管理会计常用的概念。　　　　　（　　　）

10.管理会计的主要职能是反映和监督。　　　　　　　　　　　　　　（　　　）

11.管理会计主要为企业外界服务，因而又可称为"外部会计"。　　　（　　　）

12.管理会计的工作主体分为多个层次，但主要以企业内部责任单位为主体。（　　　）

13.财务会计的作用时效横跨过去、现在和未来，但主要是面向未来。（　　　）

14.管理会计是一种侧重于在现代企业内部经营管理中直接发挥作用的会计，又是企业管理的主要组成部分，因此称为内部经营管理会计。　　　　　　　　　（　　　）

15.会计机构隶属于企业的服务部门，构成现代企业会计两大分支的管理会计和财务会计应当合并在一起。　　　　　　　　　　　　　　　　　　　　　　　（　　　）

16.《管理会计应用指引》是在《管理会计基本指引》颁布之后，从2017年开始陆续

推出的。　　　　　　　　　　　　　　　　　　　　　　　　　　　　　　　　（　　）

17.《管理会计基本指引》有力地推动了管理会计理论的发展。　　　　　　（　　）

18."1+X"中，"X"是指学历证书，是学习者在学校或者其他教育机构中完成了一定教育阶段学习任务后获得的文凭。　　　　　　　　　　　　　　　　　（　　）

19.数字化管理会计职业技能等级分为初级、中级、高级三个等级。　　　　（　　）

20.因为管理会计工作具有经济后果，而且管理会计人员掌握大量的内部信息，管理会计师在工作中经常会遇到很多职业道德冲突和问题。　　　　　　　　　（　　）

五、简答题

1.简述管理会计的目标。

2.简述管理会计与财务会计的联系与区别。

3.简述管理会计的职能。

六、案例分析题

案例1　　　　　　　　　　小米战略成本管理的实践

小米科技有限责任公司（以下简称"小米"）自创立以来，凭借独特的战略成本管理模式在竞争激烈的智能手机及智能硬件市场中迅速崛起。在成本管理方面，小米采取了一系列举措：

在研发环节，小米高度重视研发投入，但并非盲目投入，而是聚焦于核心技术的突破以及用户需求痛点的解决。例如，在影像技术研发上，小米投入大量资源，组建专业的研发团队，通过与供应商合作，研发定制化的影像传感器，提升手机的拍照性能，满足用户对高质量拍照的需求。同时，在研发过程中，小米采用敏捷开发模式，快速迭代产品，缩短研发周期，降低研发成本。

在采购环节，小米凭借庞大的采购规模和良好的供应商合作关系，获得更具有优势的采购价格。小米与全球众多优质供应商建立了长期战略合作伙伴关系，通过签订长期合同、提前锁定产能等方式，确保原材料的稳定供应和价格的相对稳定。此外，小米还积极参与供应商的早期研发，与供应商共同优化产品设计，降低原材料成本。

在生产环节，小米采用柔性生产模式，根据市场需求灵活调整生产计划，减少库存积压成本。同时，小米通过自动化生产技术和生产流程的优化，提高生产效率，降低单位生产成本。例如，小米的智能工厂引入大量自动化设备和机器人，实现了生产过程的高度自动化，不仅提高了产品质量，还降低了人工成本。

在营销环节，小米主要通过线上营销渠道进行产品推广，降低了传统线下营销高昂的渠道费用。小米利用社交媒体、线上发布会等形式，与用户进行直接互动，精准传递产品信息，提高品牌知名度和产品销量。此外，小米还通过粉丝社区建设，培养用户忠诚度，形成口碑传播，降低营销成本。

资料来源：刘晨，董美霞.基于价值链理论的企业战略成本管理实践——以小米为例［J］.财务管理研究，2023（9）：38-44.

要求：

（1）从战略成本管理的价值链分析角度，阐述小米在各环节采取的措施如何实现成本控制与价值创造的平衡？

（2）小米的战略成本管理模式对管理会计的信息质量要求有哪些？在实际应用中，可能会面临哪些信息获取和处理的挑战？

（3）小米的战略成本管理模式对企业的长期发展有何影响？

案例2　　　　　　　　中航工业管理会计体系化建设

中国航空工业集团有限公司（简称"中航工业"）是由中央管理的国有特大型企业，于2008年由原中航一、二集团重组整合成立。该集团业务广泛，涵盖航空武器装备、民用航空产品、航空发动机、机载系统与设备等核心领域，同时，还涉足汽车零部件、新能源等非航空业务。

中航工业围绕公司发展战略开展了基于价值创造的管理会计体系建设，推动公司各项改革措施落地。这些措施包括：一是围绕战略目标，深入推进全面预算管理，通过预算落实经营目标，实现收入逐年增长。二是围绕经济质量效益提升，深化实施战略成本管理，将成本控制纳入企业战略统筹考量，同时与客户需求相结合，实现长远发展。三是围绕技术与经济相结合，大力推广项目财务管理，在一些自主研发的重大项目上着力推进项目总会计师系统建设。四是围绕企业价值最大化的目标，全面推行经济增加值（Economic Value Added，EVA）管理，建立健全EVA的组织推进体系、制度体系、工作体系、监控体系和考核评价体系，不断提升价值创造能力。五是围绕集团并购中存在的项目战略性强、投资额大、风险因素多等问题，注重发挥管理会计的作用，加强风险防范，有效整合资源，加强财务管控。中航工业在推进全面预算管理的过程中，注重全面预算管理与战略结合、与企业计划管理结合、与业务实际结合、与经营业绩考核结合，通过预算落实经营目标，促进了企业管理水平和经济运行质量效益的提升。

资料来源：佚名. 管理会计在12家企业集团的12个应用案例［EB/OL］.（2018-10-10）［2025-02-06］. https://www.sohu.com/a/258576542_768760.

要求：

（1）请分析中航工业用到哪些管理会计方法？

（2）中航工业运用多种管理会计方法开展体系化建设，体现了管理会计的哪些职能？

案例3　　　管理会计、财务管理与财务会计在业务决策中的协同应用

华丽服饰有限公司是一家集设计、生产和销售各类时尚服装于一体的企业。公司业务发展迅速，规模不断扩大，但也面临着日益复杂的经营环境和管理挑战。在公司的财务管理工作中，涉及管理会计、财务管理和财务会计三个不同的领域。它们各自发挥着独特的作用。以下是公司近期遇到的几个具体场景：

场景一：预算编制与决策支持

公司计划推出一个新的服装系列，管理层需要决定是否投入资源进行研发和生产。管理会计部门收集了市场需求预测、成本估算、预期销售价格等信息，通过本量利分析、敏感性分析等方法，为管理层提供了不同产量和销售情况下的利润预测和风险评估，帮助管理层作出是否推出新系列的决策。同时，管理会计还制定了新系列产品的预算，包括研发预算、生产成本预算、销售费用预算等，并将预算指标分解到各个部门和环节，以确保资源的合理配置和目标的实现。

场景二：资金筹集与投资决策

随着业务的扩张，公司需要筹集资金来满足生产和运营的需求。财务管理部门负责制订资金筹集计划，分析不同筹资方式的成本和风险，如银行贷款、发行债券、股权融资等，并根据公司的财务状况和发展战略选择合适的筹资方案。同时，财务管理部门还对公司的投资项目进行评估和决策，运用净现值法、内含报酬率法等方法，对投资项目的可行性进行分析，确保投资项目能够为公司带来合理的回报。

场景三：财务报表编制与对外披露

财务会计部门按照企业会计准则和相关法规的要求，对公司的日常经济业务进行记录、分类和汇总，编制资产负债表、利润表、现金流量表等财务报表。这些报表反映了公司在一定时期内的财务状况、经营成果和现金流量情况，主要用于向外部利益相关者，如投资者、债权人、税务机关等提供信息，以满足他们的决策需求。财务会计报表需要遵循严格的会计原则和规范，确保信息的真实性、准确性和可比性。

要求：

（1）根据上述案例，分别阐述管理会计、财务管理和财务会计的主要工作内容和目标。

（2）请分析管理会计、财务管理和财务会计在工作方法、信息使用者和信息特征方面的本质区别。

（3）结合案例，说明管理会计、财务管理和财务会计如何相互协作，共同为公司的发展提供支持。

第三部分　参考答案

一、名词解释

1.管理会计

管理会计是以现代管理科学和会计学为基础，以加强企业内部管理、实现最佳经济效益为目的，运用科学的方法，通过对企业经营活动过程进行预测、决策、规划、控制和考核评价等活动，为企业内部管理人员提供有用信息的一种决策支持系统。

2.预测决策会计

预测决策会计是管理会计系统中侧重于发挥预测经济前景和实施经营决策职能的子系统，它处于现代管理会计的核心地位，是现代管理会计形成的关键标志之一。

3.规划控制会计

规划控制会计是指在决策目标和经营方针已经明确的前提下，为执行既定的决策方案而进行有关规划和控制，以确保预期奋斗目标顺利实现的管理会计子系统。

4.责任会计

责任会计是指为适应企业内部经济责任制的要求、对企业内部各责任中心的经济业务进行规划与控制、以实现业绩考核与评价的一种内部会计控制制度。

5.数字化管理会计

数字化管理会计是互联网、大数据、人工智能、云计算等数字化信息技术在财务领域的广泛运用，适应服务于现代企业的管理需求，以自动化和智能化的数据为基础，通过现代管理会计工具和方法形成连接企业财务、业务、管理和战略的可视化和战略化运营体系。

二、单项选择题

1.C	2.A	3.D	4.B	5.D	6.A	7.A	8.A	9.C	10.C
11.B	12.D	13.A	14.C	15.B	16.C	17.B	18.B	19.A	20.D

难点解析：

2.管理会计是经营管理型会计，财务会计是报账型会计；管理会计主要向企业内部各级管理层提供管理会计信息，财务会计主要向企业外界和与企业有利益关系的团体组织或个人提供财务会计信息。因此，选项A正确。

3.狭义管理会计的核心内容包括：①管理会计以企业为主体展开其管理活动；②管理会计是为企业管理层的管理目标服务的；③管理会计是一个信息系统。

4.从管理体现经济效益的角度来看，管理会计的对象是企业生产经营活动中的价值运动。管理会计是以生产经营活动中价值形成和价值增值过程为对象，通过对使用价值的生产和交换过程的优化，提供信息并参与决策，以实现价值最大增值的目的。因此，选项B正确。

5.《管理会计基本指引》是财政部于2016年6月制定并发布的，选项A错误。《管理会计基本指引》共六章，第一章为总则，第二章至第五章分别对总则中提出的应用环境、管理会计活动、工具方法、信息与报告这四个管理会计要素进行了展开，第六章为附则，选项B错误。《管理会计应用指引》包括概括性指引和工具方法指引两部分，选项C错误。

6."1+X"中，"1"是指学历证书，是学习者在学校或者其他教育机构中完成了一定教育阶段学习任务后获得的文凭；"X"指的是职业技能等级证书，是毕业生、社会成员职业技能水平的凭证，反映职业活动和个人职业生涯发展所需要的综合能力。

7.资金收入管理属于初级数字化管理会计职能的要求，因此选择选项A。

8.管理会计和财务会计都是从传统会计中发展而来的，选项A正确。管理会计主要以企业内部各层次的责任单位为主体；财务会计往往只以整个企业为工作主体，选项B错误。管理会计中计量单位既可以使用货币单位，又可以选择非货币单位；财务会计以货币为主要计量单位，选项C错误。管理会计职能侧重于对未来的预测、决策和规划，对现在的控制、考核和评价；财务会计职能侧重于核算和监督，选项D错误。

9.管理会计虽然需要在一定程度上考虑到会计原则或企业会计准则的要求，利用一些传统的会计观念，但并不受它们的完全限制和严格约束，其处理方法可以根据企业管理的实际情况和需要确定，具有很大的灵活性，因此选项A、B、D错误。

10.管理会计主要为企业内部各级管理层提供管理会计信息，而企业的投资者和债权人都属于企业外部信息需求者，因此选项C正确。

11.管理会计是根据需要从某些侧面对财务会计资料进行进一步的加工，将财务会计信息和其他的统计信息、市场调查信息等相结合。

12.管理会计主要向企业内部各级管理层提供管理会计信息，主要为强化单位内部经营管理、提高经济效益服务，属于"对内报告会计"。

13.管理会计所提供的信息往往是为满足内部管理的特定要求而有选择的、部分的管理信息。它们既包括定量资料，又包括定性资料，提供的信息中涉及未来的信息不要求过于精确，只要求满足及时性和相关性，要求相对准确。

15.决策是在充分考虑各种可能的前提下，按照客观规律的要求，通过一定程序对未来实践的方向、目标、原则和方法作出决定的过程。

20.管理会计师遇到这种情况，首先应该尝试与管理层进行进一步沟通，说明潜在风险和后果，尽到自己的职责去推动问题的解决。如果沟通后问题仍未解决，为了维护职业道德和公众利益，可以考虑向更高级别领导或外部机构反映。选项A听从管理层意见不做处理，是对职业道德的忽视，可能会导致企业面临更大的风险；选项B立即辞职过于草率，没有尽到努力解决问题的责任；选项C直接向相关监管机构匿名举报可能不是最合适的第一步，应该先在企业内部尝试解决问题。

三、多项选择题

1.ABCD	2.ABCD	3.ABCD	4.ABD	5.ABC
6.ABCD	7.ABCD	8.ACD	9.AB	10.ABC
11.AB	12.AB	13.AB	14.ABC	15.ABCD

难点解析：

4.20世纪初到20世纪50年代，标准成本会计阶段，管理会计开始引入"标准成本"、"预算控制"和"差异分析"等与泰罗科学管理直接相联系的技术方法。这些技术方法成为管理会计方法体系的重要组成部分。

5.管理会计的内容是指与其职能相适应的工作内容，包括预测分析、决策分析、全面预算、成本控制和责任会计等方面。其中，前两项内容合称为预测决策会计；全面预算和成本控制合称为规划控制会计。预测决策会计、规划控制会计和责任会计，三者既相对独立，又相辅相成，共同构成了现代管理会计的基本内容。

6.管理会计职能具有预测、决策、规划、控制、考核与评价五项职能。

8.管理会计和财务会计都以企业经营活动及其价值表现为对象，服从现代企业会计的总体要求，共同为实现企业管理目标服务。因此，选项B错误。

9.管理会计主要以企业内部各层次的责任单位为主体。它既可以以整个企业（如投资中心、利润中心）为主体，又可以将企业内部的局部区域或个别部门甚至某一管理环节（如成本中心、费用中心）作为其工作的主体，更突出以人为中心的行为管理，兼顾企业主体。

10.管理会计虽然需要在一定程度上考虑到会计原则或企业会计准则的要求，利用一些传统的会计观念，但并不受它们的完全限制和严格约束，其处理方法可以根据企业管理的实际情况和需要确定，具有很大的灵活性。因此，选项D错误。

14.管理会计程序性较差，可根据自己的实际情况自行设计其管理会计工作流程，而财务会计必须执行固定的会计循环程序，具有一定的强制性和程序性。因此，选项D错误。

四、判断题

1.√	2.√	3.√	4.√	5.×	6.×	7.√	8.×	9.√	10.×
11.×	12.√	13.×	14.√	15.×	16.√	17.√	18.×	19.√	20.√

难点解析：

5.管理会计虽然需要在一定程度上考虑会计原则或企业会计准则的要求，利用一些传统的会计观念，但并不受它们的完全限制和严格约束，其处理方法可以根据企业管理的实际情况和需要确定。

6.管理会计主要为企业内部各级管理层提供管理会计信息，但不是绝对的。也就是说，企业内部的各级管理层也需要财务会计信息，企业外部有利害关系的团体和个人在进行投资决策或者债券决策的时候，也要了解该企业的管理会计信息。

8.财务会计进行会计核算必须受会计准则、会计制度及其他法规的制约，其处理方法只能在允许的范围内选用，基本概念的框架结构相对稳定。

10.管理会计职能具有预测、决策、规划、控制、考核与评价五项职能。

11.管理会计主要向企业内部各级管理层提供管理会计信息，即为某一具体的特定的企业管理服务，主要为强化单位内部经营管理、提高经济效益服务，属于"对内报告会计"。

13.财务会计是反映过去的会计，通过确认、计量、记录和报告等程序来反映和报告过去实际已经发生的经济业务的历史信息。

15.管理会计与财务会计虽相互联系但又相互区别，两者不能合并。

18."1+X"中，"1"是指学历证书，是学习者在学校或者其他教育机构中完成了一定教育阶段学习任务后获得的文凭；"X"是指职业技能等级证书。

五、简答题

1.管理会计的目标是通过运用管理会计工具方法，参与单位规划、决策、控制、评价活动并为之提供有用信息，推动单位实现战略规划。因此，管理会计的最终目标是提高企业的经济效益，其主要包括为管理和决策提供信息和参与企业经营两个方面。

2.联系：（1）起源相同。管理会计和财务会计都是从传统会计中发展而来的，两者源于同一母体，都属于现代企业会计。

（2）最终目标相同。财务会计与管理会计都是从加强企业管理着眼，进行会计信息的收集、加工和处理，提供辅助经营决策的资料和依据，促进企业提高经济效益。

（3）基本信息同源。财务会计和管理会计是现代企业会计的两个分支，同属于会计信息系统，其核算资料都来源于企业的生产经营活动。一家企业通常只有一个基本的信息处理系统，这就是以财务会计为主体的信息收集、加工系统。

（4）服务对象交叉。管理会计和财务会计都同时为企业内部和外部的经济组织、团体和个人服务，只是侧重点不同。就服务对象方面来说，财务会计主要是对外服务，管理会计主要是对内服务，这是矛盾的主要方面，但是管理会计信息有时也对外，财务会计信息有时也对内。

（5）相互促进，共同发展。在信息时代，无论是财务会计还是管理会计，都面临着如何适应时代要求而不断完善与发展的问题，且二者在发展方向上存在趋同现象。

区别：（1）工作主体不同。管理会计主要以企业内部各层次的责任单位为主体；财务会计往往只以整个企业为工作主体，具有唯一性。

（2）职能不同。管理会计职能侧重于对未来的预测、决策和规划，对现在的控制、考核和评价；财务会计职能侧重于核算和监督。

（3）服务对象不同。管理会计主要向企业内部各级管理层提供管理会计信息；财务会计主要向企业外界和与企业有利益关系的团体组织或个人提供财务会计信息。

（4）约束条件不同。管理会计不受会计原则或企业会计准则的完全限制和严格约束；财务会计进行会计核算必须受会计准则、会计制度及其他法规的制约。

（5）信息精确程度不同。管理会计所提供的信息中涉及未来的信息不要求过于精确，只要求满足及时性和相关性，要求相对准确；财务会计对精确度和真实性的要求较高，力求精确，数字必须平衡。

（6）计量尺度不同。管理会计中计量单位既可以使用货币单位，又可以选择非货币单位；财务会计以货币为主要计量单位。

（7）计算方法不同。管理会计可选择灵活多样的方法对不同的问题进行分析处理，在信息处理过程中大量运用现代数学方法（微积分、线性规划、概率论等）和计算机技术；财务会计的方法比较稳定，核算时往往只需运用简单的算术方法（加、减、乘、除）。

（8）报告期不同。管理会计报告的编制不受固定会计期间（如月、季、年）的限制，可以按小时、天、月、年甚至若干年编制报告；财务会计对外公开提供信息时，其载体是具有固定格式和固定报告日期的财务报表，应按规定的会计期间（如月、季、年）编制报告。

（9）工作程序不同。管理会计工作的程序性较差，没有固定的工作程序可以遵循，有较大的回旋余地，企业可根据自己的实际情况自行设计其管理会计工作流程，不同企业间的管理会计工作存在较大差异性；财务会计必须执行固定的会计循环程序，具有一定的强制性和程序性。

（10）观念取向不同。管理会计注重管理过程及其结果对企业内部各方面人员在心理和行为方面的影响；财务会计重视定期报告企业的财务状况和经营成果的质量，往往不太重视管理过程及其结果对企业职工心理和行为的影响。

3.管理会计职能具有预测、决策、规划、控制、考核与评价五项职能。

（1）预测经济前景。所谓预测是指采用科学的方法预计推测客观事物未来发展必然性或可能性的行为。

（2）参与经济决策。决策是在充分考虑各种可能的前提下，按照客观规律的要求，通过一定程序对未来实践的方向、目标、原则和方法作出决定的过程。

（3）规划经营目标。管理会计"规划经营目标"的职能，是通过编制各种计划和预算实现的。它要求在最终决策方案的基础上，将事先确定的有关经济目标分解落实到各有关预算中去，从而合理有效地组织协调企业供、产、销及人、财、物之间的关系，并为控制和责任考核创造条件。

（4）控制经济过程。管理会计发挥"控制经济过程"的职能，就是将对经济过程的事前控制与事中控制有机地结合起来，通过事前确定科学可行的各种标准，根据执行过程中的实际与计划发生的偏差进行原因分析，并及时采取措施进行调整，改进工作，确保经济活动的正常进行的过程。

（5）考核评价经营业绩。管理会计履行"考核评价经营业绩"的职能，是通过建立责任会计制度来实现的，即在各部门、各单位及每个人均明确各自责任的前提下，逐级考核责任指标的执行情况，找出成绩和不足，从而为奖惩制度的实施和未来工作改进措施的形成提供必要的依据。

六、案例分析题

案例1答题要点：

（1）在研发环节，在成本控制方面，小米采用敏捷开发模式，快速迭代产品，缩短研发周期。这避免了研发资源的过度占用和浪费，降低了研发过程中的时间成本和资金成本。

在价值创造方面，聚焦于核心技术的突破以及用户需求痛点的解决，如在影像技术研发上投入大量资源。这使得小米手机在拍照性能上有显著提升，满足了用户对高质量拍照的需求，从而提高了产品的竞争力和附加值，吸引更多用户购买，为企业创造了价值。通过与供应商合作，研发定制化的影像传感器，还能使产品在市场上具有独特性，进一步提升价值。

在采购环节，在成本控制方面，凭借庞大的采购规模和良好的供应商合作关系，小米获得更具有优势的采购价格。与供应商签订长期合同、提前锁定产能，确保原材料价格相对稳定，避免由市场价格波动带来的成本增加。积极参与供应商的早期研发，与供应商共同优化产品设计，从源头上降低原材料成本。在价值创造方面，稳定的原材料供应保证了产品的生产进度和质量，避免因原材料短缺或质量问题导致的生产停滞和产品质量下降。优质的原材料也有助于提升产品品质，增强产品的市场竞争力，从而为企业创造价值。

在生产环节，在成本控制方面，采用柔性生产模式，根据市场需求灵活调整生产计划，降低库存积压成本。当市场需求发生变化时，能够迅速调整生产数量，避免库存过多占用资金和仓储空间。通过自动化生产技术和生产流程的优化，提高生产效率，降低单位生产成本，如智能工厂引入大量自动化设备和机器人，降低了人工成本。在价值创造方面，高效的生产模式能够保证产品及时供应市场，满足用户需求。产品质量的提高也有助于提升品牌形象和用户满意度，为企业创造长期价值。

在营销环节，在成本控制方面，主要通过线上营销渠道进行产品推广，降低了传统线下营销高昂的渠道费用。利用社交媒体、线上发布会等形式，与用户进行直接互动，精准传递产品信息，降低了营销成本。在价值创造方面，线上营销渠道能够更精准地触达目标用户，提高营销效果。粉丝社区建设培养了用户忠诚度，形成口碑传播，进一步扩大了品牌影响力和产品销量，为企业创造了价值。

（2）小米的战略成本管理模式对管理会计的信息质量要求有：

① 相关性。管理会计提供的信息要与小米的战略成本管理决策相关。例如，在研发环节，需要提供关于核心技术研发成本、用户需求痛点分析、市场竞争技术水平等信息，以便管理层决定是否投入资源进行研发以及研发的方向。在采购环节，要提供供应商的价格信息、质量信息、合作稳定性等相关信息，帮助企业作出采购决策。

② 准确性。信息相对准确，以支持战略成本管理决策。例如，在成本核算方面，要准确计算研发成本、采购成本、生产成本和营销成本等。只有准确的成本信息才能让企业了解各环节的成本状况，进行有效的成本控制。在市场需求预测方面，信息的准确性也至关重要，它关系到生产计划的制订和库存管理。

③ 及时性。管理会计信息需要及时提供，以便企业能够及时作出决策。例如，在市场价格波动时，要及时提供原材料价格变化信息，让企业能够及时调整采购策略。在市场需求发生变化时，要及时反馈相关信息，使企业能够快速调整生产计划和营销方案。

④ 完整性。信息要全面完整，涵盖战略成本管理的各个方面。不仅要提供财务信息，还要提供非财务信息，如市场份额、用户满意度、技术创新能力等。只有完整的信息才能让企业全面了解自身的战略成本管理状况，作出科学的决策。

在实际应用中，可能面临的信息获取和处理的挑战有：

① 信息来源广泛且分散。小米的业务涉及研发、采购、生产、营销等多个环节，信息来源众多，包括内部各部门、供应商、市场调研机构等。这些信息分散在不同的地方，整合难度大，可能导致信息获取不及时或不完整。

② 非财务信息获取困难。战略成本管理需要大量的非财务信息，如用户需求、市场趋势、技术创新等。这些信息的获取需要专业的调研和分析，且难以用精确的数值来衡量，增加了信息获取的难度。

③ 信息处理技术要求高。面对海量的信息，需要先进的信息处理技术和工具来进行分析和挖掘。小米可能需要投入大量的资金和人力来建立和维护信息处理系统，以确保信息能够得到有效的处理和利用。

④ 信息安全问题。在信息获取和处理过程中，涉及企业的核心机密和用户信息，信息安全至关重要。一旦信息泄露，可能会给企业带来巨大的损失。因此，企业需要采取有效的信息安全措施，保障信息的安全。

（3）小米的战略成本管理模式对企业长期发展的正面影响主要有：

① 增强市场竞争力。通过在采购、生产等环节的成本控制措施，小米能够以相对较低的成本生产出具有较高品质和性能的产品。在采购环节，凭借大规模采购和与供应商的深度合作获得更优惠的价格；在生产环节，采用柔性生产和自动化技术降低生产成本。这

使得小米产品在市场上具有突出的性价比，能够吸引更多对价格敏感的消费者，从而扩大市场份额。同时，在研发环节采用敏捷开发模式，能够快速将新技术、新功能融入产品，快速迭代产品，以满足市场需求。同时，柔性生产模式使企业能够根据市场需求灵活调整生产计划。这种快速响应市场变化的能力让小米在激烈的市场竞争中抢占先机，保持竞争力。

② 促进创新与可持续发展。聚焦核心技术突破和用户需求痛点解决的研发策略，使小米能够将有限的研发资源集中在关键领域，提高研发效率和效果。虽然研发投入巨大，但通过精准的投入方向，能够在核心技术上取得突破，提升产品的附加值和竞争力。同时，与供应商建立长期战略合作伙伴关系，并积极参与供应商的早期研发，不仅降低了原材料成本，还促进了供应链的创新。通过与供应商共同优化产品设计，能够推动整个供应链的技术进步和产品升级，实现合作共赢，保障了企业的可持续发展。

③ 提升品牌形象与用户忠诚度。长期坚持高性价比的产品策略，使小米在消费者心中树立了良好的品牌形象。消费者认为小米产品能够以较低的价格提供较好的品质和性能，对小米品牌产生信任和认可。这种品牌形象有助于吸引新用户，同时也能提高老用户的忠诚度。在营销环节，通过线上营销渠道和粉丝社区建设，小米与用户进行了直接互动，增强了用户的参与感和归属感。用户对小米产品的良好体验会通过口碑传播给其他潜在用户，进一步扩大品牌影响力。

④ 优化财务状况。通过战略成本管理模式，小米在各个环节实现了有效的成本控制，降低了运营成本。在保证产品质量和性能的前提下，成本的降低直接转化为利润的增加。同时，高性价比产品带来的销量增长也进一步提高了企业的利润水平，优化了企业的财务状况。合理的成本管理使得企业能够将资金更有效地分配到各个业务环节。在研发、生产、营销等环节进行精准投入，提高了资金的使用效率，避免了资金的浪费，为企业的长期发展提供了坚实的财务支持。

小米的战略成本管理模式对企业长期发展的负面影响主要有：

①研发投入压力与技术更新风险。为了保持技术领先和满足市场需求，小米需要持续投入大量资金进行研发。随着科技的快速发展和市场竞争的加剧，研发成本不断上升，这对企业的资金实力和盈利能力提出了挑战。如果企业不能及时获得足够的资金支持研发，可能会导致技术落后，影响企业的长期发展。同时，科技行业技术更新换代迅速，如果小米不能及时跟上技术发展的步伐，之前在研发上的投入可能面临贬值风险。

②供应链依赖与风险。虽然与供应商建立了长期合作关系，但仍然存在供应商出现问题的风险。供应商的生产能力不足、质量问题、合作关系破裂等，都可能影响小米的产品供应和质量。此外，原材料价格、劳动力成本等因素的波动可能会影响供应链成本。如果小米不能有效应对这些成本波动，可能会导致产品成本上升，影响产品的性价比和市场竞争力。

③品牌形象单一化风险。长期以高性价比形象示人，可能会使消费者对小米品牌形成单一的认知，认为小米产品只是价格便宜，而忽视了其在技术创新、品质提升等方面的努力。这可能会限制小米向高端市场拓展，影响企业的品牌升级和利润空间的进一步提升。

案例2答题要点：

（1）中航工业运用了包括预算管理、战略成本管理、EVA管理和风险控制在内的多种管理会计方法。

（2）中航工业运用多种管理会计方法开展体系化建设，体现的管理会计的职能主要有：

① 规划职能。

第一，全面预算管理体现规划。中航工业围绕战略目标深入推进全面预算管理，将企业战略细化为具体的预算指标。这是管理会计规划职能的典型体现，通过预算对企业未来的经营活动进行全面规划和安排，明确了各部门和各业务的目标和任务。

第二，战略成本管理中的规划。在战略成本管理方面，中航工业将成本控制纳入企业战略统筹考量，结合客户需求制定成本管理策略。这需要对企业的成本结构、市场需求、竞争态势等进行分析和预测，规划出符合企业战略的成本控制方案。

② 决策支持职能。

第一，项目财务管理的决策支持。在自主研发的重大项目中推进项目总会计师系统建设。项目总会计师从财务角度对项目进行全程管理和监督。在项目立项阶段，通过对项目的成本、收益、风险等进行分析和评估，为项目决策提供依据。

第二，EVA管理的决策导向。全面推行EVA管理，以EVA指标衡量企业的价值创造能力。EVA考虑了资本成本，促使企业管理层在决策时更加注重资本的有效利用和企业价值的提升。当企业面临多个投资项目选择时，通过比较各项目的EVA指标，选择能够为企业创造最大价值的项目进行投资，体现了管理会计为决策提供支持的职能。

③ 控制职能。

第一，全面预算管理的控制作用。在预算执行过程中，中航工业通过将实际执行情况与预算指标进行对比分析，及时发现偏差并采取措施进行调整。全面预算管理与经营业绩考核相结合，对各部门和员工的预算执行情况进行考核和评价，确保预算目标的实现。

第二，战略成本管理的成本控制。战略成本管理强调对成本的全过程控制，从产品设计、生产到销售等各个环节都进行成本监控和管理。通过与客户需求相结合，在保证产品质量和满足客户需求的前提下，降低成本。

④ 评价职能。

第一，EVA管理的绩效评价。建立健全EVA的考核评价体系，以EVA指标评价企业各业务单元和项目的绩效。EVA能够准确反映企业为股东创造的价值，通过对EVA指标的考核，激励管理层和员工努力提高企业的价值创造能力。

第二，全面预算管理与业绩考核结合的评价。全面预算管理与经营业绩考核结合，以预算指标为依据，对各部门和员工的工作业绩进行评价。通过对比实际完成情况与预算目标，评估各部门和员工的工作表现，为绩效考核和薪酬分配提供依据，体现了管理会计的评价职能。

案例3答题要点：

（1）①管理会计的工作内容：针对新服装系列项目，收集市场需求、成本、预期售价等多方面信息；运用本量利分析、敏感性分析等工具进行利润预测和风险评估；制定新系列产品从研发到销售各环节的预算，并将预算指标细化分解至公司各部门和具体业务环节。

管理会计的目标：为公司管理层在诸如是否推出新服装系列这类重要经营决策上提供有力支持，确保公司资源能够得到合理有效的配置，从而实现公司经营目标，提升公司经济效益和市场竞争力。

②财务管理的工作内容：鉴于公司业务扩张的资金需求，制订资金筹集计划；详细分析银行贷款、发行债券、股权融资等不同筹资方式的成本与风险，筛选出契合公司财务状况与发展战略的筹资方案；运用净现值法、内含报酬率法等专业方法，对公司投资项目的可行性进行评估和决策。

财务管理的目标：保障公司拥有充足资金以满足生产和运营需求，合理规划资金的筹集与使用途径，提高资金使用效率，助力公司实现价值最大化。

③财务会计的工作内容：严格依照国家会计准则和相关法规要求，对公司日常发生的各类经济业务进行全面、准确的记录、分类和汇总；编制资产负债表、利润表、现金流量表等标准财务报表。

财务会计的目标：为公司外部的利益相关者，如投资者、债权人、税务机关等，提供反映公司一定时期内财务状况、经营成果和现金流量的真实、准确、可比的财务信息，满足他们进行投资决策、信贷决策、税收征管等不同决策的信息需求。

（2）管理会计、财务管理和财务会计在工作方法、信息使用者和信息特征方面的本质区别。

① 在工作方法方面：

管理会计工作方法具有高度的灵活性和多样性。它会根据不同的决策需求和具体问题，灵活选用合适的分析方法，例如本量利分析、成本性态分析、作业成本法等。重点在于对未来的情况进行预测和规划，以帮助管理层作出科学的决策。

财务管理主要运用一系列专业的财务分析方法和金融工具。例如，比率分析用于评估公司财务状况和经营绩效，现金流量分析帮助判断公司资金的流动性和盈利能力，资本资产定价模型用于确定投资项目的预期收益等。其核心是在资金的筹集、投资决策和利润分配等管理活动中，平衡资金的时间价值和风险收益关系。

财务会计遵循固定且统一的会计核算方法和程序，采用复式记账法对经济业务进行记录，以权责发生制原则确认收入和费用，按照历史成本原则计量资产和负债等，主要对已经实际发生的经济业务进行如实记录和核算。

② 在信息使用者方面：

管理会计信息使用者主要是公司内部的管理层。管理层借助管理会计提供的信息进行战略规划、经营决策、预算管理、绩效评估等工作，以实现公司的有效管理和持续发展。

财务管理信息使用者包括公司内部管理层以及外部的投资者和债权人等。内部管理层依据财务管理信息进行资金运作决策，而外部投资者和债权人通过这些信息评估公司的财务实力和投资价值，从而作出投资或信贷决策。

财务会计主要面向公司外部的利益相关者，如投资者、债权人、政府监管部门、税务机关等。这些外部使用者通过财务会计报表了解公司的财务状况和经营成果，以保障自身的利益和进行相关决策。

③ 在信息特征方面：

管理会计信息具有较强的针对性和及时性，它会根据管理层特定的决策需求提供定制化信息，并且能够快速响应企业内部管理变化，及时提供最新的分析和预测结果，信息形式也较为多样，包括图表、报告、数据模型等。

财务管理信息强调相关性和前瞻性，关注与资金筹集、投资和利润分配等决策相关的信息，考虑历史数据，更注重对未来现金流量、收益和风险的预测，以支持合理的财务决策。

财务会计信息具有规范性、可靠性和可比性，严格按照国家统一的企业会计准则和会计制度进行编制，确保信息真实可靠、内容完整，并且不同企业之间以及同一企业不同时期的财务报表具有可比性，便于外部使用者进行分析和比较。

（3）管理会计、财务管理和财务会计虽然在职能、侧重点等方面存在差异，但它们相互协作，共同为企业的稳定发展和价值提升发挥着重要作用。以下是三者相互协作的具体方式：

① 在信息共享与交流方面：

第一，财务会计为管理会计和财务管理提供基础数据。财务会计按照企业会计准则对企业的经济业务进行记录和核算，生成资产负债表、利润表、现金流量表等财务报表。这些报表提供了企业过去经营活动的全面信息，是管理会计进行成本分析、预算编制以及财务管理进行财务状况评估、资金规划的重要基础。

第二，管理会计为财务会计和财务管理提供决策支持信息。管理会计通过对企业内部和外部信息的分析，为管理层提供预测、决策、控制等方面的信息。这些信息可以帮助财务管理制定更合理的筹资、投资和利润分配决策，也可以为财务会计的核算和报表编制提供参考。

第三，财务管理为管理会计和财务会计提供资金运作信息。财务管理负责企业的资金筹集、投放和分配等活动，掌握着企业资金的动态信息。这些信息对管理会计进行成本效益分析、项目评估以及财务会计进行资金核算和报表披露都非常重要。

② 在规划与决策中的协作：

第一，战略规划层面。管理会计运用趋势分析、市场调研等方法，结合企业内外部环境，为企业战略规划提供数据支撑和决策依据，明确企业发展方向和目标。财务管理基于企业战略目标，对资金进行合理规划和配置，评估战略实施的资金需求和可行性，确保战略有充足资金支持。财务会计提供历史财务数据，反映企业过去的财务状况和经营成果，为战略规划提供参考和借鉴。

第二，预算编制过程。管理会计根据企业战略目标，运用本量利分析等方法，制订各部门的预算草案，明确预算目标和关键指标。财务管理对各部门预算草案进行汇总和审核，从资金平衡和成本效益角度进行综合考量，确保预算的合理性和可行性。财务会计为预算编制提供历史数据和会计核算标准，保证预算数据与财务报表的一致性和可比性。

第三，投资决策方面。管理会计对投资项目进行成本效益分析、风险评估和敏感性分析，为投资决策提供详细的分析报告和建议。财务管理运用净现值法、内含报酬率法等方法，对投资项目的财务可行性进行评估，考虑资金成本和投资回报，作出投资决策。财务会计提供企业当前的财务状况和资金状况，为投资决策提供基础数据，同时对投资项目进行会计核算和监督。

③ 在控制与评价中的协作：

第一，成本控制环节。管理会计通过制定标准成本、预算控制等方法，对企业生产经营过程中的成本进行实时监控和分析，找出成本差异并分析原因，提出改进措施。财务管理从资金成本和资金使用效率角度，对成本控制进行监督和评估，优化资金配置，降低成本。财务会计准确记录成本发生情况，提供成本核算数据，为管理会计和财务管理的成本控制提供依据。

第二，绩效评价过程。管理会计建立关键绩效指标体系，综合考虑财务和非财务指标，对企业各部门和员工的绩效进行全面评价，为绩效激励提供依据。财务管理运用财务比率分析等方法，对企业的财务绩效进行评估，关注企业的盈利能力、偿债能力和运营能力等方面。财务会计提供准确的财务数据，为绩效评价提供客观的依据，确保绩效评价的公正性和可靠性。

④ 在企业日常运营中的协作：

第一，日常业务处理。财务会计负责记录和核算企业的日常经济业务，确保财务信息的准确性和及时性。管理会计对日常业务数据进行分析，为业务部门提供决策支持和管理建议，帮助业务部门优化业务流程、提高效率。财务管理负责日常资金的收支管理和调度，确保企业资金的正常流转，同时为业务部门提供资金支持和风险预警。

第二，应对突发事件。管理会计迅速分析突发事件对企业经营的影响，评估损失和潜在风险，提出应对策略和调整方案。财务管理及时调整资金计划，筹集资金，以应对突发事件，评估资金需求和融资渠道，确保企业资金链的稳定。财务会计准确记录突发事件造成的损失和相关财务数据，为企业的后续处理和决策提供依据。

第二章

成本性态与变动成本法

第一部分 内容概要

一、成本的概念及分类

成本是企业为生产商品和提供劳务等所耗费物化劳动或劳动中必要劳动的价值的货币表现，是商品价值的重要组成部分。从管理会计角度来看，成本是指企业在生产经营过程中对象化的，以货币表现的，为达到一定目的而应当或可能发生的各种经济资源的价值牺牲或代价。

（一）成本按经济用途分类

成本按经济用途分类见表2-1。

表2-1   成本按经济用途分类

成本类型		含义
生产成本	直接材料	企业生产产品和提供劳务的过程中所消耗的、直接用于产品生产、构成产品实体的各种材料及主要材料、外购半成品以及有助于产品形成的辅助材料等
	直接人工	企业在生产产品和提供劳务过程中，直接从事产品生产的工人的工资、津贴、补贴和福利费以及社保等
	制造费用	企业为生产产品和提供劳务而发生的各项间接费用，可分为间接材料、间接人工、其他制造费用
非生产成本	管理费用	企业行政管理部门为组织和管理生产经营活动而发生的各种费用
	销售费用	企业销售商品和材料、提供劳务的过程中发生的各种费用
	财务费用	企业为筹集生产经营所需资金等而发生的费用

（二）成本按性态分类

成本性态又称成本习性，是指成本总额与业务总量之间的依存关系。成本按其性态分类可分为固定成本、变动成本和混合成本三大类。

固定成本和变动成本的含义、特点、分类及相关范围见表2-2。

表2-2　　　　　　　　　固定成本和变动成本的含义、特点、分类及相关范围

成本类型	含义	特点	分类	相关范围
固定成本	固定成本又称固定费用，是指成本总额在一定时期和一定业务量范围内，不受业务量增减变动影响而能保持不变的成本	总额的不变性	酌量性（可改变）	时间范围：某一特定期间 空间范围：某一特定业务量
		单位额的反比例	约束性（不可改变）	
变动成本	变动成本是指在一定时期和一定业务量范围内，其总额随着业务量的变动而呈正比例变动的成本	总额的正比例	酌量性（可改变）	当产量增长到某一定范围
		单位额的不变性	约束性（不可改变）	

混合成本的分类、含义及举例见表2-3。

表2-3　　　　　　　　　　混合成本的分类、含义及举例

混合成本的分类		含义	举例
标准式混合成本		标准式混合成本又称为半变动成本，是一种既包含变动成本又包含固定成本的混合成本	电费、水费、电话费及其他服务费等
阶梯式混合成本		阶梯式混合成本也称半固定成本，是指在某一时期内只有当业务量超过一定范围时才会变动的成本	化验员、检验员的工资
低坡式混合成本		低坡式混合成本又称延期变动成本，是指在一定产量范围内总额保持稳定，超过特定产量则开始随产量比例增长的成本	超定额计件工资
曲线式混合成本	递增型	递增型混合成本指随业务量的增加，成本也不断增长，但成本增长的速度比业务量增长的速度快	违约金、罚金和累进计件工资
	递减型	随业务量的增加，成本也在增长，但成本增长的速度比业务量增长的速度慢	锅炉的预热处理

二、混合成本分解

常见的混合成本的分解方法包括历史资料分析法、账户分析法、工程分析法等，具体见表2-4。

表2-4　　　　　　　　　　　混合成本分解方法

方法		含义	特点
历史资料分析法	高低点法	高低点法是以过去某一会计期间的总成本和业务量资料为依据，从中选取业务量最高点和业务量最低点，将总成本进行分解，得出成本性态的模型的一种成本性态分析方法	①高低点的选择针对业务量，而非成本 ②先求 b 值再求 a 值
	散布图法	散布图法是指将若干期业务量和成本的历史数据标注在坐标系中，通过目测画一条尽可能接近所有坐标点的直线，并据此来推算固定成本和单位变动成本的一种成本性态分析方法	①先求 a 值再求 b 值 ②准确程度比高低点法高

方法		含义	特点
历史资料 分析法	回归 直线 法	回归直线法又称最小二乘法或最小平方法，是根据一系列历史成本资料，用数学上的最小平方方法的原理，计算能代表平均成本水平的直线截距和斜率，以其作为固定成本和单位变动成本的一种成本性态分析方法	计算结果精确，但相对而言计算过程比较烦琐
账户分析法		账户分析法是根据各个成本、费用账户（包括明细账户）的内容，直接判断其与业务量的关系，从而确定其成本性态的一种成本分解方法	①应用比较广泛，但结果带有片面性和局限性 ②只限于成本性态比较典型的成本项目
工程分析法		工程分析法又称技术测定法，是指根据工业工程的研究方法来研究影响生产过程中各种材料和人工成本消耗量的因素，并据此来划分固定成本和变动成本的方法	①应用比较复杂 ②只适用于投入量与产出量关系比较稳定的新企业及其主要成本的测算

三、变动成本法与完全成本法

（一）变动成本法与完全成本法的概念

变动成本法也称直接成本法、边际成本法，是变动成本计算的简称，是指在组织常规的成本计算过程中，以成本性态分析为前提条件，只将变动生产成本作为产品成本的构成内容，而将固定生产成本和非生产成本作为期间成本，并按贡献式损益确定程序计算损益的一种成本计算模式。

完全成本法是指在组织常规的成本计算过程中，以成本按其经济用途分类为前提条件，将全部生产成本作为产品成本的构成内容，只将非生产成本作为期间成本，并按传统式损益确定程序计量损益的一种成本计算模式。

（二）变动成本法与完全成本法的区别

变动成本法与完全成本法的区别见表2-5。

表2-5　　　　　　　　　　　　**变动成本法与完全成本法的区别**

项目		完全成本法	变动成本法
理论依据不同		成本补偿的一致性	固定制造费用与特定会计期间相联系，并随时间的推移而消逝
应用前提不同		以成本按经济用途分类为前提	以成本性态分析为前提
产品成本及 期间成本 构成不同	产品成本	直接材料	直接材料
		直接人工	直接人工
		变动制造费用	变动制造费用
		固定制造费用	

项目		完全成本法	变动成本法
产品成本及期间成本构成不同	期间成本		固定制造费用
		销售费用	销售费用
		管理费用	管理费用
		财务费用	财务费用
存货成本构成不同		同产品成本	同产品成本
销售成本的计算公式不完全相同		销售成本=期初存货成本+本期产品生产成本−期末存货成本	销售成本=单位产品成本×本期销售量
各期损益不同	公式不同	销售收入−销售成本=销售毛利 销售毛利−期间费用=税前利润	销售收入−变动成本=边际贡献 边际贡献−固定成本=税前利润
	利润表格式不同	传统式（见表2-6）	贡献式（见表2-6）

完全成本法与变动成本法的利润表见表2-6。

表2-6　　　　　　　　　　**完全成本法与变动成本法利润表**

完全成本法（传统式利润表）	变动成本法（贡献式利润表）
销售收入	销售收入
减：销售成本	减：变动成本
期初存货成本	销售成本
加：当期产品成本	变动销售费用
可供销售的产品成本	变动管理费用
减：期末存货成本	变动财务费用
销售成本合计	边际贡献
销售毛利	减：固定成本
减：期间成本	固定制造费用
销售费用	固定销售费用
管理费用	固定管理费用
财务费用	固定财务费用
税前利润	税前利润

完全成本法和变动成本法对各期损益计算的影响，依照产量和销售量间的关系，可以归纳为以下三种情况，见表2-7。

表2-7　　　　完全成本法和变动成本法对各期损益计算的影响规律

情况	规律	原因
产量等于销量	损益完全相同	固定制造费用无论是作为期间费用还是作为产品成本的一部分，对损益结果来说没有影响，重要的是，它已全额列为收入的减项而计入了损益
产量大于销量	变动成本法计算的损益小于完全成本法计算的损益	固定制造费用在变动成本法下被全部计入了当期损益，而在完全成本法下，存货所负担的固定制造费用被计入了存货成本
产量小于销量	变动成本法计算的损益大于完全成本法计算的损益	在完全成本法下，销售成本中不仅包括当期产品所负担的固定制造费用，还包括期初存货中包含的固定制造费用

（三）完全成本法与变动成本法的评价

完全成本法与变动成本法的优点及缺点见表2-8。

表2-8　　　　完全成本法与变动成本法的评价

成本计算制度	优点	缺点
完全成本法	①符合传统的成本概念 ②重视生产，有刺激生产的作用 ③更符合配比原则中的"因果配比"	①不利于成本管理 ②不利于企业的短期决策
变动成本法	①揭示了成本、业务量、利润之间的内在关系，有利于促进企业重视销售工作 ②可以提供有用的成本信息，便于进行科学的成本分析和成本控制 ③提供的成本和损益资料，便于企业进行短期经营决策 ④可以简化成本核算工作	①不符合传统的成本观念的要求 ②不能适应长期决策的需要 ③对所得税产生一定的影响

第二部分　练习题

一、名词解释

1.生产成本

2.固定成本

3.变动成本

4.混合成本

5.高低点法

6.完全成本法

7.变动成本法

8.酌量性固定成本

9.约束性固定成本

10.酌量性变动成本

11.约束性变动成本

12.历史资料分析法

二、单项选择题

1.管理会计将成本区分为固定成本、变动成本和混合成本三大类，这种分类的标志是（　　）。

A.成本的可辨认性　　　　　　　　B.成本的可盘存性

C.成本的性态　　　　　　　　　　D.成本的时态

2.下列费用中属于酌量性固定成本的是（　　）。

A.房屋及设备租金　　　　　　　　B.技术开发费

C.行政管理人员的薪酬　　　　　　D.不动产税

3.下列费用中属于约束性固定成本的是（　　）。

A.照明费　　　　　　　　　　　　B.广告费

C.职工教育培训费　　　　　　　　D.业务招待费

4.标准式混合成本又可称为（　　）。

A.半固定成本　　　B.半变动成本　　　C.延伸变动成本　　　D.曲线式成本

5.企业生产产品过程中，锅炉需要进行预热处理。因预热而产生的成本属于固定成本。预热结束达到一定温度后，生产过程中对产品进行加热处理的单位成本会随着对产品热处理量的增加而逐步下降。上述这种成本属于（　　）。

A.半固定成本　　　B.半变动成本　　　C.延伸变动成本　　　D.曲线式成本

6.管理费用一般被视为（　　）。

A.变动成本　　　　B.固定成本　　　　C.混合成本　　　　D.制造成本

7.单位消耗相对稳定的外购零部件成本属于（　　）。

A.约束性固定成本　　　　　　　　B.酌量性固定成本

C.酌量性变动成本　　　　　　　　D.约束性变动成本

8.当业务量变动时，在相关范围内，单位变动成本将（　　）。

A.呈正比例变动　　　　　　　　　B.呈反比例变动

C.固定不变　　　　　　　　　　　D.降低

9.当业务量变动时，在相关范围内，固定成本将（　　）。

A.呈正比例变动　　　　　　　　　B.呈反比例变动

C.固定不变　　　　　　　　　　　D.降低

10.高低点法第一步需要（　　）。

A.确定高低点坐标　　　　　　　　B.确定b值

C.计算a值　　　　　　　　　　　D.确定成本性态模型

11.某企业一年中产量最高月份的产量为50件，混合成本为800元，产量最低月份的产量为35件，混合成本为500元，则混合成本中的单位变动成本为（　　）。

　　A.50元　　　　　　　B.35元　　　　　　　C.20元　　　　　　　D.15元

12.根据各个成本、费用账户（包括明细账户）的内容，直接判断其与业务量的关系，从而确定其成本性态的一种成本分解方法称为（　　）。

　　A.账户分析法　　　B.历史资料法　　　C.工程分析法　　　D.回归分析法

13.在完全成本法下，固定制造费用作为（　　）处理。

　　A.直接成本　　　　B.期间成本　　　　C.产品成本　　　　D.责任成本

14.完全成本法的中间指标是（　　）。

　　A.边际贡献　　　　B.边际贡献毛益　　　C.销售毛利　　　　D.销售成本

15.变动成本法的产品成本是指（　　）。

　　A.固定生产成本　　　　　　　　　B.变动生产成本

　　C.固定非生产成本　　　　　　　　D.变动非生产成本

16.完全成本法的期间成本是指（　　）。

　　A.直接材料　　　　B.直接人工　　　　C.制造费用　　　　D.非生产成本

17.当产量等于销量时，按完全成本法计算的税前利润（　　）按变动成本法计算的税前利润。

　　A.等于　　　　　　B.大于　　　　　　C.小于　　　　　　D.以上皆有可能

18.当产量大于销量时，按完全成本法计算的税前利润（　　）按变动成本法计算的税前利润。

　　A.等于　　　　　　B.大于　　　　　　C.小于　　　　　　D.以上皆有可能

19.按变动成本法确定的产品成本（　　）完全成本法确定的产品成本。

　　A.必然大于　　　　B.必然小于　　　　C.必然等于　　　　D.不一定等于

20.在变动成本法下，固定生产成本作为期间成本（　　）转化为存货成本或销售成本。

　　A.可能　　　　　　B.不可能　　　　　C.一定　　　　　　D.上述皆不正确

21.采用变动成本法计算产品成本时，必须按业务量分解为变动性和固定性的费用是（　　）。

　　A.制造费用　　　　B.管理费用　　　　C.销售费用　　　　D.以上均包括

22.造成"某期按变动成本法与完全成本法确定的税前利润不相等"的根本原因是（　　）。

　　A.两种方法对固定制造费用的处理方式不同

　　B.两种方法计入当期利润表的固定成本的水平不同

　　C.两种方法下计算销售收入的方法不同

　　D.两种方法将销售费用计入当期利润表的方式不同

23.在变动成本法下，利润表的中间指标是（　　）。

　　A.边际贡献　　　　B.生产边际贡献　　　C.销售毛利　　　　D.销售成本

24.某产品本期按变动成本法计算的销售成本为 50 000 元，期初无存货，本期产销量相等，本期发生的固定生产成本为 15 000 元，非生产成本为 13 000 元，则按完全成本法计算的销售成本为（　　）。

A.35 000 元　　　　　B.65 000 元　　　　　C.78 000 元　　　　　D.37 000 元

25.某产品本期按完全成本法计算的单位产品成本为 14 元，本期产量为 500 件，销售量为 400 件，固定生产成本为 2 000 元，则本期按变动成本法计算的单位产品成本为（　　）。

A.14 元　　　　　B.10 元　　　　　C.9 元　　　　　D.18 元

26.某产品年初存货为 200 件，本年产量为 400 件，销售量为 500 件。上年单位产品成本为 10 元，本年单位变动生产成本为 8 元（与上年相同），则按变动成本法计算的销售成本为（　　）。

A.5 000 元　　　　　B.4 000 元　　　　　C.3 200 元　　　　　D.2 000 元

27.本期产量为 1 000 件，销售量为 800 件，本期发生的固定制造费用为 5 000 元，单位变动生产成本为 10 元，则完全成本法下期末存货吸收的固定制造费用为（　　）。

A.20 000 元　　　　　B.4 000 元　　　　　C.5 000 元　　　　　D.1 000 元

28.某企业只生产一种产品，本月生产并销售产品 100 件，单位产品售价为 1 000 元，发生的变动生产成本为 30 000 元，变动管理费用和变动销售费用为 2 080 元，固定制造费用为 10 000 元，固定销售及管理费用为 40 000 元。按变动成本法计算，该企业实现的总利润为（　　）。

A.17 920 元　　　　　B.70 000 元　　　　　C.67 920 元　　　　　D.18 000 元

29.下列公式正确的是（　　）。

A.销售收入-变动成本=边际贡献

B.销售收入-直接材料-直接人工-制造费用=边际贡献

C.销售收入-变动生产成本=边际贡献

D.销售收入-变动非生产成本=边际贡献

30.某公司本年产销平衡，销售收入总额为 1 200 万元，变动成本法下产品成本总额为 400 万元，固定制造费用为 250 万元，非生产成本为 100 万元，则该公司的销售毛利为（　　）。

A.450 万元　　　　　B.550 万元　　　　　C.350 万元　　　　　D.800 万元

三、多项选择题

1.在进行成本性态分析时，需要满足的假定条件有（　　）。

A.假定时间和业务量因素总是在不改变成本性态的范围内变动

B.假定总成本只是一种业务量的函数

C.假定固定成本和变动成本总是处在相关范围之内

D.假定总成本可以近似地用线性方程 $y=a+bx$ 来描述

2.固定成本具有的特征有（　　）。

A.固定成本总额的不变性　　　　　　　　　B.单位固定成本呈反比例变动性

C.固定成本总额呈正比例变动性　　　　D.单位固定成本的不变性

3.变动成本具有的特征有（　　　）。

A.变动成本总额的不变性　　　　　　　B.单位变动成本的不变性

C.变动成本总额呈反比例变动性　　　　D.变动成本总额呈正比例变动性

4.下列成本项目中，属于固定成本的有（　　　）。

A.保险费　　　　　　　　　　　　　　B.按直线法计提的折旧费用

C.广告费　　　　　　　　　　　　　　D.计件制下生产工人的工资

5.下列成本项目中，属于变动成本的有（　　　）。

A.原材料　　　　　　　　　　　　　　B.按产量法计提的折旧费用

C.燃料及动力费　　　　　　　　　　　D.计件制下生产工人的工资

6.下列成本项目中，属于约束性固定成本的有（　　　）。

A.按直线法计提的折旧费　　　　　　　B.融资性租赁费

C.管理人员工资　　　　　　　　　　　D.广告费

7.下列成本项目中，属于酌量性固定成本的有（　　　）。

A.职工培训费　　　　　　　　　　　　B.管理人员的奖金

C.广告费　　　　　　　　　　　　　　D.新产品开发费

8.混合成本根据发生的具体情况，通常可以分为（　　　）。

A.半变动成本　　　B.半固定成本　　　C.延伸变动成本　　　D.曲线式成本

9.下列各项中，属于混合成本分解方法的有（　　　）。

A.历史资料分析法　　　　　　　　　　B.账户分析法

C.工程分析法　　　　　　　　　　　　D.合同确认法

10.下列方法中，属于历史资料分析法的有（　　　）。

A.高低点法　　　　　　　　　　　　　B.散布图法

C.一元直线回归法　　　　　　　　　　D.成本无差别点法

11.某企业生产甲产品，其业务量（机器工作小时数）与混合成本（设备维护费）的相关数据如下，采用高低点法分解混合成本时，应选择（　　　）作为最低点和最高点的坐标。

A.（50，100）　　　　　　　　　　　　B.（60，120）

C.（50，120）　　　　　　　　　　　　D.（70，130）

12.变动成本法的理论依据为（　　　）。

A.产品成本只包括生产成本　　　　　　B.固定生产成本作为期间成本处理

C.制造费用应作为期间成本处理　　　　D.产品成本只应包括变动生产成本

13.下列各项中，属于变动成本法的优点的有（　　　）。

A.揭示了成本、业务量、利润之间的内在关系

B.便于进行科学的成本分析和成本控制

C.便于企业进行短期经营决策

D.简化成本核算工作

14.下列各项中，属于完全成本法的优点的有（　　　）。

A.产品成本符合传统的成本概念

B.具有刺激生产的作用

C.符合配比原则中的"因果配比"

D.有利于成本管理

15.完全成本法和变动成本法下产品成本中共同的成本有（　　）。

A.直接材料　　　　　　　　　　B.直接人工

C.销售费用　　　　　　　　　　D.变动制造费用

16.完全成本法下的税前利润与变动成本法下的税前利润之间的关系包括（　　）。

A.可能大于　　　　　　　　　　B.可能小于

C.可能等于　　　　　　　　　　D.有规律可循

17.变动成本法使用的贡献式利润表与完全成本法下使用的传统式利润表包含的共同指标有（　　）。

A.销售收入　　　　　　　　　　B.变动成本

C.边际贡献　　　　　　　　　　D.税前利润

18.当企业产销平衡时，采用变动成本法和完全成本法计算的（　　）。

A.税前利润相等　　　　　　　　B.单位产品成本相等

C.存货成本相等　　　　　　　　D.销售收入相等

19.变动成本法与完全成本法都适用的公式有（　　）。

A.本期销售成本=单位产品成本×本期销售量

B.本期销售成本=期初存货成本+本期发生的生产成本−期末存货成本

C.中间指标−期间成本=税前利润

D.边际贡献−固定成本=税前利润

20.变动成本法与完全成本法的损益确定不同是指（　　）。

A.税前利润的计算方法不同

B.损益确定中间指标不同

C.所编制的利润表格式有所不同

D.计算的税前利润不同

四、判断题

1.成本性态是指成本总额与特定业务量之间的依存关系。　　　　　　（　　）

2.固定成本是指成本总额在一定时期和一定业务量范围内，不受业务量增减变动影响而能保持不变的成本。　　　　　　（　　）

3.变动成本是指在一定时期和一定业务量范围内，其总额随着业务量的变动而成正比例变动的成本。　　　　　　（　　）

4.无论业务量如何变化，固定成本的总额永远都不会发生变化。　　（　　）

5.固定成本的总额无法变动，只能通过提高产品产量来降低单位成本。（　　）

6.生产工人的工资无论采取何种工资形式，都属于变动成本。　　　（　　）

7.固定成本和变动成本都存在其相关范围，因此成本性态具有相对性、暂时性和可转换性的特点。　　　　　　　　　　　　　　　　　　　　　　　　　　　　（　　　）

8.间接人工是指企业生产单位中不直接参与产品生产的或其他不能归入直接人工的那些人工成本，如修理工人的工资。　　　　　　　　　　　　　　　　　　　（　　　）

9.若从单位业务量所负担固定成本多寡的角度来考虑，固定成本则是一个变量。

（　　　）

10.单位变动成本性态模式在以业务量为横轴、单位成本为纵轴的直角坐标系中，表现为一条与纵轴平行的直线。　　　　　　　　　　　　　　　　　　　　　（　　　）

11.由于酌量性固定成本的大小完全取决于管理层的决定，它并不能形成顾客所认为的价值，因此，在进行成本控制时应尽量压缩其总量。　　　　　　　　　　　（　　　）

12.约束性固定成本在短期内难以降低，可通过提高产品产量而相对地降低其单位成本。　　　　　　　　　　　　　　　　　　　　　　　　　　　　　　　　（　　　）

13.约束性固定成本作为经营能力成本这一属性决定了该项成本的预算期通常比较长。约束性固定成本预算应着眼于经济、合理地利用企业的生产经营能力。　　（　　　）

14.回归直线可以使各观测点的数据与直线相应各点的误差平方和实现最小化。

（　　　）

15.散布图法是根据目测画一条直线，又称目测画线法。它的计算结果不如高低点法精确。　　　　　　　　　　　　　　　　　　　　　　　　　　　　　　　　（　　　）

16.在成本水平波动频繁的企业，运用高低点法进行成本性态分析具有实际意义。

（　　　）

17.工程分析法是一种相对独立的分析方法，只适用于缺乏历史成本数据的情况。

（　　　）

18.账户分析法适用于成本性态不太典型的成本项目。　　　　　　　　　（　　　）

19.用边际贡献减去固定制造费用就是利润。　　　　　　　　　　　　　（　　　）

20.变动成本法有刺激销售的作用，完全成本法有刺激生产的作用。　　（　　　）

21.在完全成本法下，对固定成本的补偿由当期销售的产品承担，期末未销售的产品与当期已销售的产品承担着不同的份额。　　　　　　　　　　　　　　　　（　　　）

22.制造费用在两种成本计算法下都属于产品成本的内容。　　　　　　（　　　）

23.两种成本计算法编制的利润表所提供的中间指标不同。变动成本法所提供的中间指标是销售毛利，完全成本法提供的中间指标是边际贡献。　　　　　　　（　　　）

24.在各年的产销量相同时，按变动成本法计算的各年的税前利润相等。（　　　）

25.采用变动成本法时的期末产成品存货成本必然大于采用完全成本法时的期末产成品存货成本。　　　　　　　　　　　　　　　　　　　　　　　　　　　　（　　　）

26.变动成本法主要适用于编制对外财务报表，以满足企业外部利益相关者的需求。

（　　　）

27.完全成本法下的期间成本，是指一定会计期间内的全部非生产成本，包括所有的管理费用、销售费用和财务费用。　　　　　　　　　　　　　　　　　　　（　　　）

28.在变动成本法下，产品成本随着产品的出售转入销售成本，计入当期损益，而产品未出售则作为期末存货成本递延到下一个会计期间。（　　）

29.销售成本是指可供销售产品的成本。（　　）

30.贡献式利润确定程序是指在税前利润计算过程中，首先用销售收入补偿本期实现销售产品的变动成本，从而确定边际贡献，然后再用边际贡献补偿固定成本，以确定当期税前利润的过程。（　　）

五、计算分析题

1.假定某企业2024年1月至12月机器设备的维修成本有关数据见表2-9。

表2-9　　　　　　　　　　　　维修成本数据表

月份	机器工时（小时）	维修成本（元）
1	1 200	900
2	1 300	910
3	1 150	840
4	1 050	850
5	900	820
6	800	730
7	700	720
8	800	780
9	950	750
10	1 100	890
11	1 250	920
12	1 400	930

要求：

（1）采用高低点法对该企业的维修成本进行分解并建立维修成本的成本模型。

（2）预计2025年1月份机器工时为1 300小时，则预计的维修成本是多少？

2.假定某企业2024年7月至12月A成品产量与制造费用的数据见表2-10。

表2-10　　　　　　　　　　产量与制造费用数据表

月份	产量（件）	制造费用（元）
7	400	100 000
8	500	110 000
9	600	125 000
10	625	130 000
11	800	150 000
12	750	150 100

要求：

（1）采用高低点法对该企业的制造费用进行分解并建立制造费用的成本模型。

（2）采用一元直线回归法对该企业的制造费用进行分解，并建立制造费用的成本模型。

3.假定某企业生产车间只生产一种产品，产量为 3 000 件时的成本数据见表 2-11。

表2-11　　　　　　　　　　　　　　　某车间成本数据

账户	总成本（元）
生产成本——直接材料	6 000
——直接人工	7 200
制造费用——燃料、动力	2 400
——修理费	1 200
——间接人工	1 200
——折旧费	4 000
——办公费	1 000
合计	23 000

要求：采用账户分析法对成本进行分解。

4.假设某粉末冶金车间对精密金属零件采取一次模压成型、电磁炉烧结的方式加工。如果以电费作为成本研究对象，经观察，电费成本开支与电磁炉的预热和烧结两个过程的操作有关。按照最佳的操作方法，电磁炉从开始预热至达到可烧结的温度需耗电 1 500 千瓦时，烧结每千克零件需耗电 500 千瓦时。每一工作日加工一班，每班电磁炉预热一次，全月共 22 个工作日。电费价格为 0.7 元/千瓦时。

要求：采用工程分析法对该车间的电费进行分析并建立成本模型。

5.某企业只生产经营一种产品，投产后第二年有关的产销业务量、销售单价与成本资料见表 2-12。

表2-12　　　　　　　　　　　　　　　相关成本数据表　　　　　　　　　　　　　　单位：元

存货及单价		成本项目	变动性	固定性	合计
期初存货量	0	直接材料	30 000	—	
本期投产完工量	5 000	直接人工	15 000		
本期销售量	4 000	制造费用	5 000	12 000	17 000
期末存货量	1 000	销售费用	800	1 200	2 000
销售单价	25	管理费用	400	3 000	3 400
		财务费用	0	800	800

要求：

（1）采用完全成本法计算该产品的产品成本、期间成本及税前利润。

（2）采用变动成本法计算该产品的产品成本、期间成本及税前利润。

6.某工厂本期生产一种产品，共计 1 500 件，售价 50 元/件。期初存货为零，期末存货为 300 件，本期销售 1 200 件。生产该产品共发生直接材料费 10 000 元、直接人工费 5 000 元、制造费用 18 000 元，其中，变动制造费用 6 000 元、固定制造费用 12 000 元、变动销售及管理费用 900 元、固定销售及管理费用 5 000 元。

要求：

（1）采用完全成本法计算该产品的产品成本、期间成本及税前利润。

（2）采用变动成本法计算该产品的产品成本、期间成本及税前利润。

7.假设某企业从事单一产品生产，连续 3 年的产量均为 600 件，而 3 年的销售量分别为 600 件、500 件和 700 件，单位产品售价为 150 元，管理费用与销售费用年度总额为 20 000 元，且全部为固定成本。与产品成本计算有关的数据如下：单位产品变动成本（包括直接材料、直接人工和变动制造费用）为 80 元，固定制造费用为 12 000 元（完全成本法下每件产品分摊 20 元（12 000÷600））。

要求：根据上述资料分别采用变动成本法与完全成本法计算税前利润。

8.假设某企业从事单一产品生产，连续 3 年的销量均为 600 件，而 3 年的产量分别为 600 件、700 件和 500 件，单位产品售价为 150 元，管理费用与销售费用年度总额为 20 000 元，且全部为固定成本。与产品成本计算有关的数据如下：单位产品变动成本（包括直接材料、直接人工和变动制造费用）为 80 元，固定制造费用为 12 000 元。

要求：根据上述资料分别采用变动成本法与完全成本法计算税前利润。

9.某制造企业生产单一产品，产量 10 000 件，销售量 8 000 件，单价 100 元/件，单位直接材料 30 元/件，单位直接人工 20 元/件，单位变动制造费用 10 元/件，固定制造费用 200 000 元，单位变动销售与管理费用 5 元/件，固定销售与管理费用 100 000 元。

要求：

（1）计算变动成本法下的单位产品成本，编制变动成本法下的利润表。

（2）计算完全成本法下的单位产品成本，编制完全成本法下的利润表。

（3）比较两种成本法下的利润差异，并解释差异原因。

六、案例分析题

案例 1　　　　　　　　亏损的洗衣机厂应如何扭亏？

某洗衣机厂连续两年亏损。厂长召集有关部门的负责人开会，研究扭亏为盈的办法。会议要点如下：

厂长：我厂去年亏损 250 万元，已连续亏损两年。如果今年再不扭亏为盈，银行将停止贷款，我厂也就面临被迫停产的危险。

销售处长：问题的关键是我们的洗衣机以每台 1 800 元的价格出售，而每台洗衣机的成本是 1 850 元。如果提高售价，面临竞争，洗衣机就卖不出去。出路只有降低成本，否则销售越多，亏损越多。

生产处长：我不同意销售处长的说法。我厂每台洗衣机的制造成本只有 1 650 元，设备和工艺、技术均为国内一流。之所以出现亏损，是因为生产能力利用严重不足。去年只生产并销售了 5 万台，而生产线原设计生产能力为 10 万台。

财务处长：我厂的产品成本构成中，每台洗衣机的变动成本为 1 350 元，全厂固定制造费用总额为 1 500 万元，推销及管理费用总额为 1 000 万元。我建议，生产部门满负荷生产，通过扩大产量来降低单位产品负担的固定制造费用。这样，即使不提价，不扩大销售，也能使企业扭亏为盈，渡过难关。另外，从企业长远生存发展的角度考虑，今年再追加 10 万元做广告宣传，追加 40 万元用作销售奖励，扩大产品销售量。

要求：

（1）分析去年亏损 250 万元是怎么计算出来的？

（2）如果采纳财务处长的意见，今年能够盈利多少？

（3）你是否同意财务处长的意见？为什么？

（4）你认为该厂应如何扭亏？

案例 2　　　　　　　　　　谁应该多拿奖金？

两个厂长分别承包工厂。相关资料见表 2-13。

表2-13　　　　　　　　　　　相关资料　　　　　　　　　　金额单位：元

厂长	王厂长	李厂长
期初存货	0	0
生产量（件）	10 000	24 000
销售量（件）	10 000	9 000
单价（元/件）	8	8
单位变动成本（元/件）	2	2
固定性制造费用	24 000	24 000
固定的销售、管理、财务费用	12 000	12 000

如果厂长的奖金按税前利润的 30% 发放，请问谁应该多拿奖金？公司财务小张认为李厂长应该多拿奖金，计算过程见表 2-14。

表2-14　　　　　　　　　　财务小张计算的损益表　　　　　　　　　　单位：元

项目	金额（王厂长）	金额（李厂长）
销售收入	80 000	72 000
销售成本	44 000	27 000
销售毛利	36 000	45 000
期间成本	12 000	12 000
税前利润	24 000	33 000

但是，王厂长认为自己的销售量大于李厂长，奖金却没有李厂长的多，不公平、不合理。作为管理会计师的你同意财务小张的观点吗？如不同意，请写出计算过程。

要求：

（1）小张采用的成本计算方法是完全成本法还是变动成本法？为什么？

（2）作为管理会计师的你认为谁应该多拿奖金？两个厂长各拿多少奖金？请写出王厂长和李厂长税前利润的计算过程。

（3）请简述造成两个厂长奖金出现偏差的原因。

案例3   **变动成本法驱动特斯拉成本管理与决策升级**

特斯拉作为全球领先的电动汽车制造商，其成本控制和盈利能力一直备受关注。近年来，特斯拉采用变动成本法进行内部成本管理和决策分析，取得了显著成效，具体的应用如下：

成本性态分析：特斯拉将生产成本区分为变动成本和固定成本。变动成本包括电池、电等直接材料成本，以及直接人工成本。固定成本包括厂房折旧、管理人员工资等。

盈亏平衡分析：特斯拉利用变动成本法计算盈亏平衡点，即实现盈亏平衡所需的销量。

产品定价决策：特斯拉根据变动成本法和目标利润率制定产品价格。例如，特斯拉Model Y 的定价策略考虑了电池成本下降和规模经济效应。

生产决策优化：特斯拉利用变动成本法分析不同生产方案的盈利能力，选择最优方案。例如，特斯拉决定在中国建立超级工厂，以降低生产成本和提高产能。

资料来源：佚名.一夜降价30万！看财务人如何分析特斯拉史上最粗暴降价？［EB/OL］.（2019-04-19）［2025-08-11］.https://m.sohu.com/a/309131580_100032615.作者基于公开财报、行业报告及管理层发言等进行了系统整合。

要求：

（1）假设特斯拉在某一时期，电池成本突然上升10%，这对 Model 3 的盈亏平衡点会产生怎样的影响？请结合变动成本法进行分析。

（2）特斯拉在推出新车型时，若采用完全成本法和变动成本法分别进行定价，会有何不同？哪种方法更有利于应对市场竞争，为什么？

（3）特斯拉计划在海外再建一座超级工厂，从变动成本法角度，除了考虑降低生产成本和提高产能外，还需要分析哪些因素对盈利能力的影响？

第三部分   参考答案

一、名词解释

1.生产成本

生产成本也称制造成本，是指生产活动的成本，是生产单位为生产产品或提供劳务而发生的各项生产费用，包括各项直接支出和制造费用。

2.固定成本

固定成本又称固定费用，是指成本总额在一定时期和一定业务量范围内，不受业务量增减变动影响而能保持不变的成本。

3.变动成本

变动成本是指在一定时期和一定业务量范围内，其总额随着业务量的变动而呈正比例变动的成本。

4.混合成本

成本性态不明显，其项目也随着业务量的变化而变化，但并不是正比例变动，兼具固定成本和变动成本两种不同性质，介于两者之间，其总额既随业务量变动又不成正比例的那部分成本称为混合成本。

5.高低点法

高低点法是历史资料分析法中最简便的一种分解方法，它以过去某一会计期间的总成本和业务量资料为依据，从中选取业务量最高点和业务量最低点，将总成本进行分解，得出成本性态的模型。

6.完全成本法

完全成本法是指在组织常规的成本计算过程中，以成本按其经济用途分类为前提条件，将全部生产成本作为产品成本的构成内容，只将非生产成本作为期间成本，并按传统式损益确定程序计量损益的一种成本计算模式。

7.变动成本法

变动成本法也称直接成本法、边际成本法，是变动成本计算的简称，是指在组织常规的成本计算过程中，以成本性态分析为前提条件，只将变动生产成本作为产品成本的构成内容，而将固定生产成本和非生产成本作为期间成本，并按贡献式损益确定程序计算损益的一种成本计算模式。

8.酌量性固定成本

酌量性固定成本是指管理者的决策可以改变其支出数额的固定成本。这类成本的预算数只在预算期内有效。企业领导可以根据具体情况的变化，确定不同预算期的预算数。

9.约束性固定成本

约束性固定成本是指不受企业管理层短期决策行为影响的那部分固定成本。

10.酌量性变动成本

酌量性变动成本是指单位产品受企业管理层决策影响，可以改变的变动成本。

11.约束性变动成本

约束性变动成本也称技术性变动成本，是指在其单位成本受客观因素决定，消耗量由技术因素决定的那部分变动成本，是企业管理层的决策无法改变其支出数额的，并与业务量有明确的技术或实务关系的变动成本。

12.历史资料分析法

历史资料分析法是指根据以往若干期的相关成本和业务量历史资料，运用一定数学方法对其进行数据处理，从而确定固定成本和变动成本，以完成成本性态分析任务的一种定量分析方法。

二、单项选择题

1.C	2.B	3.A	4.B	5.D	6.B	7.D	8.C	9.C	10.A
11.C	12.A	13.C	14.C	15.B	16.D	17.A	18.B	19.B	20.B
21.A	22.A	23.A	24.B	25.B	26.B	27.D	28.A	29.A	30.B

难点解析：

1.成本按其性态分类可分为固定成本、变动成本和混合成本三大类，而成本性态又称成本习性，是指成本总额与业务总量之间的依存关系。

2.酌量性固定成本是指管理者的决策可以改变其支出数额的固定成本。这类成本的预算数只在预算期内有效，企业领导可以根据具体情况的变化，确定不同预算期的预算数。这类成本的数额不具有约束性，可以斟酌不同的情况加以确定，如新产品开发费、广告费、职工培训费等。因此，选项B正确。房屋及设备租金、行政管理人员的薪酬、不动产税属于约束性固定成本。

3.约束性固定成本是指不受企业管理层短期决策行为影响的那部分固定成本，如厂房及机器设备按直线法计提的折旧费、房屋及设备租金、不动产税、财产保险费、照明费、行政管理人员的薪金等，因此选项A正确。广告费、职工教育培训费、业务招待费属于酌量性固定成本。

4.标准式混合成本又称为半变动成本，是一种既包含有变动成本又包含固定成本内容的混合成本。

5.题中描述的成本属于曲线式混合成本中的递减型混合成本，其随业务量的增加，成本也在增长，但成本增长的速度比业务量增长的速度慢，成本的斜率呈递减趋势。

6.管理费用账户内各项目发生额的大小在正常产量范围内一般与产量变量没有关系，或没有明显关系，因此一般将管理费用全部视为固定成本。

7.单位消耗稳定的外购零部件的成本是企业管理层的决策无法改变其支出数额的，并与业务量有明确关系的变动成本，是利用生产能力进行生产所必然发生的成本，因此属于约束性变动成本，选项D正确。

8.单位变动成本具有不变性，即单位变动成本不随业务量的变化而变化。

9.固定成本总额具有不变性，即成本总额不随业务量的变化而变化。

10.高低点法是历史资料分析法中最简便的一种分解方法，第一步是以过去某一会计期间的总成本和业务量资料为依据，从中选取业务量最高点和业务量最低点，然后计算 b 值和 a 值，最后得出成本性态的模型。

11.在一定期间及一定业务量范围内，由于固定成本不随业务量的变化而变化，因此增加的15件产品所增加的混合成本均为变动成本，因此单位变动成本为20元（（800-500）÷（50-35））。

13.在完全成本法下，产品成本中包含直接材料、直接人工和为生产产品而耗费的全部制造费用（包括变动制造费用和固定制造费用）。

14.完全成本法下损益确定程序是指在利润计算过程中，首先用销售收入补偿本期实现销售产品的销售成本，从而确定销售毛利，然后再用销售毛利补偿其期间成本，以确定当期税前利润的过程。因此，选项C正确。

15.变动成本法将制造费用中的固定部分视作当期的期间费用，随同销售和管理费用一起全额扣除，而与期末是否结余存货无关，产品成本中只包含直接人工、直接材料和变动制造费用，即变动生产成本。

16.完全成本法下的期间成本，是指一定会计期间内的全部非生产成本，包括所有的管理费用、销售费用和财务费用。

17.当产量等于销量时，完全成本法下期初存货中释放的固定制造费用和期末存货中吸收的固定制造费用相等，所以按两种方法计算的税前利润相等。

18.当产量大于销量时，由于完全成本法下期初存货中释放的固定制造费用小于期末存货中吸收的固定制造费用，致使完全成本法下计入当期的产品成本小于变动成本法下计入当期的产品成本，所以变动成本法下的利润小于完全成本法下的利润。

19.在完全成本法下，产品成本包含了固定制造费用，而变动成本法下不包含固定制造费用，因此选项B正确。

20.在变动成本法中，产品成本不包含固定制造费用，因此不会转化为存货成本或销售成本。

23.贡献式利润确定程序是指在税前利润计算过程中，首先用销售收入补偿本期实现销售产品的变动成本，从而确定边际贡献，然后再用边际贡献补偿固定成本，以确定当期税前利润的过程。因此，选项A正确。

24.完全成本法下销售成本包括直接材料、直接人工、变动制造费用及固定制造费用，因此按完全成本法计算的销售成本为65 000元（50 000+15 000）。

25.完全成本法下产品的总成本为7 000元（14×500），变动成本法下产品的总成本为5 000元（7 000-2 000），因此，变动成本法下单位产品的成本为10元（5 000÷500）。

26.按变动成本法计算的销售成本为4 000元（500×8）。

27.每件产品吸收的固定制造费用为5元（5 000÷1 000），期末存货量为200件（1 000-800），因此，期末存货吸收的固定制造费用为1 000元（200×5）。

28.该企业实现的总利润（销售收入-变动生产成本-变动管理费用和变动销售费用-固定成本）为17 920元（100×1 000-30 000-2 080-（10 000+40 000））。

30.销售毛利=销售收入-已销产品成本。产销平衡时，完全成本法下产品的成本为650万元（400+250），因此销售毛利为550万元（1 200-650）。

三、多项选择题

1.ABCD	2.AB	3.BD	4.ABC	5.ABCD	6.ABC	7.ABCD	8.ABCD	9.ABCD	10.ABC
11.AD	12.BD	13.ABCD	14.ABC	15.ABD	16.ABCD	17.AD	18.AD	19.AB	20.ABC

难点解析：

2.固定成本总额具有不变性，即成本总额不随业务量的变化而变化；单位固定成本具有反比例变动性，即单位固定成本随业务量的变动成反比例变动。因此，选项A、B正确。

3.变动成本总额具有正比例变动性，即变动成本总额随业务量的变动成正比例变动；单位变动成本具有不变性，即单位变动成本不随业务量的变化而变化。因此，选项B、D正确。

4.计件制下生产工人的工资会随业务量的变化而变化，因此属于变动成本，选项D错误。

6.广告费属于酌量性固定成本。

7.管理人员的奖金属于酌量性固定成本。

9.常见的混合成本的分解方法包括历史资料分析法、账户分析法、工程分析法、合同确认法四种。

10.历史资料分析法主要包括高低点法、散布图法和一元直线回归法三种具体方法。

11.选择业务量时，以业务量为标准选取最高点及最低点。

12.在变动成本法下，产品成本只包括变动生产成本，变动制造费用计入产品成本，而固定制造费用计入期间成本，因此选项A、C错误。

14.完全成本法不利于成本管理。由于完全成本法将固定制造费用计入产品成本，给成本管理带来了问题：一是固定制造费用的分配增加了成本的计算工作量，影响成本计算的及时性和准确性；二是产品成本中变动成本和固定成本的划分，使成本控制工作变得复杂。

15.在完全成本法下，产品成本包括直接材料、直接人工、变动制造费用和固定制造费用；在变动成本法下，产品成本包括直接材料、直接人工、变动制造费用。因此，选项A、B、D正确。

17.变动成本和边际贡献是贡献式利润表中的指标。

18.当产销平衡时，两种成本法下计入当期损益的固定制造费用总额相同，所以税前利润相等，选项A正确。销售收入只取决于销售数量和销售价格，与成本计算方法无关，所以产销平衡时，两种方法下的销售收入相等，选项D正确。在变动成本法下，单位产品成本只包含变动生产成本，而在完全成本法下，单位产品成本包含变动生产成本和固定生产成本，两者不相等，同样存货成本也不相等，因此选项B、C错误。

19.选项C，变动成本法的中间指标是边际贡献，而完全成本法的中间指标是销售毛利，指标不同，公式不通用，且期间成本在两种方法中的处理不能统一；选项D，"边际贡献-固定成本=税前利润"只适用于变动成本法，完全成本法是"销售毛利-期间成本=税前利润"。

四、判断题

1.√	2.√	3.√	4.×	5.×	6.×	7.√	8.√	9.√	10.×
11.×	12.√	13.√	14.√	15.×	16.×	17.×	18.×	19.×	20.√
21.×	22.×	23.×	24.√	25.×	26.×	27.√	28.√	29.×	30.√

难点解析：

4.固定成本的定义中有"在一定期间和一定业务量范围内"这样一个定语，这就是说，固定成本的固定性是有条件的。这里所说的一定范围叫作相关范围，表现为一定的时间范围和一定的空间范围。

5.固定成本在"固定性"强弱上的差别，按其是否受企业管理层短期决策行为的影响，可以进一步细分为酌量性固定成本和约束性固定成本。其中，酌量性固定成本，如广告费、职工培训费等的支出数额是管理者的决策可以改变的。

6.不是所有条件下生产工人的工资都属于变动成本，例如，计时制工资不随业务量的变化而变化，因此不属于变动成本，而属于固定成本。

10.单位变动成本在成本曲线上表现为一条平行于横轴的直线。

11.酌量性固定成本的发生可以增强企业的竞争能力，扩大产品销路，其支出额的大小由企业当局根据生产经营方针确定。企业要降低酌量性固定成本，就要在预算时精打细算，合理确定这部分成本的数额。

15.散布图法是将全部成本数据均作为描述混合成本性态的依据，因而比高低点法更准确一些。

16.高低点法适用于生产条件较为稳定、成本水平波动不大以及有关历史资料比较完备的老企业。

17.工程分析法要求以建设前期的设计资料为依据，因此适用于投入量与产出量关系比较稳定的新企业及其主要成本的测算，对于已发生较大技术变革或生产能力有重大变动的老企业不太适用。

18.账户分析法通常用于特定期间总成本的分解，对成本性态的确认通常只限于成本性态比较典型的成本项目；对于成本性态不那么典型的成本项目，则应该选择其他成本分解方法。

19.边际贡献减去固定成本得到利润。固定成本包括固定制造费用、固定管理费用、固定销售费用和固定财务费用。

21.在完全成本法下，固定制造费用由生产的产品承担，因此期末未销售的产品与当期已销售的产品承担着相同的份额。

22.固定制造费用在变动成本法下计入期间成本，在完全成本法下计入产品成本。

23.变动成本法下编制利润表的中间指标为边际贡献，完全成本法下编制利润表的中间指标为销售毛利。

25.在变动成本法下，产品成本只包含变动生产成本（直接材料、直接人工和变动制造费用）；在完全成本法下，产品成本除了变动生产成本，还包含固定制造费用。所以，一般情况下，变动成本法下的期末产品存货成本小于完全成本法下的期末产品存货成本。

26.对外财务报表遵循企业会计准则，要求采用完全成本法核算产品成本，以反映产品生产的全部耗费。变动成本法不符合这一要求，主要用于企业内部管理决策、成本控制和业绩评价等。

29.销售成本是指已销产品的产品成本。

五、计算分析题

1.解：

（1）最高点坐标为（1 400，930），最低点坐标为（700，720）。

$$b = \frac{930 - 720}{1\,400 - 700} = 0.3（元）$$

$a= 930 - 0.3 \times 1\,400 = 510（元）$

或　$a = 720 - 0.3 \times 700 = 510（元）$

维修成本的成本模型为：

$y = 510 + 0.3x$

（2）预计维修成本 $= 510 + 0.3 \times 1\,300 = 900（元）$

当机器工时为1 300小时时，预计维修成本为900元。

2.解：

（1）最高点坐标为（800，150 000），最低点坐标为（400，100 000）。

$$b = \frac{150\,000 - 100\,000}{800 - 400} = 125（元）$$

$a = 100\,000 - 125 \times 400 = 50\,000（元）$

或　$a = 150\,000 - 125 \times 800 = 50\,000（元）$

制造费用的成本模型为：

$y = 50\,000 + 125x$

（2）$\sum x = 3\,675$、$\sum y = 765\,100$、$\sum xy = 483\,825\,000$、$\sum x^2 = 2\,363\,125$、$\sum y^2 = 99\,655\,010\,000$

$$r = \frac{6 \times 483\,825\,000 - 3\,675 \times 765\,100}{\sqrt{\left[6 \times 2\,363\,125 - 3\,675^2\right]\left[6 \times 99\,655\,010\,000 - 765\,100^2\right]}} = \frac{91\,207\,500}{91\,918\,978.76} \approx 0.99 \rightarrow 1$$

x 与 y 基本正相关。

$$b = \frac{6 \times 483\,825\,000 - 3\,675 \times 765\,100}{6 \times 2\,363\,125 - 3\,675^2} \approx 135.5（元/件）$$

$$a = \frac{765\,100 - 135.5 \times 3\,675}{6} = 44\,522.92（元）$$

将 a 和 b 值代入 $y = a + bx$ 中，得到成本性态模型 $y = 44\,522.92 + 135.5x$。

3.解：

根据账户分析法，有关成本的分解过程见表2-15。

表2-15　　　　　　　　　　　　　　成本分解表

账户	总成本（元）	固定成本（元）	变动成本（元）
生产成本——直接材料	6 000		6 000
——直接人工	7 200		7 200
制造费用——燃料、动力	2 400		2 400
——修理费	1 200		1 200
——间接人工	1 200		1 200

续表

账户	总成本（元）	固定成本（元）	变动成本（元）
——折旧费	4 000	4 000	
——办公费	1 000	1 000	
合计	23 000	5 000	18 000

该车间的总成本被分解为固定成本和变动成本两部分，其中：

固定成本$a = 5\,000$元

该车间产量为 3 000 件时：

单位变动成本$b = 18\,000 \div 3\,000 = 6$（元/件）

该车间的总成本的数学模型为：

$y = 5\,000 + 6x$

4. 解：设每月电费总成本为y，烧结零件的重量为x，每月固定成本为a，单位变动成本为b，则：

每月固定成本 $= 22 \times 1\,500 \times 0.7 = 23\,100$（元）

单位变动成本 $= 0.7 \times 500 = 350$（元/千克）

因此，该电费总成本模型为：

$y = 23\,100 + 350x$

5. 解：

（1）完全成本法：

产品成本 $= 30\,000 + 15\,000 + 5\,000 + 12\,000 = 62\,000$（元）

期间成本 $= 2\,000 + 3\,400 + 800 = 6\,200$（元）

税前利润 $= 4\,000 \times 25 - 4\,000 \times \dfrac{62\,000}{5\,000} - 6\,200 = 44\,200$（元）

（2）变动成本法：

产品成本 $= 30\,000 + 15\,000 + 5\,000 = 50\,000$（元）

期间成本 $= 12\,000 + 2\,000 + 3\,400 + 800 = 18\,200$（元）

税前利润 $= 4\,000 \times 25 - \left(\dfrac{50\,000}{5\,000} \times 4\,000 + 800 + 400\right) - (12\,000 + 1\,200 + 3\,000 + 800) = 41\,800$（元）

6. 解：

（1）完全成本法：

产品成本 $= 10\,000 + 5\,000 + 6\,000 + 12\,000 = 33\,000$（元）

期间成本 $= 900 + 5\,000 = 5\,900$（元）

税前利润 $= 1\,200 \times 50 - 1\,200 \times \dfrac{33\,000}{1\,500} - 5\,900 = 27\,700$（元）

（2）变动成本法：

产品成本 $= 10\,000 + 5\,000 + 6\,000 = 21\,000$（元）

期间成本 $= 12\,000 + 900 \div 5\,000 = 17\,900$（元）

$$税前利润 = 1\,200 \times 50 - (\frac{21\,000}{1\,500} \times 1\,200 + 900) - (12\,000 + 5\,000) = 25\,300（元）$$

7. 解：

变动成本法与完全成本法税前利润计算表见表2-16。

表2-16　　　　　　　　　　　　税前利润计算表　　　　　　　　　　　单位：元

损益计算 ＼ 年序	第一年	第二年	第三年	合计
变动成本法				
销售收入	90 000	75 000	105 000	270 000
销售成本	48 000	40 000	56 000	144 000
边际贡献	42 000	35 000	49 000	126 000
固定成本：				
固定制造费用	12 000	12 000	12 000	36 000
管理费用和销售费用	20 000	20 000	20 000	60 000
小计	32 000	32 000	32 000	96 000
税前利润	10 000	3 000	17 000	30 000
完全成本法				
销售收入	90 000	75 000	105 000	270 000
销售成本：				
期初存货成本	0	0	10 000	
当期产品成本	60 000	60 000	60 000	180 000
可供销售产品成本	60 000	60 000	70 000	
期末存货成本	0	10 000	0	
销售成本	60 000	50 000	70 000	180 000
销售毛利	30 000	25 000	35 000	90 000
管理费用和销售费用	20 000	20 000	20 000	60 000
税前利润	10 000	5 000	15 000	30 000

8. 解：

变动成本法与完全成本法税前利润计算表见表2-17。

表2-17　　　　　　　　　　　　税前利润计算表　　　　　　　　　　　　单位：元

年序 损益计算	第一年	第二年	第三年	合计
变动成本法				
销售收入	90 000	90 000	90 000	270 000
销售成本	48 000	48 000	48 000	144 000
边际贡献	42 000	42 000	42 000	126 000
固定成本：				
固定制造费用	12 000	12 000	12 000	36 000
管理费用和销售费用	20 000	20 000	20 000	60 000
小计	32 000	32 000	32 000	96 000
税前利润	10 000	10 000	10 000	30 000
完全成本法				
销售收入	90 000	90 000	90 000	270 000
销售成本：				
期初存货成本	0	0	9 714	
当期产品成本	60 000	67 998	52 000	179 998
可供销售产品成本	60 000	67 998	61 714	
期末存货成本	0	9 714	0	
销售成本	60 000	58 284	61 714	179 998
销售毛利	30 000	31 716	28 286	90 002
管理费用和销售费用	20 000	20 000	20 000	60 000
税前利润	10 000	11 716	8 286	30 002

9.解：

（1）单位产品成本=30+20+10=60（元/件）

变动成本法税前利润计算表见表2-18。

表2-18　　　　　　　　　　　　变动成本法税前利润计算表　　　　　　　　　　单位：元

项目	金额
销售收入	800 000
变动成本：	
销售成本	480 000
变动销售与管理费用	40 000
小计	520 000
边际贡献	280 000
固定成本：	
固定制造费用	200 000
固定销售与管理费用	100 000
小计	300 000
税前利润	−20 000

（2）单位产品成本=30+20+10+（200 000÷10 000）=80（元/件）

完全成本法税前利润计算表见表2-19。

表2-19　　　　　　　　　　　　完全成本法税前利润计算表　　　　　　　　　　单位：元

项目	金额
销售收入	800 000
销售成本：	
期初存货成本	0
当期产品成本	800 000
可供销售产品成本	800 000
期末存货成本	160 000
销售成本合计	640 000
销售毛利	160 000
销售与管理费用：	
变动销售与管理费用	40 000
固定销售与管理费用	100 000
小计	140 000
税前利润	20 000

（3）变动成本法下的利润为-20 000元，完全成本法下的利润为20 000元，差异为40 000元。差异原因：产量大于销量，在变动成本法下，固定制造费用全部计入当期费用；在完全成本法下，固定制造费用分摊到产品成本中，期末存货（2 000件）吸收了部分固定制造费用（2 000×20= 40 000），随存货结转到下期，导致当期费用减少，利润增加。

六、案例分析题

案例1答题要点：

（1）去年亏损250万元按如下公式计算：

$(1\,800 - 1\,850) \times 5 = -250$（万元）

或：$(1\,800 - 1\,650) \times 5 - 1\,000 = -250$（万元）

（2）完全成本法下：

每台洗衣机的单位产品成本 $= 1\,350 + 1\,500 \div 10 = 1\,500$（元）

利润 $= (1\,800 - 1\,500) \times 10 - 1\,000 - 50 = 1\,950$（万元）

变动成本法下：

利润 $= (1\,800 - 1\,350) \times 10 - (1\,500 + 50 + 1\,000) = 1\,950$（万元）

（3）不同意财务处长的意见。虽然从短期来看，通过满负荷生产，扩大产量，确实可以降低单位产品负担的固定制造费用，在不扩大销售的情况下使企业实现盈利。但是，这种做法存在隐患：从市场角度来看，财务处长的方案没有充分考虑市场需求。如果生产出来的产品不能及时销售出去，就会导致库存积压。库存积压不仅会占用大量的资金，增加仓储成本，还可能面临产品过时、被迫降价等风险。从成本角度来看，这种方法只是通过会计手段（将固定制造费用分摊到更多产品上）来降低单位产品成本，并没有真正降低企业的总成本。一旦市场需求发生变化，企业可能陷入更严重的困境。从企业长期发展来看，单纯依靠扩大产量来扭亏为盈不是可持续的发展策略。企业应该注重市场开拓、产品创新和成本控制的综合平衡，而不是仅依赖产量的增加。

（4）在市场方面，加强市场调研，了解消费者需求和市场趋势，根据市场需求调整产品结构，开发适销对路的产品，提高产品的市场竞争力。加大市场推广力度，除了广告宣传和销售奖励外，可以通过参加展会、举办促销活动等方式，提高产品的知名度和美誉度，扩大产品的销售渠道和市场份额。在成本方面，在保证产品质量的前提下，优化生产流程，提高生产效率，降低单位产品的变动成本。合理控制固定成本，削减不必要的固定支出，进而提升企业的效益。在产品方面，加大研发投入，进行产品创新，提高产品的技术含量和附加值，以差异化的产品来吸引消费者，从而提高产品的售价和利润。加强产品质量控制，提高产品的品质，树立良好的品牌形象，增强消费者的购买信心。

案例2答题要点：

（1）完全成本法，因为其计算中涉及销售毛利这个中间指标，且销售成本中不仅包含直接材料、直接人工、变动性制造费用，还包含固定性制造费用。

（2）王厂长应多拿奖金，计算过程见表2-20。

表2-20　　　　　　　　　　　变动成本法损益表　　　　　　　　　　　单位：元

项目	金额（王厂长）	金额（李厂长）
销售收入	10 000×8=80 000	9 000×8=72 000
变动成本	10 000×2=20 000	9 000×2=18 000
边际贡献	80 000-20 000=60 000	72 000-18 000=54 000
固定成本：	36 000	36 000
固定制造费用	24 000	24 000
固定销售及管理费用	12 000	12 000
税前利润	60 000-36 000=24 000	54 000-36 000=18 000

　　王厂长奖金 = 24 000 × 30% = 7 200（元）

　　李厂长奖金 = 18 000 × 30% = 5 400（元）

　　（3）造成两个厂长奖金出现偏差的原因主要是完全成本法下固定制造费用的分摊方式以及生产量和销售量之间的差异。在完全成本法下，固定制造费用需要分摊到产品成本中，这使得李厂长的单位产品成本更低，在销售价格相同的情况下，销售成本就更低，从而销售毛利更高。同时，王厂长的生产量和销售量相等，均为10 000件，不存在存货对利润的影响，而李厂长的生产量为24 000件，销售量为9 000件，有大量存货。存货中包含了分摊的固定制造费用。这部分固定制造费用随着存货的增加而未在当期利润中扣除，导致销售成本进一步降低，利润升高。因此，在完全成本法下，李厂长的利润更高，奖金更多，但从变动成本法的角度看，王厂长的销售量大，利润更高，奖金应更多。这就是奖金出现偏差的原因。

　　案例3答题要点：

　　（1）在变动成本法下，盈亏平衡点销量=固定成本÷（单价-单位变动成本）。电池成本属于变动成本。当电池成本上升10%时，单位变动成本增加。假设单价和固定成本不变，单位变动成本的增加会使"单价-单位变动成本"的值减小，那么固定成本除以这个变小的值得到的盈亏平衡点销量会上升。这意味着特斯拉要销售更多的 Model 3 才能实现盈亏平衡，企业将面临更大的销售压力。

　　（2）在完全成本法下，产品成本包括变动成本和固定成本，定价时会将固定成本分摊到产品中，导致价格相对较高；而在变动成本法下，定价主要基于变动成本和目标利润率，价格相对更能反映产品的直接成本。在市场竞争中，变动成本法更具有优势，因为其定价更灵活，能快速根据市场需求和成本变化调整价格，以较低价格吸引消费者，提高市场份额，而完全成本法较高的定价可能使产品在价格竞争中处于劣势。

　　（3）除了降低生产成本和提高产能外，还需考虑：①当地的劳动力成本变动情况。如果当地劳动力成本较高，会增加变动成本，影响盈利能力。②原材料供应稳定性和价格波动。如果原材料供应不稳定或价格大幅波动，会导致变动成本不稳定。③市场需求的不确定性。不同地区市场对特斯拉汽车的需求不同。需求不足可能导致产能过剩，影响盈利。④汇率波动。海外建厂涉及国际交易。汇率波动会影响成本和售价换算，进而影响利润。

第三章

本量利分析

一、本量利分析概述

(一)本量利分析的概念

本量利分析（Cost Volume Profit Analysis，CVP分析）是成本-业务量-利润关系分析的简称，是指在变动成本计算模式的基础上，以数学化的会计模型与图文来揭示固定成本、变动成本、销售量、单价、销售额、利润等变量之间的内在规律性联系，为会计预测、决策和规划提供必要的财务信息的一种定量分析方法。

(二)本量利分析的基本假设

在本量利分析中，成本、业务量和利润之间的数量关系是建立在一系列假设基础上的。基本假设主要包括：成本性态假设、相关范围假设、模型线性假设、产销平衡假设、品种结构不变假设。

(三)本量利分析的基本模型

利润 = 销售收入 − 总成本

　　 = 销售收入 − 变动成本 − 固定成本

　　 = 单价 × 销售量 − 单位变动成本 × 销售量 − 固定成本

　　 = (单价 − 单位变动成本) × 销售量 − 固定成本

(四)边际贡献及相关指标

边际贡献及相关指标的含义及计算公式见表3-1。

表3-1　　　　　　　　　　　　边际贡献相关指标的含义及计算公式

相关指标	含义	计算公式
边际贡献	也称作贡献毛益、贡献边际、边际利润或创利额，是指销售收入减去变动成本以后的金额	边际贡献总额 = 销售收入总额 − 变动成本总额
单位边际贡献	指单价减去单位变动成本以后的差额，即每增加一个单位产品的销售能给企业提供的贡献	单位边际贡献 = 销售单价 − 单位变动成本 = 边际贡献总额/销售量
边际贡献率	也称贡献毛益率、边际利润率或创利率，是指边际贡献在销售收入中所占的百分比	边际贡献率 = 边际贡献总额/销售收入 × 100% = 单位边际贡献/单价 × 100%
变动成本率	指变动成本占销售收入的百分比，或指单位变动成本占单价的百分比	变动成本率 = 变动成本总额/销售收入 × 100% = 单位变动成本/单价 × 100%

边际贡献率与变动成本率之间存在以下关系式：

边际贡献率 + 变动成本率 = 1

二、单一品种的保本分析

（一）保本分析的概念

保本点有多种称谓，如盈亏临界点、盈亏分歧点、两平点等，具体是指收入和成本刚好相抵（利润为 0）时的销售量或销售额。保本点有两种表现形式：一种是用实物量表示的保本点销售量；另一种是用价值量表示的保本点销售额。

（二）保本点的确定

保本点计算公式为：

$$保本点销售量 = \frac{固定成本}{单价 - 单位变动成本}$$

$$保本点销售额 = 保本点销售量 \times 单价 = \frac{固定成本}{边际贡献率}$$

（三）企业经营安全程度的评价指标

1.企业经营安全程度评价指标的含义及计算公式

衡量企业经营安全性的指标有两种：安全边际指标和保本点作业率指标，具体指标的含义及计算公式见表 3-2。

表3-2　　　　　　　　　　　　　经营安全程度评价指标

相关指标	含义	计算公式
安全边际指标	正常销售量或者现有销售量超过保本点销售量的差额。安全边际有绝对数和相对数两种表现方式。其中，绝对数指标包括实物量指标安全边际量和价值量指标安全边际额，相对数指标为安全边际率	安全边际量=实际（预计）销售量-保本点销售量 安全边际额=实际（预计）销售额-保本点销售额 　　　　=单价×安全边际量 安全边际率=安全边际量/实际（预计）销售量×100% 　　　　=安全边际额/实际（预计）销售额×100%
保本点作业率	保本点作业率指标是安全边际率的反指标，是指保本点销售量（额）占实际或预计的销售量（额）的百分比，又称为危险率	保本点作业率=保本点销售量/实际（预计）销售量×100% 　　　　=保本点销售额/实际（预计）销售额×100%

2.利润与销售利润率的转化公式

实际上，超过保本点的安全边际提供的边际贡献就是利润。因此，利用安全边际和安全边际率的概念，利润与销售利润率的基本等式可以转化为：

利润 = 安全边际量 × 单位边际贡献 = 安全边际额 × 边际贡献率

将上式左右两端均除以销售额，则有：

销售利润率 = 利润/销售额 = 安全边际率 × 边际贡献率

因此，安全边际率和边际贡献率是决定企业销售利润率的重要指标。

3.安全边际率和保本点作业率的关系

安全边际率 + 保本点作业率 = 1

（四）本量利关系图

本量利关系图通常有传统式、贡献式、利量式三种。各自的特点见表3-3。

表3-3　　　　　　　　　　　　　　　本量利关系图的特点

本量利关系图	特点
传统式	传统式本量利关系图是将固定成本置于变动成本之下，从而清楚地表明固定成本不随业务量变动的特征
贡献式	贡献式本量利关系图是将固定成本置于变动成本之上，以便形象地反映边际贡献的形成过程和构成，即产品的销售收入减去变动成本以后就是边际贡献，边际贡献再减去固定成本就是利润
利量式	利量式的特点是将纵轴上的销售收入与成本因素略去，使坐标图上仅反映利润与销售数量之间的依存关系

（五）相关因素变动对保本点的影响

从保本点的计算过程可知，影响保本点的因素主要有：销售单价、单位变动成本、固定成本。各因素对保本点的影响方向见表3-4。

表3-4　　　　　　　　　　　　　　　各因素对保本点的影响方向

影响因素	保本点	利润
单价	反向	同向
单位变动成本	同向	反向
固定成本	同向	反向

三、单一品种的保利分析

（一）保利点及其计算

根据本量利分析的基本模型 $P = (SP - VC) \times V - FC$，有：

$$保利销售量 = \frac{固定成本 + 目标利润}{单价 - 单位变动成本} = \frac{固定成本 + 目标利润}{单位边际贡献}$$

$$保利销售额 = 单价 \times 保利销售 = \frac{固定成本 + 目标利润}{边际贡献率}$$

（二）保净利点及其计算

$$保净利量 = \frac{固定成本 + \dfrac{税后目标成本}{1 - 所得税税率}}{单位边际贡献}$$

$$保净利额 = 保净利量 \times 单价 = \frac{固定成本 + \dfrac{税后目标利润}{1 - 所得税税率}}{边际贡献率}$$

（三）相关因素变动对保利点的影响

销售单价、单位变动成本、固定成本对保利点影响的大小、方向与前述有关因素对保本点的影响分析完全相同。当然，目标利润肯定会影响保利点，目标利润与保利点呈同向变化关系。

四、多品种的本量利分析

多种产品的本量利分析方法有多种形式，本节主要讲解综合边际贡献率法和联合单位法。

（一）综合边际贡献率法

综合边际贡献率法是根据各种产品相关资料计算出企业综合的边际贡献率（或平均边际贡献率），进而分析多品种条件下本量利分析的一种方法。计算步骤见表3-5。

表3-5　　　　　　　　　　　　　　综合边际贡献率法计算过程

计算步骤	计算公式
第一步：计算综合边际贡献率	加权平均法： 综合边际贡献率 = $\sum$（各产品的边际贡献率 × 各产品的销售额比重）
	边际贡献总额法： 综合边际贡献率 = $\dfrac{全部产品边际贡献总额}{全部产品销售收入总额}$ × 100%
第二步：计算综合保本（利）销售额	综合保本销售额 = $\dfrac{固定成本}{综合边际贡献率}$ 综合保利销售额 = $\dfrac{固定成本 + 目标利润}{综合边际贡献率}$
第三步：计算各种产品的保本（利）销售额和销售量	各种产品的保本(利)销售额 = 综合保本(利)销售额 × 各产品销售额比重 各种产品的保本(利)销售量 = 各种产品保本(利)销售额 ÷ 各种产品的单价

（二）联合单位法

联合单位法是指在事先掌握多品种之间客观存在的相对稳定的产销实物量比例的基础上，确定每一联合单位的单价和单位变动成本，进行多品种条件下本量利分析的一种方法。计算步骤见表3-6。

表3-6　　　　　　　　　　　　　　联合单位法计算过程

计算步骤	计算公式
第一步：计算各产品的销量比	计算各产品销售量的比例
第二步：计算联合单价和联合单位变动成本	联合单价 = $\sum$（各产品的单价 × 该产品的销量比） 联合单位变动成本 = $\sum$（各产品的单位变动成本 × 该产品的销量比）
第三步：计算联合保本（利）销售量	联合保本销售量 = $\dfrac{固定成本}{联合单价 - 联合单位变动成本}$ 联合保利销售量 = $\dfrac{固定成本 + 目标利润}{联合单价 - 联合单位变动成本}$
第四步：计算各种产品的保本（利）销售量和销售额	某种产品的保本(利)销售量 = 联合保本(利)销售量 × 该种产品销量比 某种产品保本(利)额 = 某种产品保本(利)销售量 × 单价

五、敏感性分析

（一）有关因素临界值的确定

由本量利关系的基本模型 $P = (SP - VC) \times V - FC$，可以推导出当 P 为零时有关因素最大、最小值的相关公式：

销售量的最小允许值 $V = \dfrac{FC}{SP - VC}$

单价的最小允许值 $SP = \dfrac{FC}{V} + VC$

单位变动成本的最大允许值 $VC = SP - \dfrac{FC}{V}$

固定成本的最大允许值 $FC = (SP - VC) \times V$

（二）利润对有关因素变动的敏感程度

敏感系数的通用公式为：

敏感系数 $= \dfrac{利润变动百分比}{因素值变动百分比}$

整理后可得出，利润对各项因素的敏感系数公式如下：

单价的敏感系数 $= \dfrac{销售量 \times 单价}{利润原值}$

销售量敏感系数 $= \dfrac{销售量 \times (单价 - 单位变动成本)}{利润原值}$

固定成本敏感系数 $= -\dfrac{固定成本}{利润原值}$

单位变动成本敏感系数 $= -\dfrac{销售量 \times 单位变动成本}{利润原值}$

式中，敏感系数若为正值，表明它与利润为同向增减关系；敏感系数若为负值，表明它与利润为反向增减关系。

注意：各因素敏感系数的排列有如下规律：

（1）单价的敏感系数总是最高。

（2）单价的敏感系数与单位变动成本的敏感系数绝对值之差等于销售量的敏感系数。

（3）销售量的敏感系数与固定成本的敏感系数绝对值之差等1。

第二部分 练习题

一、名词解释

1.本量利分析

2.边际贡献

3.边际贡献率

4.变动成本率

5.保本点

6.安全边际

7.保本点作业率

8.保利点

9.综合边际贡献率法

10.联合单位法

二、单项选择题

1.按照本量利分析的假设，收入函数和成本函数的自变量相同，为（　　）。

A.单位变动成本　　　B.销售单价　　　　C.固定成本　　　　D.产销量

2.某产品边际贡献率为30%，单位变动成本70元，则该产品的单价为（　　）元。

A.50.4　　　　　　B.100　　　　　　C.60　　　　　　D.72

3.边际贡献率和变动成本率之间的关系是（　　）。

A.变动成本率越高，则边际贡献率也越高

B.变动成本率与边际贡献率之和等于1

C.边际贡献率和变动成本率两者没有关系

D.变动成本率是边际贡献率的倒数

4.已知企业只生产一种产品，单价5元，单位变动成本3元，固定成本总额600元，则保本点销售量是（　　）件。

A.200　　　　　　B.300　　　　　　C.120　　　　　　D.400

5.某企业只生产一种产品。该产品的边际贡献率为65%，本期销售额为200 000元，税前利润为100 000元，则该产品的固定成本为（　　）元。

A.30 000　　　　　B.70 000　　　　　C.100 000　　　　D.130 000

6.当企业的边际贡献总额等于利润时，该企业的固定成本总额（　　）。

A.等于零　　　　　B.不为零　　　　　C.大于零　　　　　D.小于零

7.某公司生产的产品，单价为2元，边际贡献率为40%，保本量为20万件，则其固定成本为（　　）万元。

A.16　　　　　　　B.50　　　　　　　C.80　　　　　　D.100

8.某产品单价为20元，固定成本为50 000元，边际贡献率为40%，则保本量为（　　）件。

A.100 000　　　　B.2 000　　　　　C.6 250　　　　　D.5 000

9.某企业的保本点作业率为60%，安全边际量为500件，则该企业的实际销售量为（　　）件。

A.800　　　　　　B.833　　　　　　C.1 250　　　　　D.1 500

10.已知产品销售单价为24元，保本点销售量为150件，销售额可达4 800元，则安全边际率为（　　）。

A.33.33%　　　　B.25%　　　　　C.50%　　　　　D.20%

11.如果某企业经营安全程度的评价结论为"值得注意"，据此可以断定，该企业的安全边际率的数值（　　）。

A.在10%以下　　　　　　　　　　B.在10%至20%之间

C.在20%至30%之间   D.在30%至40%之间

12.某企业只生产一种产品，单价为56元，单位变动成本为36元，固定成本总额为4 000元。如果企业要确保安全边际率达到50%，则销售量应达到（   ）件。

A.143   B.222   C.400   D.500

13.已知某企业的销售收入为10 000元，固定成本为2 200元，保本点作业率为40%。在此情况下，该企业可实现利润（   ）元。

A.1 800   B.2 300   C.3 300   D.3 800

14.某产品的销售收入为900元，保本额为600元，变动成本率为60%，则该产品的利润为（   ）元。

A.120   B.240   C.180   D.195

15.当单价为100元，边际贡献率为32%，安全边际量为1 000件时，企业可以实现利润（   ）元。

A.2 800   B.100 000   C.60 000   D.32 000

16.某产品的保本点为1 000台，实际销售1 600台，每台单位边际贡献为10元，则实际获利额为（   ）元。

A.16 000   B.10 000   C.25 000   D.6 000

17.某企业的变动成本率为50%，安全边际率为35%，则其销售利润率为（   ）。

A.12%   B.18%   C.28%   D.17.5%

18.在利量式本量利关系图中，若横轴表示销售量，则利润线的斜率表示（   ）。

A.边际贡献率   B.变动成本率

C.单位边际贡献   D.单位变动成本

19.在贡献式本量利关系图中，总成本线与变动成本线之间的距离所代表的是（   ）。

A.边际贡献   B.固定成本

C.利润区   D.亏损区

20.从保本图上得知，对单一产品分析，（   ）。

A.单位变动成本越大，总成本线斜率越大，保本点越高

B.单位变动成本越大，总成本线斜率越小，保本点越高

C.单位变动成本越小，总成本线斜率越小，保本点越高

D.单位变动成本越小，总成本线斜率越大，保本点越低

21.下列选项中，不受现有销售量变动影响的是（   ）。

A.利润   B.安全边际率

C.安全边际量   D.保本量

22.根据本量利分析原理，下列措施中，只能提高安全边际而不会降低保本点的是（   ）。

A.提高单价   B.增加产量

C.降低单位变动成本   D.降低固定成本

23.假定下列各项中的因素变动均处于相关范围内，则能够导致保本点升高的是（   ）。

A.单价提高　　　　　　　　　　　B.单位变动成本升高

C.实际销量增多　　　　　　　　　D.安全边际量增大

24.已知某企业本年的目标利润为2 000万元，产品单价为600元，变动成本率为30%，固定成本总额为600万元，则企业的保利量为（　　）件。

A.61 905　　　　　B.14 286　　　　　C.50 000　　　　　D.54 000

25.某企业只生产一种产品，月计划销售600件，单位变动成本为6元，月固定成本为1 000元，欲实现利润1 640元，则单价应为（　　）元。

A.16.40　　　　　B.14.60　　　　　C.10.60　　　　　D.10.40

26.已知企业某产品的单价为2 000元，目标销售量为3 500件，固定成本总额为100 000元，目标利润为600 000元，则企业应将单位变动成本的水平控制在（　　）元。

A.1 500　　　　　B.1 667　　　　　C.1 000　　　　　D.1 800

27.当单位变动成本单独变动时，则（　　）。

A.会使保本点同方向变动　　　　　B.会使安全边际同方向变动

C.会使利润同方向变动　　　　　　D.会使保利点反方向变动

28.当单价上涨，而其他因素不变时，会引起（　　）。

A.保本点和保利点降低，安全边际降低，利润减少

B.保本点和保利点上升，安全边际上升，利润增加

C.保本点和保利点上升，安全边际降低，利润减少

D.保本点和保利点降低，安全边际上升，利润增加

29.假设某企业生产甲、乙、丙三种产品，各产品的边际贡献率分别为10%、15%和30%，销售比重分别为30%、30%和40%，则该企业的综合边际贡献率为（　　）。

A.55%　　　　　B.19.5%　　　　　C.15%　　　　　D.30%

30.已知A企业为生产和销售单一产品的企业。A企业计划年度销售量为1 000件，销售单价为50元，单位变动成本为30元，固定成本总额为25 000元，则销售量、单价、单位变动成本、固定成本各因素的敏感程度由高到低的排序是（　　）。

A.单价>销售量>单位变动成本>固定成本

B.单价>单位变动成本>销售量>固定成本

C.单价>单位变动成本>固定成本>销售量

D.单价>销售量>固定成本>单位变动成本

三、多项选择题

1.本量利分析的基本假设有（　　）。

A.相关范围假设　　　　　　　　　B.模型线性假设

C.产销平衡假设　　　　　　　　　D.品种结构不变假设

2.下列公式正确的有（　　）。

A.单位边际贡献=单价-单位变动成本

B.边际贡献总额=销售收入总额-变动成本总额

C.边际贡献率=单位边际贡献÷单价

D.边际贡献率=边际贡献总额÷销售收入总额

3.边际贡献除了以总额的形式表现外，其表现形式还包括（　　　）。

A.单位边际贡献　　　　　　　　　　B.税前利润

C.营业收入　　　　　　　　　　　　D.边际贡献率

4.下列各式中，其计算结果等于边际贡献率的有（　　　）。

A.单位边际贡献/单价　　　　　　　B.1−变动成本率

C.边际贡献/销售收入　　　　　　　D.固定成本/保本量

5.影响保本点的因素包括（　　　）。

A.单价　　　　　　　　　　　　　　B.单位变动成本

C.固定成本　　　　　　　　　　　　D.目标净利润

6.下列各项中，可据以判定企业是否处于保本状态的有（　　　）。

A.安全边际率为零　　　　　　　　　B.边际贡献等于固定成本

C.收支相等　　　　　　　　　　　　D.保本点作业率为零

7.下列条件中，能使保本点提高的有（　　　）。

A.单价降低　　　　　　　　　　　　B.单位变动成本降低

C.销售量提高　　　　　　　　　　　D.固定成本提高

8.下列各项中，属于安全边际指标表现形式的有（　　　）。

A.安全边际量　　　　　　　　　　　B.安全边际率

C.安全边际额　　　　　　　　　　　D.边际贡献率

9.安全边际率等于（　　　）。

A.安全边际量÷实际销售量　　　　　B.安全边际额÷实际销售额

C.1−保本点作业率　　　　　　　　　D.1−边际贡献率

10.下列有关指标的描述中，内容正确的有（　　　）。

A.安全边际率与保本点作业率之和为1

B.安全边际额是现有销售额超过保本额的部分

C.安全边际率越大，企业发生亏损的可能性越大

D.安全边际量占现有销售量的百分比等于安全边际率

11.通过下列措施可以提高销售利润率的是（　　　）。

A.提高安全边际率　　　　　　　　　B.提高边际贡献率

C.降低变动成本率　　　　　　　　　D.降低保本点作业率

12.下列关于利润的计算方法正确的是（　　　）。

A.安全边际额×边际贡献率　　　　　B.安全边际额×单位边际贡献

C.安全边际量×单位边际贡献　　　　D.安全边际量×边际贡献率

13.从本量利关系图得知（　　　）。

A.保本点左边，成本大于收入，是亏损区

B.销售量一定的情况下，保本点越高，盈利区越小

C.实际销售量超过保本点销售量的部分就是安全边际

D.在其他因素不变的情况下，保本点越低，盈利面积越小

14.下列各项叙述正确的有（　　　）。

A.盈亏临界点不变，销售量越大，盈利越多

B.销售量不变，盈亏临界点越低，盈利越多

C.固定成本越多，盈亏临界点越低

D.单位变动成本越高，盈亏临界点越高

15.在其他因素不变的情况下，产品单价上升会带来的结果有（　　　）。

A.单位边际贡献上升　　　　　　　　B.变动成本率上升

C.安全边际率上升　　　　　　　　　D.保本点作业率下降

16.下列指标中，假定其他因素不变，会随着单价变动而反方向变动的因素有（　　　）

A.保本点　　　　　　　　　　　　　B.保利点

C.变动成本率　　　　　　　　　　　D.安全边际率

17.下列各项中，能够同时影响保本点、保利点及保净利点的因素为（　　　）。

A.所得税税率　　　　　　　　　　　B.边际贡献率

C.固定成本总额　　　　　　　　　　D.目标利润

18.某产品单价为8元，固定成本总额为2 000元，单位变动成本为5元，计划产销量600件。要实现400元的利润，可分别采取的措施有（　　　）。

A.减少固定成本600元　　　　　　　B.提高单价1元

C.提高产销量200件　　　　　　　　D.降低单位变动成本1元

19.下列各项中，可用于多品种条件下本量利分析的有（　　　）。

A.分算法　　　　　　　　　　　　　B.主要品种法

C.联合单位法　　　　　　　　　　　D.综合边际贡献率法

20.下列关于敏感系数的说法中，正确的有（　　　）。

A.敏感系数=目标值变动百分比÷因素变动百分比

B.敏感系数绝对值越小，说明利润对该因素的变化越不敏感

C.敏感系数绝对值越大，说明利润对该因素的变化越敏感

D.敏感系数为负值，表明因素的变动方向和目标值的变动方向相反

四、判断题

1.本量利分析只适用于单种产品的分析，不能用于多种产品的分析。（　　）

2.成本按性态划分的基本假设同时也是本量利分析的基本假设。（　　）

3.边际贡献首先用于补偿固定成本，之后若有余额，才能为企业提供利润。（　　）

4.所谓保本是指企业的边际贡献与固定成本相等。（　　）

5.目标利润单独变动时，只会影响保利点，却不改变保本点。（　　）

6.安全边际率乘以边际贡献率可得销售利润率。（　　）

7.保本点作业率是正指标，越大说明企业的经营越安全。（　　）

8.安全边际率与保本点作业率之间的关系是互补的，即"安全边际利润率×保本点作业率=1"。（　　）

9.在一定时期内，如果企业的保本点作业率为零，可以断定该企业处于保本状态。（　　）

10.保本点不变，业务量越大，则能实现的利润也越多。（　　）

11.盈亏平衡点越高，意味着企业经营越安全。（　　）

12.安全边际所提供的边际贡献就是利润。（　　）

13.单价、单位变动成本及固定成本总额变动均会引起保本点、保利点同方向变动。（　　）

14.销售量的敏感系数与固定成本的敏感系数绝对值之差等1。（　　）

15.本量利分析图的横轴表示销售收入和成本，纵轴表示销售量。（　　）

16.在贡献式本量利关系图中，销售收入线与固定成本线之间的距离是边际贡献。（　　）

17.传统式本量利关系图能反映成本与销售量（额）的关系，但无法反映边际贡献与其他因素的关系，而利量式本量利关系图则不能显示销售量（额）变动对成本的影响。（　　）

18.在传统式盈亏临界图中，总成本既定的情况下，销售价格越高，盈亏临界点越高；反之，盈亏临界点越低。（　　）

19.贡献式本量利关系图的特点是将变动成本单独列示，突出了边际贡献。（　　）

20.在盈利条件下的本量利分析中，研究任何一个因素时，其他因素必为已知或固定不变的。（　　）

21.多品种本量利分析的方法主要有综合边际贡献率法和联合单位法。（　　）

22.在利用综合边际贡献率法进行多品种本量利分析时，各产品的销售额比重必然成为影响多品种本量利关系的因素。（　　）

23.某一因素的敏感系数为负号，表明该因素的变动与利润的变动为反向关系；如为正号，表明是同向关系。（　　）

24.单价的敏感程度肯定大于销售量的敏感程度。（　　）

25.从单价的敏感系数特征来看，涨价是企业提高盈利最直接、最有效的手段。（　　）

五、计算分析题

1.某餐饮企业经营某种特色套餐，其相关成本与收入信息如下：套餐的销售单价为每份50元，每份套餐的直接材料成本为20元，直接人工成本为10元，变动制造费用（主要是厨房设备的能源消耗等）为5元。企业每月的固定成本包括房租、设备折旧、管理人员工资等共计30 000元。

要求：

（1）计算该套餐的单位变动成本、单位边际贡献和边际贡献率。

（2）计算该餐饮企业的保本点销售量和保本点销售额。

（3）如果企业预计本月销售3 000份套餐，计算其预计利润。

（4）若企业想要实现每月 45 000 元的目标利润，需要销售多少份套餐？销售额为多少？

2.某服装制造企业，生产一款女士连衣裙。每件连衣裙的原材料成本为 50 元，直接人工成本为 30 元，变动制造费用为 10 元，固定制造费用每月总计 50 000 元。该连衣裙售价 150 元。

要求：

（1）计算这款连衣裙的单位变动成本、单位边际贡献和保本点销售量。

（2）若企业本月计划销售 2 000 件连衣裙，计算其预计利润。

（3）若企业想实现利润 80 000 元，需要销售多少件连衣裙？

3.某企业只生产一种 A 产品，单价为 51 元，2025 年产销量为 2 000 件，成本资料见表 3-7。

表3-7   **产品成本资料**   单位：元

成本项目	金额
直接材料	20 000
直接人工	10 000
制造费用	30 000
其中：变动制造费用	8 000
固定制造费用	22 000
销售及管理费用（全部为固定费用）	26 000

要求：

（1）计算 2025 年的保本点销售量和保本点销售额。

（2）计算 2025 年的安全边际量和安全边际率，并判断该企业的经营安全程度。

（3）假定 2026 年计划增加广告费 12 800 元，其销售量达到多少才能保本？

4.某公司 2024 年的简明利润表见表 3-8。

表3-8   **简明利润表**   单位：元

项目	金额
销售收入	160 000
减：销售成本	120 000（其中变动成本占 60%）
销售毛利	40 000
减：期间费用	50 000（其中固定成本占 50%）
税前利润	-10 000

经分析，公司亏损的原因是对产品的广告宣传不够，2025 年如果能增加广告费 4 000 元，可使销量大幅度提高，公司就能扭亏为盈。

要求：

（1）计算该公司2025年保本点销售额。

（2）如果该公司2025年计划实现利润14 000元，则其销售额应为多少？

5.已知：某公司只销售一种产品。2024年的单位变动成本为12元/件，变动成本总额为60 000元，共获税前利润18 000元。若该公司计划于2025年维持销售单价不变，变动成本率仍维持40%。

要求：

（1）预测2025年的保本点销售量。

（2）若2025年的计划销售量比2024年提高8%，则可获得多少税前利润？

6.某公司2025年预计销售某种产品50 000件。若该产品变动成本率为50%，安全边际率为20%，单位边际贡献为15元。

要求：

（1）预测该公司2025年的保本点销售额。

（2）2025年该公司可获得多少税前利润？

（3）计算销售利润率。

7.某公司本年度发生变动成本20 000元，边际贡献率为60%，销售利润率为20%。

要求：

（1）计算本年度的利润。

（2）计算本年度的安全边际额。

（3）假定下年度各项条件不变，其销售额达到多少才能实现40 000元的目标利润？

8.已知：甲产品单位售价为30元，单位变动成本为21元，固定成本为450元。

要求：

（1）计算保本量。

（2）若要实现目标利润180元，销售量应达到多少？

（3）若每单位产品变动成本增加2元，固定成本减少170元，计算此时的保本量。

（4）根据以上资料，若销售量为200件，单价应调整到多少才能实现利润350元？假定单位变动成本和固定成本不变。

9.已知，某公司的固定成本总额为19 800元，生产的A、B、C三种产品的有关资料见表3-9。

表3-9　　　　　　　　　　　　产品的相关资料

品种	销售量（件）	单价（元/件）	单位变动成本（元/件）
A	60	2 000	1 600
B	30	500	300
C	65	1 000	700

要求：

（1）用综合边际贡献率法计算综合保本额。

（2）计算各产品的保本额和保本量。

（3）计算该公司的利润。

10.某公司每月固定成本为18 500元，生产三种产品，资料见表3-10。

表3-10　　　　　　　　　　　　产品资料表

产品	单价（元）	单位变动成本（元）	销售额所占比重（%）
甲	100	60	50%
乙	50	30	30%
丙	80	60	20%

要求：

（1）计算综合边际贡献率和综合保本点销售额。

（2）计算各产品的保本点销售额和销售量。

（3）计算销售额为100 000元时的利润。

11.某公司在计划期拟生产和销售A、B、C三种产品，其固定成本总额为300 000元，A、B、C三种产品的有关资料见表3-11。

表3-11　　　　　　　　　　　　产品的相关资料

品种	销售量	单价（元）	单位变动成本（元）
A	100 000件	10	8.5
B	25 000台	20	16
C	10 000套	50	25

要求：用联合单位法计算联合保本点销售量及各产品的保本点销售量。

12.甲企业为生产和销售单一产品的企业，当年有关数据如下：销售产品4 000件，产品单价80元，单位变动成本50元，固定成本总额50 000元，实现利润70 000元，计划年度目标利润100 000元。

要求：

（1）计算实现目标利润的销售量。

（2）计算销售量、单价、单位变动成本及固定成本的敏感系数。

（3）如果预计销售量可能会降低10%，根据敏感系数分析利润将如何变化？

六、案例分析题

案例1　　　　　　　　　星驰汽车公司本量利分析原理的应用

星驰汽车公司（简称"星驰"）在规划一款新型轿车的生产与销售时，深入运用本量利分析工具辅助决策。以下是相关信息与分析要求：

星驰在这款新轿车项目上，固定成本涵盖汽车生产线建设、设备购置维护、厂房租金以及工程研发人员工资等，年度固定成本总计达200亿美元（假设基于一定的产能规划与财务核算）。单位变动成本包含原材料（钢材、塑料等）、零部件采购、直接人工以及变动制造费用等项目。经市场调研与成本预估，在初始规划阶段，轿车售价拟定为 28 000 美元，单位变动成本预计为 20 000 美元。

要求：

（1）根据给定资料，确定保本点销售量。

（2）假设在生产过程中，全球钢铁市场波动，钢材价格大幅上涨，导致单位变动成本上升 12%。重新计算此时的单位边际贡献以及保本点销售量，并分析这种变化对星驰生产决策的影响。

（3）若星驰为应对市场竞争，计划将轿车售价降低 8%，而同时通过优化供应链管理等措施使单位变动成本降低 5%，则在固定成本不变的情况下，计算新的盈亏平衡点销售量，并探讨这种定价与成本策略调整的合理性。

（4）若星驰预计该款轿车在某一年度的销售量为 120 000 辆，基于初始的成本与售价数据，计算该年度的预计利润。

（5）考虑到市场的不确定性，星驰进行了多情景模拟。在悲观情景下，预计销售量仅为 80 000 辆；在乐观情景下，销售量可达 150 000 辆。分别计算这两种情景下的利润，并结合盈亏平衡点分析，阐述星驰在不同市场情景下的经营风险与应对策略。

（6）结合汽车行业的竞争特点和市场趋势，探讨本量利分析在星驰长期战略规划和短期生产运营中的局限性与改进方向。

案例 2   创业中的本量利分析

小王大学毕业后回到县城老家，准备创业。通过调查，小王发现我国茶饮文化热度急剧上升，各类消费群体对新式茶饮的偏好不断增强，而且"十四五"规划期间，提出要把全面深化改革和产业结构优化升级作为推动我国茶饮行业发展的重点，服务方式向"标准化、精细化、智能化、多元化"方向转变，并强化行业标准体系建设、提升品牌核心竞争优势、促进线上线下深度融合、加强市场营销创新手段等。"茶饮行业现在的状况大好，我可以放心地准备开店了"，小王高兴地说道。

小王发现并认识到所在县城人口多、经济不发达、收入低等特点，调查了市面上几个比较知名的品牌，并进行了大致的对比与分析，决定加盟蜜雪冰城。蜜雪冰城是以新鲜冰激凌和茶饮为主的全国知名饮品连锁品牌。经过二十多年的发展与规划，蜜雪冰城的茶饮店面已经覆盖了全国多个省（自治区、直辖市），共计万余家店面，在茶饮行业中占领了较大的市场份额。2022 年，蜜雪冰城公布其营业收入为 136 亿元，净利润为 20.13 亿元。

小王通过电话与蜜雪冰城总部人员联系与沟通之后被告知：想要开一家蜜雪冰城的店面需要成为其加盟商，通过提交申请、参加面试、审核门店、签约、装修门店和培训开业等步骤。其中，加盟费根据城市规模划分为三个等级：省会城市 11 000 元/年、地级城市 9 000 元/年、县级城市 7 000 元/年。小王认为这样的划分比较合理。除了加盟费之外，还有其他费用。蜜雪冰城收取加盟商保证金，即合同履约保证金。如果不遵守公司制度、拒不缴纳罚款或费用，会将保证金扣除。保证金费用为 20 000 元；管理费一年 4 800 元，咨询费一年 2 000 元，用于蜜雪冰城对加盟商的日常管理和营运指导，以及提供关于生产流程和经营方法的咨询服务；蜜雪冰城给加盟商提供所有设备，大到冰淇淋机器，小到保温桶等，共计需要80 000元；店面的装修费用为80 000元。小王进行了大致规划，并将店铺营业期暂定为三年，三年后无净残值。

　　小王在了解到加盟的具体费用后，又对县城的商业中心做了详细的调查。他调查后发现，由于县城的商业中心地理位置较好，所以仅20平方米的店铺就需要10 000元的月租，小王又大致算了一下水电费、员工工资和日常杂费支出，分别为每月3 000元、12 000元和500元。制作产品的原材料和包装物料花费为平均1.3元/份，人均消费为3.5元。小王的茶饮店铺位于商业中心，人流量比较大，预计每日客流量可达1 000人左右。月客流量见表3-12。

表3-12　　　　　　　　　　月客流量表　　　　　　　　　　单位：人

月份	预计日客流量
1月	500
2月	500
3月	600
4月	800
5月	1 000
6月	1 300
7月	1 500
8月	1 600
9月	1 300
10月	1 200
11月	1 000
12月	700

　　要求：

　　（1）根据上述资料，运用本量利模型分析小王应不应该投资蜜雪冰城开一家属于自己的茶饮店？

　　（2）运用敏感性分析，如果小王想要更好、更迅速地增加店铺的利润，需要在哪些方面下功夫？

　　（3）冬天是茶饮业淡季，小王如果想在淡季盈利，则每月销量需要达到多少？

第三部分　参考答案

一、名词解释

1.本量利分析

本量利分析（CVP分析）是成本-业务量-利润关系分析的简称，是指在变动成本计算模式的基础上，以数学化的会计模型与图文来揭示固定成本、变动成本、销售量、单价、销售额、利润等变量之间的内在规律性联系，为会计预测、决策和规划提供必要的财务信息的一种定量分析方法。

2.边际贡献

边际贡献也称作贡献毛益、贡献边际、边际利润或创利额，是指销售收入减去变动成本以后的金额。

3.边际贡献率

边际贡献率也称贡献毛益率、边际利润率或创利率，是指边际贡献在销售收入中所占的百分比。

4.变动成本率

变动成本率是指变动成本占销售收入的百分比，或指单位变动成本占单价的百分比。

5.保本点

保本点有多种称谓，如盈亏临界点、盈亏分歧点、两平点等，具体是指收入和成本刚好相抵（利润为0）时的销售量或销售额。

6.安全边际

安全边际是指正常销售量或者现有销售量超过保本点销售量的差额。

7.保本点作业率

保本点作业率指标是安全边际率的反指标，是指保本点销售量（额）占实际或预计的销售量（额）的百分比，又称为危险率。

8.保利点

保利点是指在单价和成本水平既定的情况下，为确保实现确定的目标利润而应达到的目标销售量和目标销售额，从而以销定产，确定目标生产量、生产成本以及资金需要量等。

9.综合边际贡献率法

综合边际贡献率法是指在各种产品边际贡献率的基础上，以各种产品的销售收入比重作为权数，先确定企业综合边际贡献率，然后分析多品种条件下本量利关系的一种定量分析方法。

10.联合单位法

联合单位法是指在事先掌握多品种之间客观存在的相对稳定的产销实物量比例的基础上，确定每一联合单位的单价和单位变动成本，进行多品种条件下本量利分析的一种方法。

二、单项选择题

1.D	2.B	3.B	4.B	5.A	6.A	7.A	8.C	9.C	10.B
11.B	12.C	13.C	14.A	15.D	16.D	17.D	18.C	19.B	20.A
21.D	22.B	23.B	24.A	25.D	26.D	27.A	28.D	29.B	30.C

难点解析：

1.按照本量利分析的假设，收入函数和成本函数的自变量相同，为产销量。

2.该产品的单价为100元（70÷30%）。

3.边际贡献率和变动成本率之间的关系是"变动成本率+边际贡献率=1"。变动成本率越高，则边际贡献率应越低，故选项B正确。

4.保本点销售量为300件（600÷（5-3））。

5.固定成本为30 000元。

税前利润100 000=200 000×65%-固定成本

固定成本=30 000元

6.由于"利润=边际贡献-固定成本"，当企业的边际贡献总额等于利润时，该企业的固定成本总额等于零。

7.利用保本量的公式"保本量=固定成本÷单位边际贡献"，得出固定成本为16万元（20×2×40%），故选项A正确。

8.保本量为6 250件（固定成本÷单位边际贡献=50 000÷（20×40%））。

9.保本点作业率为60%，则安全边际率为40%，安全边际量为500件，则实际销售量为1 250件（500÷40%）。

10.实际销售量=4 800÷24=200（件）

安全边际率=（200-150）÷200=25%

11.如果某企业经营安全程度的评价结论为"值得注意"，据此可以断定，该企业安全边际率的数值在10%至20%之间。

12.保本量=4 000÷（56-36）=200（件）

安全边际率=（实际销售量-200）÷实际销售量=50%

实际销售量=400件

13.保本额=销售收入×保本点作业率=10 000×40%=4 000（元）

边际贡献率=2 200÷4 000=55%

利润=安全边际额×边际贡献率=（10 000-4 000）×55%=3 300（元）

14.利润=安全边际额×边际贡献率=（900-600）×（1-60%）=120（元）

15.利润=安全边际额×边际贡献率=100×1 000×32%=32 000（元）

16.利润=安全边际量×单位边际贡献=（1 600-1 000）×10=6 000（元）

17.销售利润率=安全边际率×边际贡献率=35%×（1-50%）=17.5%

18.在利量式本量利关系图中，以横轴表示销售量，则利润线的斜率表示单位边际贡献，故选项C正确。

19.在贡献式本量利关系图中，总成本线与变动成本线之间的距离所代表的是固定成本，故选项B正确。

20.从保本图上得知，对单一产品分析，单位变动成本越大，总成本线斜率越大，保本点越高，故选项A正确。

21.选项ABC均受现有销售量变动影响，只有保本量不受现有销售量变动影响，影响保本量的因素有固定成本、单价、单位变动成本。

22.提高单价、降低单位变动成本、降低固定成本都能通过降低保本点来提高安全边际，只有增加产量可以提高安全边际而且不降低保本点。

24.保利量 $=\dfrac{(600+2\,000)\times 10\,000}{600\times(1-30\%)}=61\,905$（件）

25.保利单价=（1 640+1 000）÷600+6=10.40（元）

26.保利单位变动成本 = 2 000 -（600 000 + 100 000）÷ 3 500=1 800（元）

27.当单位变动成本单独变动时，则会使保本点同方向变动，故选项A正确；会使安全边际反方向变动，故选项B错误；会使利润反方向变动，故选项C错误；会使保利点同方向变动，故选项D错误。

28.当单价上涨，而其他因素不变时，会引起保本点和保利点降低，安全边际上升，利润增加，故选项D正确。

29.综合边际贡献率=10%×30%+15%×30%+30%×40%=19.5%。

30.因为各因素敏感系数的分母相等，故比较各因素的敏感程度，无须计算敏感系数，只需要比较各因素敏感系数的分子的绝对值即可。单价敏感系数的分子（50 000）>单位变动成本敏感系数的分子绝对值（30 000）>固定成本敏感系数的分子绝对值（25 000）>销售量敏感系数的分子（20 000）。

三、多项选择题

1.ABCD	2.ABCD	3.AD	4.ABC	5.ABC	6.ABC	7.AD	8.ABC	9.ABC	10.ABD
11.ABCD	12.AC	13.ABC	14.ABD	15.ACD	16.ABC	17.BC	18.ABCD	19.ABCD	20.ABCD

难点解析：

3.边际贡献除了以总额的形式表现外，其表现形式还包括单位边际贡献和边际贡献率，故选项A、D正确。

4.边际贡献率的公式可以通过定义用边际贡献/销售收入、单位边际贡献/单价求得，也可以通过与变动成本率的关系"1-变动成本率"求得，还可以通过保本额的计算公式"固定成本/保本额"求得，故选项D错误。

5.影响保本点的因素有三个，有单价、单位变动成本、固定成本，故选项A、B、C正确。

6.企业处于保本状态时，即收支相抵，利润为0，边际贡献等于固定成本，安全边际率为零，保本点作业率为1，故选项A、B、C正确。

7.单价、单位变动成本、固定成本三个因素影响保本点。单价与保本点呈反向关系，单位变动成本和固定成本与保本点呈同向关系，所以能使保本点提高的有单价降低、固定成本提高、单位变动成本提高。因此，选项A、D正确。

9.根据定义：

安全边际率=安全边际量÷实际销售量

安全边际率=安全边际额÷实际销售额

根据与保本作业率的关系：

安全边际率=1-保本点作业率

因为：

1-边际贡献率=变动成本率

故选项 D 错误。

10.安全边际率越大，企业发生亏损的可能性越小，因此选项 C 错误，其余三项正确。

11.销售利润率=安全边际率×边际贡献率=（1-保本点作业率）×（1-变动成本率）

因此，可以通过提高安全边际率、提高边际贡献率、降低变动成本率、降低保本点作业率来提高销售利润率。选项 A、B、C、D 均正确。

12.利润=安全边际量×单位边际贡献

　　　=安全边际额×边际贡献率

13.从本量利关系图得知：保本点左边，成本大于收入，是亏损区。在其他因素不变的情况下，保本点越高，盈利区越小；反之，保本点越低，盈利面积越大，故选项 D 错误。实际销售量超过保本点销售量的部分就是安全边际。

14.固定成本越多，盈亏临界点越高，故选项 C 错误。

15.在其他因素不变的情况下，产品单价上升会带来单位边际贡献上升，保本量下降。保本量下降则安全边际率上升，从而保本点作业率下降。因此，选项 A、C、D 正确。产品单价上升，变动成本率应下降，选项 B 错误。

16.下列指标中，假定其他因素不变，与单价变动呈反方向的因素有保本点、保利点、变动成本率。安全边际率与单价呈同向关系，因此选项 D 错误。

17.能够同时影响保本点、保利点及保净利点的因素为边际贡献率、固定成本总额、单价、单位变动成本。所得税税率只影响保净利点，目标利润影响保利点和保净利点。因此，选项 B、C 正确。

18.此题考查保利单价、保利单位变动成本、保利销量、保利固定成本的计算。

四、判断题

1.×	2.√	3.√	4.√	5.√	6.√	7.×	8.×	9.×	10.√
11.×	12.√	13.×	14.√	15.×	16.×	17.√	18.×	19.√	20.√
21.√	22.√	23.√	24.√	25.√					

难点解析：

1.本量利分析不仅适用于单种产品的分析，还适用于多种产品的分析。

7.保本点作业率是反指标，越小说明企业的经营越安全。

8.安全边际率与保本点作业率之间的关系是互补的，即"安全边际利润率+保本点作业率=1"。

9.在一定时期内，如果企业的安全边际率为零，保本点作业率为1，可以断定该企业处于保本状态。

11.盈亏平衡点越高，意味着企业经营越不安全，经营风险越大。

13.单价会引起保本点、保利点反方向变动，单位变动成本及固定成本总额变动会引起保本点、保利点同方向变动。

15.本量利分析图的横轴表示销售量，纵轴表示销售收入和成本。

16.在贡献式本量利关系图中，销售收入线与变动成本线之间的距离是边际贡献。

18.在传统式盈亏临界图中，总成本既定的情况下，销售价格越高，盈亏临界点越低；反之，盈亏临界点越高。

五、计算分析题

1.解：

（1）单位变动成本 = 20 + 10 + 5 = 35（元）

单位边际贡献 = 销售单价 – 单位变动成本 = 50 – 35 = 15（元）

边际贡献率 = 单位边际贡献 ÷ 销售单价 = 15 ÷ 50 × 100% = 30%

（2）保本点销售量 = 固定成本 ÷ 单位边际贡献 = 30 000 ÷ 15 = 2 000（份）

保本点销售额 = 保本销售量 × 销售单价 = 2 000 × 50 = 100 000（元）

（3）预计利润 = 15 × 3 000 – 30 000 = 15 000（元）

（4）保利点销售量 = (30 000 + 45 000) ÷ 15 = 5 000（份）

保利销售额 = 5 000 × 50 = 250 000（元）

2.解：

（1）单位变动成本 = 50 + 30 + 10 = 90(元)

单位边际贡献 = 150 – 90 = 60(元)

保本点销售量 = 固定成本 ÷ 单位边际贡献 = 50 000 ÷ 60 ≈ 834(件)

（2）利润 = 60 × 2 000 – 50 000 = 70 000(元)

（3）保利销售量 = (80 000 + 50 000) ÷ 60 ≈ 2 167（份）

3.解：

（1）单位变动成本 = $\dfrac{20\,000 + 10\,000 + 8\,000}{2\,000}$ = 19（元）

2025年的保本点销售量 = $\dfrac{22\,000 + 26\,000}{51 - 19}$ = 1 500（件）

2025年的保本点销售额 = 51 × 1 500 = 76 500（元）

（2）2025年的安全边际量 = 2 000 – 1 500 = 500（件）

2025年的安全边际率 = $\dfrac{500}{2\,000}$ × 100% = 25%

安全边际率为25%，表明该企业的经营安全程度处于"较安全"区域。

（3）2026年的保本点销售量 = (22 000 + 26 000 + 12 800) ÷ (51 – 19) = 1 900（件）

4.解：

（1）2024年的变动成本 = 120 000 × 60% + 50 000 × 50% = 97 000（元）

2024年的固定成本 = 120 000 × 40% + 50 000 × 50% = 73 000（元）

$$2024年的边际贡献率 = \frac{160\,000 - 97\,000}{160\,000} \times 100\% = 39.375\%$$

$$2025年的保本点销售额 = \frac{73\,000 + 4\,000}{39.375\%} = 195\,555.56（元）$$

（2）$2025年的保利销售额 = \dfrac{73\,000 + 4\,000 + 14\,000}{39.375\%} = 231\,111.11（元）$

5.解：

（1）单价 = 12 ÷ 40% = 30（元）

销售量 = 60 000 ÷ 12 = 5 000（件）

固定成本 = 5 000 × 30 − 60 000 − 18 000 = 72 000（元）

$$2025年的保本点销售量 = \frac{72\,000}{30 - 12} = 4\,000（件）$$

（2）2025年的计划销售量比2024年提高8%，则：

税前利润 = (30 − 12) × 5 000 × (1 + 8%) − 72 000 = 25 200（元）

6.解：

（1）单位变动成本 ÷ 单价 = 50%

单价 − 单位变动成本 = 15

上述两个公式联立方程组解得：

单价=30元

单位变动成本=15元

安全边际率=20%

则：

保本点作业率=80%

保本点销售量 = 50 000 × 80% = 40 000（件）

保本点销售额 = 30 × 40 000 = 1 200 000（元）

（2）税前利润 = 10 000 × (30 − 15) = 150 000（元）

（3）销售利润率 = 安全边际率 × 边际贡献率 = 20% × (1 − 40%) = 12%

7.解：

（1）本年度销售收入 = 20 000 ÷ (1 − 60%) = 50 000（元）

本年度利润 = 50 000 × 20% = 10 000（元）

（2）安全边际率 = 销售利润率 ÷ 边际贡献率 × 100% = 20% ÷ 60% ≈ 33.33%

安全边际额 = 50 000 × 33.33% = 16 665（元）

（3）固定成本 = 50 000 − 20 000 − 10 000 = 20 000（元）

保利销售额 = (20 000 + 40 000) ÷ 60% = 100 000（元）

8.解：

（1）$保本量 = \dfrac{450}{30 - 21} = 50（件）$

（2）$保利销售量 = \dfrac{450 + 180}{30 - 21} = 70（件）$

（3）$保本量 = \dfrac{450 - 170}{30 - (21 + 2)} = 40（件）$

（4）设单价为 SP，则：

$350 = 200 \times SP - 200 \times 21 - 450$

$SP = 25$ 元/件

9.解：

（1）综合边际贡献率 $= \dfrac{(2\,000 - 1\,600) \times 60 + (500 - 300) \times 30 + (1\,000 - 700) \times 65}{2\,000 \times 60 + 500 \times 30 + 1\,000 \times 65} \times 100\%$

$\qquad\qquad\qquad\qquad = 24.75\%$

综合保本额 $= 19\,800 \div 24.75\% = 80\,000$（元）

（2）A产品的保本额 $= 80\,000 \times \dfrac{2\,000 \times 60}{200\,000} = 48\,000$（元）

A产品的保本量 $= 48\,000 \div 2\,000 = 24$（件）

B产品的保本额 $= 80\,000 \times \dfrac{500 \times 30}{200\,000} = 6\,000$（元）

B产品的保本量 $= 6\,000 \div 500 = 12$（件）

C产品的保本额 $= 80\,000 \times \dfrac{1\,000 \times 65}{200\,000} = 26\,000$（元）

C产品的保本量 $= 26\,000 \div 1\,000 = 26$（件）

（3）利润 $= (2\,000 - 1\,600) \times 60 + (500 - 300) \times 30 + (1\,000 - 700) \times 65 - 19\,800 = 29\,700$（元）

10.解：

（1）三种产品的边际贡献率：

甲产品的边际贡献率 $= [(100 - 60) \div 100] \times 100\% = 40\%$

乙产品的边际贡献率 $= [(50 - 30) \div 50] \times 100\% = 40\%$

丙产品的边际贡献率 $= [(80 - 60) \div 80] \times 100\% = 25\%$

综合边际贡献率 $= 50\% \times 40\% + 30\% \times 40\% + 20\% \times 25\% = 37\%$

综合保本点销售额 $= 18\,500 \div 37\% = 50\,000$（元）

（2）各产品的保本点销售额：

甲产品：$50\,000 \times 50\% = 25\,000$（元）

乙产品：$50\,000 \times 30\% = 15\,000$（元）

丙产品：$50\,000 \times 20\% = 10\,000$（元）

各产品的保本点销售量：

甲产品：$25\,000 \div 100 = 250$（件）

乙产品：$15\,000 \div 50 = 300$（件）

丙产品：$10\,000 \div 80 = 125$（件）

（3）销售额为100 000元时：

利润 $= 100\,000 \times 37\% - 18\,500 = 18\,500$（元）

11.解：

（1）确定各产品销量比：

A：B：C $= 100\,000 : 25\,000 : 10\,000 = 10 : 2.5 : 1$

（2）计算联合单价和联合单位变动成本：

联合单价 $= 10 \times 10 + 20 \times 2.5 + 50 \times 1 = 200$（元）

联合单位变动成本 = 8.5 × 10 + 16 × 2.5 + 25 × 1 = 150（元）

（3）计算联合保本点销售量和各产品的保本点销售量：

联合保本点销售量 = 300 000 ÷（200 − 150）= 6 000（联合单位）

A产品的保本点销售量 = 6 000 × 10 = 60 000（件）

B产品的保本点销售量 = 6 000 × 2.5 = 15 000（台）

C产品的保本点销售量 = 6 000 × 1 = 6 000（套）

12.解：

（1）实现目标利润的销售量 = $\frac{100\,000 + 50\,000}{80 - 50}$ = 5 000（件）

（2）销售量敏感系数 = $\frac{(80 - 50) \times 4\,000}{70\,000}$ ≈ 1.71

单价敏感系数 = $\frac{80 \times 4\,000}{70\,000}$ ≈ 4.57

单位变动成本敏感系数 = $-\frac{50 \times 4\,000}{70\,000}$ ≈ −2.86

固定成本敏感系数 = $-\frac{50\,000}{70\,000}$ ≈ −0.71

（3）销售量降低10%时，因为销售量敏感系数为1.71：

利润变动百分比=1.71 ×（−10%）= −17.1%

利润 = 70 000 ×（1 − 17.1%）= 58 030(元)

利润将减少11 970元（70 000−58 030）。

六、案例分析题

案例1答题要点：

（1）单位边际贡献 = 28 000 − 20 000 = 8 000（美元）

保本点销售量 = 20 000 000 000 ÷ 8 000 = 2 500 000（辆）

（2）单位变动成本上升12%后：

新单位变动成本 = 20 000 ×（1 + 12%）= 22 400（美元）

新单位边际贡献 = 28 000 − 22 400 = 5 600（美元）

新保本点销售量 = 20 000 000 000 ÷ 5 600 ≈ 3 571 429（辆）

影响分析：单位变动成本上升导致单位边际贡献大幅下降，保本点销售量急剧上升。这意味着星驰需要销售更多的车辆才能达到盈亏平衡。生产决策上可能需要重新评估成本控制措施，如进一步与供应商协商原材料价格，或者考虑提高产品售价，以维持盈利能力。

（3）售价降低8%后：

新售价 = 28 000 ×（1 − 8%）= 25 760（美元）

单位变动成本降低5%后：

新单位变动成本 = 20 000 ×（1 − 5%）= 19 000（美元）

新单位边际贡献 = 25 760 − 19 000 = 6 760（美元）

新保本点销售量 = 20 000 000 000 ÷ 6 760 ≈ 2 958 580（辆）

策略合理性分析：虽然售价降低，但单位变动成本也有所降低，新的保本点销售量相比初始情况有所上升，但幅度相对较小。在市场竞争激烈时，如果能通过降低售价有效扩大销售量，且销售量增长幅度足以弥补单位利润的减少，那么这种策略是可行的。但是，星驰需要谨慎评估市场对价格的敏感度以及竞争对手的反应，确保销售量能够达到预期目标。

（4）预计利润=（8 000×120 000）-20 000 000 000

=960 000 000-20 000 000 000

=-19 040 000 000（美元）（亏损）

（5）悲观情景利润=（8 000×80 000）-20 000 000 000

=640 000 000-20 000 000 000

=-19 360 000 000（美元）（亏损加剧）

乐观情景利润=（8 000×150 000）-20 000 000 000

=1 200 000 000-20 000 000 000

=-18 800 000 000（美元）（亏损减少）

经营风险与应对策略：从盈亏平衡点和不同情景利润分析可知，星驰在该车型生产上面临较大的经营风险。初始预计销售量下处于亏损状态，且在悲观情景下亏损更为严重。应对策略上，在短期内可通过进一步的成本控制措施，如优化生产流程、降低变动制造费用、与供应商深度合作以降低原材料和零部件采购成本等；在长期战略规划方面，需要加强市场调研与产品定位，提升产品竞争力，以提高售价或扩大市场份额、增加销售量，同时持续投入研发创新，推出更符合市场需求的新车型或改进现有车型，以降低整体成本结构，逐步实现盈利。

（6）局限性：

本量利分析基于成本性态假设，在实际汽车生产中，固定成本与变动成本的划分并非绝对清晰，如随着产量增加可能需要额外的设备维护或研发投入，这可能导致成本估算偏差。

市场环境复杂多变，本量利分析难以准确预测市场需求的突然变化、竞争对手的重大战略调整（如大幅降价或推出革命性新产品）和宏观经济环境波动（如经济衰退导致消费者购买力下降）等因素对销售价格、销售量的影响。

汽车行业的产品更新换代快，本量利分析可能无法充分考虑车型生命周期不同阶段的成本与收益变化特点，如在产品导入期成本较高而销售量较低，在成熟期成本相对稳定但竞争激烈，可能需要频繁调整价格策略。

改进方向：

第一，采用更精细化的成本核算方法，如作业成本法，更准确地识别和分配成本，尤其是对混合成本的处理，提高成本数据的准确性。第二，结合市场预测模型、竞争情报分析以及宏观经济监测数据，对本量利分析中的销售价格、销售量等关键因素进行动态调整和情景模拟，增强分析结果的前瞻性和适应性。第三，在车型规划阶段，将本量利分析纳入产品生命周期管理框架，针对不同阶段制定差异化的成本控制、定价和营销策略，并根据实际市场反馈及时修正分析模型和决策方案。

案例2答题要点：

（1）加盟的固定成本=加盟费+保证金+管理费+咨询费+设备费+装修费

按照三年分配固定成本：

每年的固定成本 = 7 000 + 4 800 + 2 000 + (20 000 + 80 000 + 80 000) ÷ 3

　　　　　　　= 73 800(元)

每月固定成本 = 73 800 ÷ 12 = 6 150 （元）

具体的店面成本 = 房租 + 水电 + 员工工资 + 杂费支出

　　　　　　　= 10 000 + 3 000 + 12 000 + 500 = 25 500 （元）

由此可知：

每月支出的固定成本总额 = 6 150 + 25 500 = 31 650 （元）

每份产品的变动成本 = 原材料 + 包装物料 = 1.3元

单位产品边际贡献 = 单位售价 − 单位变动成本 = 3.5 − 1.3 = 2.2 （元）

保本点销售量 = 31 650 ÷ 2.2 = 14 386.36 （份）< 30 × 1 000

由上述计算结果可知，如果小王的蜜雪冰城加盟店每月产品的销售量在14 386.36份以上即可盈利，而该店铺的月客流量在30 000人左右，因此小王的店铺可以盈利，他选择开这个店铺是正确的选择。

（2）小王在准备经营店铺的过程中，对利润产生影响的主要有固定成本、单位变动成本和销量，因此对这三个因素进行利润的敏感性分析。

目标利润 = 1 000 × 30 × 3.5 − 1 000 × 30 × 1.3 − 31 650 = 34 350 （元）

固定成本敏感系数 = −31 650 ÷ 34 350 ≈ −0.92

单位变动成本的敏感系数 = −(1.3 × 30 000) ÷ 34 350 ≈ −1.14

销售量的敏感系数 = (2.2 × 30 000) ÷ 34 350 ≈ 1.92

综上所述，固定成本总额、单位变动成本、销售量的敏感系数分别为−0.92、1.14、−1.92。销售量的敏感系数最高，所以，销售量的微小变化可以引起利润的大幅度变化。小王如果想提升利润，那么关注月销售量、提升客流量是最快、最容易的方式。

（3）根据上文的计算可知，保本点销售量为14 386.36份。

淡季中1月、2月客流量最少，为500人/天，其销售量最少。

2月份客流量 = 30 × 500 = 15 000 （人）

由上述计算结果可知，如果小王的蜜雪冰城淡季月销售量在14 386.36份以上即可盈利，而该店铺淡季的月客流量在15 000人左右，因此，即使是在淡季，小王依旧可以盈利。

第四章

经营预测

第一部分 内容概要

一、经营预测概述

（一）经营预测的定义

经营预测是指企业根据现有的经济条件和掌握的历史资料，对生产经营活动的未来发展趋势和状况进行的预测和预算。

（二）经营预测的特征

经营预测包括以下四个特征：①依据的客观性；②时间的相对性；③结论的可检验性；④方法的灵活性。

（三）经营预测的步骤

经营预测通常包括以下七个步骤：①确定经营预测目标；②收集整理资料；③选择经营预测方法；④分析判断；⑤检查验证；⑥修正预测值；⑦报告预测结论。

（四）经营预测的方法

1.定量分析法

定量分析法是指运用数学方法对有关的数据资料进行加工处理，据以建立能够反映有关变量之间规律性联系的各类预测模型的方法。它又可分为趋势预测分析法和因果预测分析法。

2.定性分析法

定性分析法，又称非数量分析法，是指由熟悉情况和业务的专家根据个人的经验进行分析判断，提出初步预测意见，然后再通过一定形式进行综合分析，作为预测未来状况和发展趋势主要依据的方法。

二、销售预测

销售预测对于其他预测起着决定性的引导作用，并成为制定企业经营决策的重要依据。只有做好销售预测，才能相互衔接地开展其他各项经营预测。销售预测的方法很多，其中常用方法有：判断分析法、产品寿命周期分析法、趋势预测分析法、因果预测分析法和季节预测分析法等。其中，前两种方法属于定性分析法，后三种方法属于定量分析法。销售预测的具体方法见表4-1。

表4-1 销售预测方法

方法		定义/公式	性质
判断分析法	推销员判断法	推销员判断法又称意见汇集法，是由企业的推销人员根据他们的调查，将每位顾客或各类顾客对特定预测对象的销售预测值填入卡片或表格，然后由销售部门经理对此进行综合分析，以完成预测销量任务的一种方法	定性分析法
	综合判断法	综合判断法是由企业召集相关经营管理人员，特别是那些最熟悉销售业务的销售主管人员，以及各地经销商负责人集中开会，由他们在会上根据多年的实践经验和判断能力对特定产品的未来销量进行判断和预测的一种方法	
	专家判断法	专家判断法是由见识广博、知识丰富的专家根据他们多年的实践经验和判断能力对特定产品的未来销量进行判断和预测的一种方法	
寿命周期分析法		产品寿命周期分析法是利用产品销量在不同寿命周期阶段上的变化趋势进行销售预测的一种定性分析方法	
趋势预测分析法	算术平均法	计划期预测销售量(额) $= \dfrac{\text{各期销售量(额)之和}}{\text{期数}}$	定量分析法
	加权平均法	$Y = \displaystyle\sum_{i=1}^{n} W_i X_i$	
	移动平均法	预测销售量 = 最后 m 期的算术平均销量 $= \dfrac{\text{最后}m\text{期销售量之和}}{m}$	
	加权移动平均法	加权移动平均法是根据同一个移动期内不同时间的数据对预测值的影响程度，分别给予不同的权数，然后再进行移动平均，以预测未来销售量（额）的方法	
	指数平滑法	$S_t = aX_{t-1} + (1-a)S_{t-1}$	
因果预测分析法		$y = a + bx$ 其中：$a = \dfrac{\sum y - b\sum x}{n}$ $b = \dfrac{n\sum xy - \sum x \sum y}{n\sum x^2 - (\sum x)^2}$	
季节预测分析法		加法模型预测： $Y_t = T_t + S_t$ 乘法模型来预测： $Y_t = T_t S_t$	

三、成本预测

成本预测方法包括历史资料分析法、基数法、因素变动预测法等。

（一）历史资料分析法

成本预测中的历史资料分析法是指在掌握有关成本等历史资料的基础上，采用一定方法进行数据处理，建立有关成本模型，并据此预测未来成本的一种方法。

在历史资料分析法下，只要能够建立总成本模型 $y = a + bx$，就可以利用预测的产销量很方便地预测出未来总成本和单位成本的水平。该法的关键问题是如何利用有关历史资料确定总成本模型 $y = a + bx$ 中的 a 和 b。常用的方法包括高低点法、直线回归分析法和加权平均法等具体方法。前两种方法在本书第二章混合成本分解方法中已经讨论过，在这里只介绍加权平均法。

加权平均法是指根据过去若干期的单位变动成本 b 和固定成本总额 a 的历史资料，按其时间远近给予不同权数，用加权平均数计算计划期的产品成本。其计算公式如下：

$$y = \sum a_i w_i + x \sum b_i w_i$$

其中：

$$\sum W_i = 1$$

$$单位成本预测值 = \frac{y}{x}$$

（二）基数法

基数法是根据本企业上年实际平均单位成本和实现企业经营目标要求的成本降低任务测算目标成本的一种方法。其计算公式为：

单位产品目标成本 = 上年实际平均单位成本 × (1 - 计划期预计成本降低率)

目标成本 = 单位产品目标成本 × 预计销售量

需要注意的是，这种方法仅适用于可比产品。

（三）因素变动预测法

因素变动预测法是基数法的一个特例，是在各种影响企业目标成本的因素的基础上进行的预测。其计算公式为：

目标成本 = (上年实际单位成本 - 各因素变动导致的成本降低额) × 预计产品销售量

预测的产品成本降低率为：

$$成本降低率 = \frac{各因素变动导致的成本降低额}{上年实际单位成本} \times 100\%$$

四、利润预测

利润预测是按照企业经营目标的要求，通过对影响利润变化的成本、产销量等各项因素的综合分析，对未来一定时间内可能达到的利润水平和变化趋势所进行的科学预测。利润预测是规划目标利润的重要前提。

（一）直接预测法

直接预测法是参照利润表的主要构成，直接预测收入和成本项目，并将预测收入抵减预测成本得到预测利润。因此，本章前两节所讲的销售预测和成本预测是直接预测法的重要应用前提。

$$\frac{预测}{总利润} = \frac{预测}{营业收入} - \frac{预测}{营业成本} - \frac{预测}{销售费用} - \frac{预测}{管理费用} - \frac{预测}{研发费用} - \frac{预测}{财务费用} + \frac{预测}{其他收益} + \frac{预测}{投资收益} + \frac{可预测的}{其他利润构成}$$

营业利润是由产品销售利润和其他业务利润组成的，这两部分预测利润的公式分别为：

预测产品销售利润 = 预计产品销售收入 − 预计产品销售成本

　　　　　　　　 = 预计产品销售量 ×(预计产品销售价格 − 预计产品销售成本)

预测其他业务利润 = 预计其他业务收入 − 预计其他业务成本

预测企业的投资收益是根据预计企业对外投资收入减去预计投资损失后得到的预计投资净收益。

最后，将所求出的各项预测数额加总，便可计算出预测期间的预测总利润。

（二）因素分析法

因素分析法的基本原理与本量利分析中的敏感性分析是一致的。因素分析法是在本期已实现利润水平基础上，预测影响产品利润的各因素变化，进而预测企业下期产品利润的一种方法。影响产品利润的主要因素有销售数量、销售价格、销售成本以及品种结构等。预测企业下期产品利润时，可以先计算本期成本利润率：

$$本期成本利润率 = \frac{本期产品利润}{本期产品销售成本} \times 100\%$$

计算出本期成本利润率后，可以预测下期各相关因素变动对产品利润的影响。

1.预测销售数量变动对利润的影响

销售数量变动影响的利润 =(预测期销售量 − 本期销售量)× 本期单位产品成本 × 本期成本利润率

2.预测销售价格变动对利润的影响

销售价格变动影响的利润 = 预测期销售量 × 变动前销售价格 × 价格变动率

3.预测销售成本降低对利润的影响

因销售成本降低而增加的利润= 预测期销售量 × 变动前销售价格 × 单位销售成本率降低

4.预测品种结构变动对利润的影响

全部产品平均利润率 = $\sum$(各种产品本期销售利润率 × 该产品本期销售比重)

预测期产品品种结构变动对利润的影响还可按下列公式计算：

$$\frac{因产品品种结构}{变动而增减的利润} = \frac{预测期全部}{产品销售收入} \times \left(\frac{预测期平均}{销售利润率} - \frac{本期平均}{销售利润率}\right)$$

五、资金需要量预测

资金需要量预测是以预测企业生产经营规模的发展和资金利用效果的提高等为依据，在分析有关历史资料、技术经济条件和发展规划的基础上，运用一定的数学方法，对计划期资金需要量所进行的科学预计和推测。

（一）销售百分比法

销售百分比法是以资金与销售额的比率为基础，预测未来资金需要量的方法。步骤如下：

1.根据销售总额确定追加资金需要量

第一步，确定销售百分比。

第二步，计算预计销售额下的资产和负债。

$$\underset{\text{（负债）}}{\text{预计资产}} = \underset{\text{销售额}}{\text{预计}} \times \underset{\text{项目的销售百分比}}{\text{敏感资产（负债）}} + \underset{\text{（负债）项目的金额}}{\text{不随销售额变动的资产}}$$

第三步，预计留存收益增加额。

留存收益增加额 = 预计销售额 × 计划销售净利率 × （1 − 股利支付率）

第四步，计算追加资金需要量。

追加资金需要量 = 预计资产 − 预计负债 − 预计所有者权益

2.根据销售增加额确定追加资金需要量

追加资金需要量 = 资产增加 − 负债自然增加 − 留存收益增加

$$= \underset{\text{销售额}}{\text{新增}} \times \underset{\text{的销售百分比}}{\text{敏感资产项目}} - \underset{\text{销售额}}{\text{新增}} \times \underset{\text{的销售百分比}}{\text{敏感负债项目}} - \underset{\text{销售额}}{\text{预计}} \times \underset{\text{净利率}}{\text{计划销售}} \times \left(1 - \underset{\text{支付率}}{\text{股利}}\right)$$

（二）资金习性预测法

资金习性预测法主要是根据资金总额与销售额的关系来进行预测，它借助直线回归分析这一数理统计方法，根据历史上若干期企业资金总额与销售额之间的关系，把资金划分为不变资金和变动资金两个部分，然后结合预计的销售额来预测企业资金需要量。

在预测资金需要量时，以销售额作为自变量，以资金总额作为因变量，根据一定数量的自变量与因变量的对应资料，建立直线回归方程：

$$y = a + bx$$

式中，x 为销售额；y 为资金总额；a 为资金中的固定部分（不受销售额增减变动影响而能保持不变的部分）；b 为变动资金率（每增加一元销售额需要增加的资金）。

根据已知过去若干年的销售额 x 和资金总额 y 的资料，经过计算，可求出 a，b 的值。

根据直线回归方程 $y = a + bx$，就可预测出未来一定时期为完成预计销售额所需要的资金数额。

第二部分　练习题

一、名词解释

1.经营预测

2.销售预测

3.趋势预测分析法

4.因果预测分析法

5.判断分析法

6.销售百分比法

7.资金习性预测法

8.成本预测

9.利润预测

10.寿命周期分析法

二、单项选择题

1.企业根据现有的经济条件和掌握的历史资料以及客观事物的内在联系，对生产经营活动的未来发展趋势和状况进行的预计和测算的过程，就是管理会计的（　　　）。

　　A.经营决策　　　　　B.经营预测　　　　　C.生产决策　　　　　D.生产预测

2.运用现代数学方法对历史数据进行科学的加工处理，并建立数学经济模型，揭示各有关变量之间的规律性联系的方法属于（　　　）。

　　A.定性分析法　　　　　　　　　　　B.定量分析法

　　C.本量利分析法　　　　　　　　　　D.回归直线法

3.下列各种销售预测方法中，没有考虑远、近期销量会对未来的销售状况产生不同影响的方法是（　　　）。

　　A.移动平均法　　　　　　　　　　　B.算术平均法

　　C.加权平均法　　　　　　　　　　　D.平滑指数法

4.在趋势预测法中，（　　　）在计算过程中需上期预测数的资料。

　　A.简单平均法　　　　　　　　　　　B.移动平均法

　　C.指数平滑法　　　　　　　　　　　D.回归分析法

5.下列各种预测方法中，属于趋势预测分析的方法的是（　　　）。

　　A.判断分析法　　　　　　　　　　　B.寿命周期分析法

　　C.回归分析法　　　　　　　　　　　D.移动加权平均法

6.下列各种预测方法中，属于因果预测分析法的是（　　　）。

　　A.算术平均法　　　　　　　　　　　B.回归分析法

　　C.季节预测分析法　　　　　　　　　D.移动加权平均法

7.以下各项指数平滑法公式正确的为（　　　）。

　　A.$S_t = aX_{t-1} + (1-a)S_{t-1}$　　　　　　　B.$S_t = aX_{t-1} + (1+a)S_{t-1}$

　　C.$S_t = aX_{t-1} + (1-a)S_{t+1}$　　　　　　　D.$S_t = (1-a)X_{t-1} + aS_{t-1}$

8.以下属于指数平滑法的优点的是（　　　）。

　　A.可以调节近期观察值的权数

　　B.在不同程度上考虑了以往各期的观察值，比较全面

　　C.考虑季节性变动的影响

　　D.体现历史时期销售量的增减趋势

9.运用季节预测分析法时，一般来说，所取观察值的季节波动与趋势值成比例关系，应采用的模型是（　　　）。

　　A.$Y_t = T_t S_t$　　　　B.$Y_t = T_t + S_t$　　　　C.$Y_t = T_t - S_t$　　　　D.$Y_t = \dfrac{T_t}{S_t}$

10.甲企业利用0.3的平滑指数进行销售预测，已知2023年的实际销量为90吨，预计销量比实际销量多10吨；2024年的实际销量比预计销量少5吨，则该企业2025年的预测销量为（　　　）吨。

　　A.95.5　　　　　　　B.103.6　　　　　　　C.93.6　　　　　　　D.63.6

11.在社会主义市场经济条件下，市场决定着企业的生存和发展。在企业经营预测中，起决定作用的是（　　　）。

A.成本预测   B.销售预测

C.利润预测   D.资金需要量预测

12.判断分析法是指销售人员根据（　　　）进行估计，然后由销售人员加以综合，从而得出企业总体的销售预测的一种方法。

A.消费意向　　　　　B.直觉判断　　　　C.数学模型　　　　D.市场前景

13.趋势预测分析法和因果预测分析法属于（　　　）。

A.寿命周期分析法   B.判断分析法

C.定性销售预测   D.定量销售预测

14.运用销售百分比法预测资金需要量时，下列说法中不正确的是（　　　）。

A.货币资金、应收账款、存货等项目会随销售额的变动而变动，其变动额作为增加的资金需求量

B.应付账款、其他应付款等项目会随销售额的变动而变动，其变动额作为增加的资金供给量

C.预期的折旧额扣除用于更新改造的资金后可作为增加的资金供给量

D.预期的净利润都作为增加的资金供给量

15.销售百分比法比较适用于（　　　）的预测。

A.长期筹资量   B.近期筹资量

C.目标利润   D.目标成本

16.运用销售百分比法对销售进行预测时，最常用的比率是（　　　）。

A.资金与销售额的比率   B.毛利率

C.存货周转率   D.应收账款周转率

17.资金习性预测法主要是根据资金总额与销售额的关系来进行预测，它借助（　　　）方法，根据历史上若干期企业资金总额与销售额之间的关系，把资金划分为不变资金和变动资金两个部分，然后结合预计的销售额来预测企业的资金需要量。

A.直线回归分析法   B.判断分析法

C.加权平均法   D.季节预测分析法

18.资金习性预测法是以销售额作为自变量，以资金总额作为因变量，根据一定数量的自变量与因变量的对应资料，建立直线回归方程 $y = a + bx$。式中，x 为销售额；y 为资金总额；a 为资金中的固定部分（不受销售额增减变动影响而能保持不变的部分）；b 为（　　　）。

A.存货周转率   B.资金与销售额的比率

C.变动资金率   D.应收账款周转率

19.下列产品寿命周期的不同阶段中，产品销量急剧下降的现象通常发生在（　　　）。

A.萌芽期　　　　　　B.成长期　　　　　C.成熟期　　　　　D.衰退期

20.寿命周期分析法属于（　　　）。

A.定性分析法   B.定量分析法

C.判断分析法   D.趋势预测分析法

三、多项选择题

1.以下属于经营预测的特征的是（　　　）。

A.依据的客观性　　　　　　　　　B.时间的相对性

C.结论的可检验性　　　　　　　　D.方法的灵活性

2.经营预测分析的方法一般分为两类，这两大类是（　　　）。

A.定量分析法　　　　　　　　　　B.因果预测分析法

C.判断分析法　　　　　　　　　　D.定性分析法

3.按照经营预测分析的范围分类，可以分为（　　　）。

A.宏观预测分析　　　　　　　　　B.微观预测分析

C.长期预测　　　　　　　　　　　D.短期预测

4.按照经营预测时间的长短，可以将经营预测分为（　　　）。

A.长期预测　　　　B.短期预测　　　　C.定量预测　　　　D.定性预测

5.常用的趋势预测分析法有（　　　）。

A.算术平均法　　　B.指数平滑法　　　C.购买力指数法　　D.加权平均法

6.经营预测的主要内容包括（　　　）。

A.销售预测　　　　B.成本预测　　　　C.利润预测　　　　D.资金预测

7.因素分析法可以预测下期各相关因素变动对产品利润的影响。这些因素包括（　　　）。

A.预测销售数量变动对利润的影响　　B.预测销售价格变动对利润的影响

C.预测销售成本降低对利润的影响　　D.预测品种结构变动对利润的影响

8.在采用销售百分比法预测资金追加需要量时，（　　　）等项目一般不随销售的变动而变动。

A.应收账款　　　　　　　　　　　B.非流动负债

C.无形资产　　　　　　　　　　　D.长期股权投资

9.在成本预测的主要定量方法中，属于历史资料分析法的有（　　　）。

A.高低点法　　　　　　　　　　　B.加权平均法

C.直线回归分析法　　　　　　　　D.因素变动分析法

10.下面关于定量分析法与定性分析法的论述中正确的有（　　　）。

A.定性分析法适用于缺乏完备的历史资料或有关变量间缺乏明显的数量关系等条件下的预测

B.定性分析法与定量分析法在实际应用中是相互排斥的

C.定性分析法与定量分析法在实际应用中是相互补充、相辅相成的

D.定性分析法与定量分析法是平行的两种预测分析方法，它们没有任何关系

11.判断分析法通常包括（　　　）。

A.推销员判断法　　　　　　　　　B.综合判断法

C.专家判断法　　　　　　　　　　D.因果预测分析法

12.影响产品销售利润的主要因素有（　　　）。

A.产品销售数量　　　　　　　　　B.产品品种结构

C.产品销售成本　　　　　　　　　　D.产品销售价格

13.资金习性预测法是指根据资金习性预测企业未来资金需要量的一种方法。所谓资金习性，是指资金的变动与产销量之间的依存关系。按照资金和产销量之间的依存关系，可以把资金区分为（　　　）。

A.不变资金　　　　B.变动资金　　　　C.流动资金　　　　D.非流动资金

14.许多行业的产品销售带有季节性变动的特点，一般来说，（　　　）。

A.农产品的季节性变动甚于工业品　　　　B.消费品甚于生产资料

C.非耐用消费品甚于耐用消费品　　　　D.旅游业甚于工业

15.由于经济生活的复杂性，并非所有影响因素都可以通过定量进行分析，如下列因素就只有定性的特征（　　　）。

A.市场前景　　　　B.政治形势　　　　C.宏观环境　　　　D.购买力指数

四、判断题

1.因为不同的预测目标所需的资料是不同的，所以确定经营预测目标是预测分析的前提。（　　）

2.算术平均法、移动平均法、移动加权平均法、指数平滑法和判断分析法都属于定量分析法。（　　）

3.当各历史时期的销售量或销售额呈现增减趋势时，采用算术平均法进行销售预测就不妥当了，因为算术平均法把每个观察值看成同等重要，不能体现这种增减趋势。（　　）

4.运用加权平均法进行销售预测时，当各历史时期的销售量呈现增减趋势时，为了体现这种增减趋势，有必要将近期观察值的权数规定得小一些、远期观察值的权数规定得大一些，使预测值更接近近期的观察值。（　　）

5.指数平滑系数 a 的取值越大，则近期实际销售量对预测结果的影响越小；a 的取值越小，则近期实际销售量对预测结果的影响越大。（　　）

6.销售百分比法是比率预测法的一种。（　　）

7.因果预测分析法最常用的方法是回归分析法。（　　）

8.调查分析法是结合研究产品的寿命周期，来推断企业产品的销售趋势的方法。（　　）

9.利润预测可采用因果预测分析法和因素分析法。（　　）

10.资金习性预测法是在预测资金需要量时，以资金总额作为自变量，以销售额作为因变量，根据一定数量的自变量与因变量的对应资料，建立直线回归方程 $y = a + bx$。（　　）

五、计算分析题

1.某电子配件生产企业专注于彩色电视机显像管的研发与制造，在行业内颇具影响力。随着彩色电视机市场的持续发展，准确预测显像管的销售量对企业的生产规划和市场布局至关重要。近5年全国彩色电视机的实际销售量以及该企业彩色电视机显像管的实际销售量数据见表4-2。

表4-2　　　　　　　　　　　　　基础数据表

项目	2020年	2021年	2022年	2023年	2024年
显像管销售量（万只）	25	30	36	40	50
电视机销售量（万台）	120	140	150	165	180

已知企业计划在2025年进一步扩大生产规模，现需要对显像管的销售量进行精准预测，以便合理安排生产资源。

要求：

（1）运用算术平均法，预测2025年该企业彩色电视机显像管的销售量，并分析该方法在预测中的优缺点。

（2）假设各年的权数依次为0.1、0.1、0.2、0.2、0.4，采用加权平均法预测2025年该企业彩色电视机显像管的销售量，并阐述权数设定对预测结果的影响。

（3）结合市场调研，发现彩色电视机市场在未来有向智能化、大屏化发展的趋势，这可能会对显像管的需求产生影响。请简要分析这些市场趋势对显像管销售量预测的潜在影响，并提出相应的应对策略。

2.宏轩家具厂通过调查发现，双人床的销售量与结婚人数有很大关系。已知本市近4年的资料见表4-3。

表4-3　　　　　　　　　　　　　基础数据表

年份	结婚人数（万对）	双人床销售量（千件）
2021	8	50
2022	7	45
2023	10	60
2024	9	54

宏轩家具厂在本市的市场占有率为20%，每年销往外地的双人床是800件。

要求：假定2025年预计结婚人数是11万对，用回归分析法预测2025年宏轩家具厂的双人床销售量。

3.假设中盛公司近5年某产品的产量与成本数据见表4-4，计划年度的预计产量为850件。

表4-4　　　　　　　　　　　　　基础数据表

年序	产量（件）	单位产品成本（元）
1	500	70
2	600	69
3	400	71
4	700	69
5	800	65

要求：采用回归直线法预测计划年度产品的总成本和单位成本。

4.甲公司近5年来乙产品的产销量及成本水平见表4-5。

表4-5 基础数据表

项目	2020年	2021年	2022年	2023年	2024年
产量（台）	250	200	300	360	400
总成本（元）	275 000	240 000	315 000	350 000	388 000
其中：固定成本总额（元）	86 000	88 000	90 000	89 000	92 000
单位变动成本（元/台）	756	760	750	725	740

若2025年度的预计产量为450台。

要求：采用高低点法预测2025年乙产品的总成本和单位成本。

5.海天公司2024年的销售额为1 000 000元。这已是公司的最大生产能力。假定税后净利占销售额的4%，即40 000元；已分配利润为税后净利的50%，即20 000元。预计2025年销售额可达1 500 000元，销售净利率与上年保持一致，已分配利润仍为税后利润的50%。海天公司2024年12月31日的资产负债表见表4-6。

表4-6 海天公司资产负债表（简表）

2024年12月31日

单位：元

资产		负债和所有者权益	
货币资金	20 000	应付账款	150 000
应收账款	170 000	应付票据	30 000
存货	200 000	长期借款	200 000
固定资产	300 000	实收资本	400 000
无形资产	110 000	未分配利润	20 000
资产总计	800 000	负债和所有者权益总计	800 000

要求：根据所提供的资料，预测海天公司2025年的资金需要量。

六、案例分析题

案例1　　　　　圣奥化学369滚动预测的市场突围

圣奥化学科技有限公司（简称"圣奥化学"）作为全球领先的聚合物添加剂综合服务商，在发展初期依赖传统成本管理和静态预测方式。随着市场竞争加剧和企业规模的不断扩大，信息滞后、反应迟缓等问题逐渐凸显，严重影响企业决策效率和市场竞争力。

自2014年起，圣奥化学引入"369滚动预测"模式，即每月对后续三个月的经营情况进行滚动预测。在销售预测方面，紧密结合市场趋势、客户需求变化等因素，精准预测各产品的销量和销售额，为及时调整销售策略提供依据。例如，通过分析市场动态，提前预测到某款添加剂在新兴市场的需求增长，提前布局市场推广，成功抢占市场份额。

成本预测环节，充分考虑原材料价格波动、生产效率提升等因素，准确预估生产成本，并凭借精准的成本预测，提前与供应商协商采购价格，有效地控制了成本。在利润预测中，结合销售与成本预测结果，深入分析不同业务板块的利润贡献，合理分配资源，提升整体利润。

近三年来，借助"369滚动预测"，圣奥化学的市场研判与布局调整能力显著增强，各业务部门协同效益大幅提升。2022—2024年，企业销售额逐年稳步增长，分别实现了5%、8%、12%的增长幅度；成本控制成效显著，成本增长率逐年降低，分别为3%、2%、1%；利润更是实现了跨越式增长，分别增长10%、15%、20%，并超额完成2024年度的增效目标，增效完成率达128%。

资料来源：佚名. 卓越运营|圣奥化学 "369滚动预测"：从算赢到必赢 [EB/OL].（2024-12-11）［2025-02-08］. https://www.sohu.com/a/835315665_121123696.有删改。

要求：

（1）分析"369滚动预测"对圣奥化学销售策略调整的具体作用有哪些？请结合案例说明。

（2）阐述圣奥化学在成本预测中考虑原材料价格波动和生产效率提升因素的重要性及实际效果。

（3）结合近三年数据，说明"369滚动预测"如何帮助圣奥化学实现利润的跨越式增长？

（4）在实施"369滚动预测"的过程中，可能会面临哪些挑战？圣奥化学应如何应对？

案例2　　　　京东智能预测技术：从数据积累到行业革新

电商行业的迅猛发展，市场竞争的日益激烈，对电商企业的运营管理提出了更高的要求。作为中国领先的技术驱动型电商和零售基础设施服务商，京东积极投入智能预测技术的研发与应用，以提升自身竞争力。

京东智能预测技术的发展经历了多个阶段。早期主要进行数据积累，收集海量用户行为数据、商品销售数据和物流配送数据等，运用简单统计模型和规则引擎进行初步的需求预测和库存管理。随着大数据和人工智能技术的兴起，京东引入机器学习、深度学习等先进算法，不断优化预测模型。例如，在销售预测中，通过对历史销售数据、市场趋势、促销活动等多维度数据的分析，精准预测商品销量，为销售策略的制定提供依据；在供应链管理中，利用智能预测技术合理安排库存水平，优化物流路线规划和车辆调度。

在实际应用中，京东智能预测技术取得了显著成效。与联合利华合作，通过CPFR（协同式供应链库存管理）智能预测技术，实现了从销售计划到排产计划的全方位协同。半年内，双方库存周转天数下降了2.3天，现货率上升了2.1%，订单满足率提升了10%，预测准确率提升了10%，大大降低了物流成本，提升了供应链效率。此外，京东还将智能预测技术应用于客户服务和市场营销领域，通过预测客服进线量合理安排客服人员，利用用户行为预测实现精准营销，提高了客户满意度和用户购买转化率。

同时，京东在智能预测技术方面不断创新，获得多项专利。例如，京东城市（北京）数字科技有限公司获得的"预测模型的训练方法、装置、设备和存储介质"专利，能够高效处理和利用大规模数据，提高预测的准确性和灵活性，可广泛应用于物流、城市规划等领域；北京沃东天骏信息技术有限公司与北京京东世纪贸易有限公司联合公开的"点击率预测方法和装置"发明专利，提升了广告投放和内容推荐的精准度。

资料来源：马彦华，路红艳.智慧供应链推进供给侧结构性改革——以京东商城为例 [J].企业经济，2018（6）：188-192.

要求：

（1）分析京东智能预测技术在供应链管理中的具体应用及对提升供应链效率的作用。

（2）结合京东与联合利华的合作案例，阐述智能预测技术如何实现供应链全链路协同及带来的效益。

（3）京东智能预测技术从早期到现在，在算法和模型上经历了怎样的发展变化？这种变化对预测效果有何影响？

（4）在智能预测技术的发展和应用过程中，京东可能面临哪些挑战？应如何应对？

第三部分 参考答案

一、名词解释

1.经营预测

管理会计中的预测分析，是指按照一定的原理和程序，运用专门方法进行经营预测的过程。经营预测是指企业根据现有的经济条件和掌握的历史资料，对生产经营活动的未来发展趋势和状况进行的预测和预算。经营预测的内容包括销售预测、利润预测、成本预测、资金需要量预测等。

2.销售预测

销售预测是指根据市场过去和现在的需求状况以及影响市场需求变化的因素之间的关系，利用一定的经验判断、技术方法和预测模型，对企业在未来一定时期内某种产品或服务的销售数量、销售金额以及销售趋势进行预计和测算。

3.趋势预测分析法

趋势预测分析法是指对企业按发生时间的先后顺序排列的一系列历史销售数据，应用一定的数学方法进行加工处理，找出销售随时间变化的趋势，由此推断其未来的发展趋势。

4.因果预测分析法

因果预测分析法是指找到与产品销售（因变量）相关的因素（自变量）以及它们之间的函数关系，并利用这种函数关系进行产品的销售预测的方法。

5.判断分析法

判断分析法是指销售人员根据直觉判断进行预估，然后由销售经理加以综合，从而作出企业总体销售预测的一种方法。

6.销售百分比法

销售百分比法是比率预测法的一种，是根据资金各个项目与销售额之间的依存关系，按照计划期销售额的增长情况来预测需要相应追加多少资金，以资金与销售额的比率为基础，预测未来资金需要量的方法。

7.资金习性预测法

资金习性预测法主要是根据资金总额与销售额的关系来进行预测。它借助直线回归分析这一数理统计方法，根据历史上若干期企业资金总额与销售额之间的关系，把资金划分为不变资金和变动资金两个部分，然后结合预计的销售额来预测企业的资金需要量。

8.成本预测

成本预测是指根据企业未来发展目标和有关资料，对企业未来一定时期内的成本水平及其发展趋势所进行的科学预计和推测，具体包括产品成本水平及趋势的预测、各种因素变化对成本影响的预测、成本降低幅度的预测、质量成本的预测以及使用成本的预测等。

9.利润预测

利润预测是按照企业经营目标的要求，通过对影响利润变化的成本、产销量等各项因素的综合分析，对未来一定时间内可能达到的利润水平和变化趋势所进行的科学预测。

10.寿命周期分析法

产品寿命周期分析法是利用产品销量在不同寿命周期阶段上的变化趋势进行销售预测的一种定性分析方法。

二、单项选择题

1.B	2.B	3.B	4.C	5.D	6.B	7.A	8.B	9.A	10.A
11.B	12.B	13.D	14.D	15.B	16.A	17.A	18.C	19.D	20.A

难点解析：

3.算术平均法的假设前提是过去怎样，将来也会怎样发展，即将来的发展是过去的延续。算术平均法把每个观察值看成同等重要，不区分远、近期销量影响，移动平均法、加权平均法、平滑指数法都考虑了不同时期数据的影响。

4.指数平滑法是加权平均法的一种变化，计算的是指数平滑平均数。其计算公式如下：

$$S_t = aX_{t-1} + (1-a)S_{t-1}$$

式中，S_t为t期的销售预测值；S_{t-1}为t期上一期的销售预测值；X_{t-1}为t期上一期的销售实际值；a为满足$0<a<1$条件的常数，亦称指数平滑系数。

5.选项A和选项B属于定性销售预测方法；C属于因果预测分析法。

6.选项A和选项D均属于趋势预测分析法。C选项"季节预测分析法"根据季节变动规律进行预测，B选项"回归分析法"通过分析变量间的因果关系进行预测。

7.指数平滑法是加权平均法的一种变化，计算的是指数平滑平均数。其计算公式如下：

$$S_t = aX_{t-1} + (1-a)S_{t-1}$$

式中，S_t为t期的销售预测值；S_{t-1}为t期上一期的销售预测值；X_{t-1}为t期上一期的销售实际值；a 为满足 $0<a<1$ 条件的常数，亦称指数平滑系数。

8.选项 A 和 D 都属于加权平均法的优点，选项 C 是季节预测分析法的优点。

9.运用季节预测分析法时，一般来说，所取观察值的季节波动与趋势值成比例关系，则应采用乘法模型 $Y_t = T_t S_t$；如果所取观察值的季节波动与趋势值不成比例关系，则应采用加法模型 $Y_t = T_t + S_t$。

10.2024 年的预测销量为：

$S_t = aX_{t-1} + (1-a)S_{t-1} = 0.3 \times 90 + 0.7 \times 100 = 97$（吨）

2025 年的预测销量为：

$S_t = aX_{t-1} + (1-a)S_{t-1} = 0.3 \times 92 + 0.7 \times 97 = 95.5$（吨）

选项 A 为正确答案。

13.选项 A"寿命周期分析法"和选项 B"判断分析法"属于选项 C"定性销售预测"。

14.货币资金、应收账款、存货等随销售额变动，变动额是增加的资金需求量；应付账款、其他应付款等随销售额变动，变动额是增加的资金供给量；预期折旧额扣除更新改造资金后可作为增加的资金供给量；预期净利润要扣除预计股利分配后，剩余部分才作为增加的资金供给量。因此，选项 D 错误。

18.在直线回归方程 $y = a + bx$ 中，b 表示单位销售额变动所引起的资金变动额，即变动资金率。

20.寿命周期分析法属于定性分析法；选项 C"判断分析法"也属于定性分析法；选项 D"趋势预测分析法"属于定量分析法。

三、多项选择题

1.ABCD	2.AD	3.AB	4.AB	5.ABD	6.ABCD	7.ABCD	8.BCD	9.ABC	10.AC
11.ABC	12.ABCD	13.AB	14.ABCD	15.ABC					

难点解析：

2.按照经营预测分析的方法不同，可以分为定量预测和定性预测。

4.按照经营预测时间长短的分类，可以分为长期预测和短期预测。

8.销售百分比法假设部分项目与销售额成比例变动。应收账款通常随销售增加而增加，随销售减少而减少；非流动负债、无形资产、长期股权投资与销售额变动无直接关联，一般不随销售变动。

10.定性分析法与定量分析法在实际应用中是相互补充、相辅相成的。选项 B 和选项 D 的说法都不正确。

11.选项 D"因果预测分析法"属于定量预测，而判断分析法属于定性预测。

13.进行资金习性分析，就是将企业的资金最终划分为不变资金和变动资金两个部分，从数量上掌握资金与产销量之间的规律性，从而正确地预测资金的需要量。

四、判断题

1.√	2.×	3.√	4.×	5.×	6.√	7.√	8.√	9.×	10.×

难点解析：

2.判断分析法属于定性分析法。

4.当各历史时期的销售量呈现增减趋势时，为了体现增减趋势，有必要将近期观察值的权数规定得大一些、远期观察值的权数规定得小一些，使预测值更接近近期的观察值。

5.指数平滑系数 a 的取值越大，则近期实际销售量对预测结果的影响越大；a 的取值越小，则近期实际销售量对预测结果的影响越小。

9.利润预测可采用直接预测法和因素分析法。

10.资金习性预测法是在预测资金需要量时，以销售额作为自变量，以资金总额作为因变量，根据一定数量的自变量与因变量的对应资料，建立直线回归方程 $y = a + bx$。

五、计算分析题

1.解：

（1）用算术平均法计算：

$$2025年彩色显像管预测销售量 = \frac{25 + 30 + 36 + 40 + 50}{5} = 36.2（万只）$$

优点：①计算简单。只需将各期数据相加再除以期数，计算过程简便，不需要复杂的数学模型和大量的计算资源。②适用性广。对数据的分布和趋势没有严格要求，适用于各种类型的数据序列，在数据量较少或数据波动相对稳定的情况下能快速给出预测值。

缺点：①忽视了数据的变化趋势。将各期数据同等看待，没有考虑数据随时间的变化趋势。②对异常值敏感。如果数据中存在异常值，会对预测结果产生较大影响。

（2）用加权平均法计算：

$$2025年彩色显像管预测销售量= 0.1 \times 25 + 0.1 \times 30 + 0.2 \times 36 + 0.2 \times 40 + 0.4 \times 50$$
$$= 40.7（万只）$$

权数设定对预测结果的影响：①突出近期数据影响。市场情况通常更接近近期状态，所以这种设置能使预测值更好地反映市场当前的变化趋势，比算术平均法更具有时效性。②调整预测的侧重点。权数的不同设定可以根据企业对不同时期数据的重视程度来调整。不同的权数设定会导致预测结果的差异，企业可以根据实际情况和经验来优化权数，以获得更准确的预测值。

（3）潜在影响：①彩色电视机向智能化发展，可能会增加对高端、功能更强大的显像管的需求。因为智能化电视机往往需要更高分辨率、更好色彩表现的显像管来提升用户体验，这可能导致对普通显像管需求的减少，而对具备智能显示相关特性显像管的需求增加。如果企业仍按传统显像管的销售量预测进行生产，可能会出现产品滞销或供不应求的情况，影响企业的市场份额和经济效益。②大屏化意味着对更大尺寸显像管的需求增加。随着屏幕尺寸增大，生产难度和成本可能上升，同时单位面积的显像管产量可能下降，这会影响企业的生产规划和成本控制。如果预测时未考虑大屏化趋势，可能导致企业在大尺寸显像管产能上准备不足，错过市场机会；或者在小尺寸显像管上过度生产，造成库存积压。

应对策略：①产品研发与升级。企业应加大在智能显示技术和大尺寸显像管生产技术上的研发投入，开发适应智能化、大屏化需求的新型显像管产品。②市场细分与定位调整。根据市场趋势进行市场细分，明确不同产品针对的目标客户群体。对于智能型显像管，可针对追求高品质智能视听体验的消费者；对于大尺寸显像管，可针对家庭影院市场或商业显示市场。调整产品定位后，相应地调整销售策略和生产计划，确保产品与市场需求精准匹配。③加强市场监测与预测修正。建立更完善的市场监测机制，实时跟踪彩色电视机智能化、大屏化的发展动态，包括技术突破、市场占有率变化、消费者需求反馈等信息。根据市场监测结果，及时修正显像管销售量的预测模型和参数，使预测更加准确，为企业的生产、采购、销售等决策提供更可靠的依据。

2.解：计算结果见表4-7。

表4-7　　　　　　　　　　　　　　　计算表

年份	结婚人数 x（万对）	销售量 y（千件）	xy	x^2
2021	8	50	400	64
2022	7	45	315	49
2023	10	60	600	100
2024	9	54	486	81
合计	34	209	1 801	294

$$b = \frac{n\sum xy - \sum x \sum y}{n\sum x^2 - (\sum x)^2} = \frac{4 \times 1\,801 - 34 \times 209}{4 \times 294 - 34^2} = 4.9$$

$$a = \frac{\sum y - b\sum x}{n} = \frac{209 - 4.9 \times 34}{4} = 10.6$$

$$y = a + bx = 10.6 + 4.9x$$

代入公式计算年度产品预计总成本为：

$$y = a + bx = 10.6 + 4.9 \times 11 = 64.5（千件）$$

预测销售量 $= 64.5 \times 20\% + 0.8 = 13.7$（千件）

预测该厂2025年双人床销售量可达13.7千件。

3.解：计算结果见表4-8。

表4-8　　　　　　　　　　　　　　　计算表

年序 n	产量 x（件）	单位产品成本（元）	总成本 y（元）	xy	x^2
1	500	70	35 000	17 500 000	250 000
2	600	69	41 400	24 840 000	360 000
3	400	71	28 400	11 360 000	160 000
4	700	69	48 300	33 810 000	490 000
5	800	65	52 000	41 600 000	640 000
$n = 5$	$\sum x = 3\,000$	—	$\sum y = 205\,100$	$\sum xy = 129\,110\,000$	$\sum x^2 = 1\,900\,000$

将计算的数值代入最小二乘法公式，计算 a 与 b 的值。

$$b = \frac{n\sum xy - \sum x\sum y}{n\sum x^2 - (\sum x)^2} = \frac{5 \times 129\,110\,000 - 3\,000 \times 205\,100}{5 \times 1\,900\,000 - 3\,000^2} = 60.5（元）$$

$$a = \frac{\sum y - b\sum x}{n} = \frac{205\,100 - 60.5 \times 3\,000}{5} = 4\,720（元）$$

计划年度产品预计总成本为：

$$y = a + bx = 4\,720 + 60.5 \times 850 = 56\,145（元）$$

计划年度产品预计单位成本为：

$$b = \frac{56\,145}{850} \approx 66.05（元）$$

4. 解：

$$b = \frac{y_{高} - y_{低}}{x_{高} - x_{低}} = \frac{388\,000 - 240\,000}{400 - 200} = 740（元/台）$$

$$a = y_{高} - bx_{高} = 388\,000 - 740 \times 400 = 92\,000（元）$$

2025 年预计产量为 450 台时：

总成本 $y = a + bx = 92\,000 + 740 \times 450 = 425\,000$（元）

单位成本 $= 425\,000 \div 450 \approx 944.44$（元）

5. 解：

根据 2024 年 12 月 31 日的资产负债表，分析各项目与当年销售收入总额的依存关系，并编制该年度用销售百分比形式反映的资产负债表，见表 4-9。

表4-9　　　　　　　　　　资产负债表（按销售百分比形式反映）

2024年12月31日　　　　　　　　　　　　　　　　单位：元

资产		负债和所有者权益	
货币资金	20 000÷1 000 000×100%=2%	应付账款	150 000÷1 000 000×100%=15%
应收账款	170 000÷1 000 000×100%=17%	应付票据	30 000÷1 000 000×100%=3%
存货	200 000÷1 000 000×100%=20%	长期借款	不变动
固定资产	300 000÷1 000 000×100%=30%	实收资本	不变动
无形资产	不变动	未分配利润	不变动
资产总计	69%	合计	18%

未来年度每增加 1 元的销售量需要增加筹资的百分比为：

百分比=69%-18%=51%

上述计算表明，销售每增加 1 元，全部资产将增加 0.69 元，负债将增加 0.18 元，尚欠 0.51 元需要通过筹资取得。

预计2025年应筹集的资金=（1 500 000-1 000 000）×51%=255 000（元）

最后，还应估计新增利润，并考虑可从未分配利润中获取部分资金等因素。本案例中，2025 年销售收入为 1 500 000 元，按照税后净利占销售额 4% 计算为 60 000 元，已分配利润为 30 000 元，未分配的 30 000 元利润可以冲抵部分筹资额。

　　预计的筹资额=255 000-30 000=225 000（元）

六、案例分析题

案例1答题要点：

（1）"369滚动预测"对销售策略调整的作用："369滚动预测"为圣奥化学销售策略调整提供了及时准确的市场信息。通过结合市场趋势和客户需求变化进行销售预测，企业能够提前预判市场的需求走向。例如，案例中提前预测到某款添加剂在新兴市场的需求增长，使企业有充足的时间制定有针对性的市场推广策略，提前布局销售渠道，抢占市场份额。同时，滚动预测模式使企业能够根据市场动态实时调整销售策略，保持销售策略的灵活性和有效性，适应市场变化。

（2）成本预测中考虑原材料价格波动和生产效率提升因素的重要性及实际效果：原材料价格波动直接影响生产成本，考虑这一因素能使圣奥化学提前做好成本控制准备。当预测到原材料价格上涨时，提前与供应商协商价格，锁定成本；当价格下跌时，合理调整采购计划，降低采购成本。生产效率提升意味着单位产品成本降低。考虑该因素能更准确地预估生产成本。实际效果显著，近三年成本增长率逐年降低，2022—2024年分别为3%、2%、1%，有效提升了企业的成本竞争力。

（3）"369滚动预测"帮助圣奥化学实现利润跨越式增长的方式：通过精准的销售预测，企业能够合理规划生产和销售，提高销售额。近三年销售额分别增长5%、8%、12%。同时，准确的成本预测帮助企业有效控制成本，成本增长率逐年降低。结合销售与成本预测结果，合理分配资源，提升各业务板块的利润贡献。例如，对利润贡献高的业务板块加大资源投入，促进其进一步发展，从而实现利润的跨越式增长。2022—2024年，利润分别增长10%、15%、20%。

（4）实施"369滚动预测"可能面临的挑战主要有：数据准确性和及时性难以保证，市场变化过快导致预测模型失效，部门之间数据共享和协同困难。

实施"369滚动预测"的应对措施主要有：建立严格的数据审核机制，确保数据质量；持续优化预测模型，及时根据市场变化调整参数；加强部门间的沟通协作，建立有效的数据共享平台，明确各部门在预测过程中的职责和分工。

案例2答题要点：

（1）在库存管理方面，京东利用智能预测技术，根据历史销售数据、市场趋势、促销活动等因素准确预测商品销量，从而合理安排库存水平，减少库存积压和缺货现象，降低库存成本。在物流配送方面，通过预测订单量和配送需求，优化物流路线规划和车辆调度，提高物流配送效率，降低物流成本。

（2）京东与联合利华通过 CPFR 智能预测技术，从销售计划、入库计划、产销存预测、采购计划到排产计划实现全方位协同。双方共享销售数据和库存数据，根据预测结果共同制订补货和生产计划。例如，针对不同商品的销售趋势和库存情况，合理安排生产和补货时间，实现了从传统的"见单加产"到"按计划加产"的转变。带来的效益显著，库存周转天数下降了2.3天，现货率上升了2.1%，订单满足率提升了10%，预测准确率提升了10%，降低了物流成本，提升了订单服务水平，拉动了销售增长。

（3）早期京东主要运用简单的统计模型和规则引擎，基于有限的数据进行初步预测，预测的准确性和实时性有限。随着技术发展，引入了机器学习算法，能够处理更多维度的数据，捕捉数据间更深层次的非线性关系，提高了预测精度。例如，利用XGboost等算法对复杂的销售数据进行分析，更准确地预测商品销量。后来，京东又引入深度学习算法，进一步提升了模型的智能化水平和对复杂数据的处理能力。例如，通过LSTM等深度学习模型对时间序列数据进行分析，能够更好地预测市场趋势和用户需求。算法和模型的不断升级，使京东智能预测技术的预测效果大幅提升，能够更精准地把握市场动态，为企业决策提供更有力的支持。

（4）面临的挑战有：①数据质量与安全问题。保证海量数据的准确性、完整性和一致性难度大，且要防止数据泄露和滥用。②模型适应性问题。市场环境和用户需求变化快，模型需及时更新优化，但这需要大量的时间和计算资源。③技术融合与协同问题。智能预测技术涉及多领域技术，实现有效融合和协同工作存在困难。④人才短缺问题。研发和应用智能预测技术需要大量既懂技术又懂业务的复合型人才。

应对措施有：①建立严格的数据质量管理体系和安全防护机制，确保数据质量和安全。②投入资源研发自动化模型更新技术，提高模型更新效率，同时建立模型评估机制，及时发现和解决模型问题。③加强跨领域技术团队的沟通协作，建立统一的技术标准和接口，促进技术融合。④加大人才培养和引进力度，与高校、科研机构合作，培养专业人才，同时吸引外部优秀人才加入。

第五章

短期经营决策

第一部分 内容概要

一、决策分析概述

（一）决策的意义

管理会计中的决策是指企业在生产经营活动中对一些特殊的专门问题，需要决定是否采取某项行动，或者是在两个或两个以上的备选方案中作出选择，以取得最佳的经济效益。

（二）决策的程序

决策是一个提出问题、分析问题并解决问题的复杂过程，决策的程序包括：①确定决策目标；②提出备选方案；③收集相关的信息资料；④对备选方案进行评价；⑤考虑非计量因素的影响；⑥选择最优方案；⑦实施方案，反馈信息。

（三）决策的相关概念

决策的相关概念涉及相关收入、无关收入、相关成本和无关成本。具体的分类及内容见表5-1。

表5-1   决策的相关概念

相关概念		内容
相关收入		相关收入是指与特定决策方案相联系的、能对决策产生重大影响的、在短期经营决策中必须予以充分考虑的收入
无关收入		如果无论是否存在某个决策方案，均会发生某项收入，那么就可以断定该项收入是上述方案的无关收入
相关成本	差量成本	差量成本一般指决策时若干备选方案预期成本之间的差额
	机会成本	机会成本是指企业在经营决策选定方案时所要放弃的最大潜在收益
	专属成本	专属成本是指那些能够明确归属于特定决策方案的固定成本或混合成本
	付现成本	付现成本是指由现在或将来的任何决策所能够改变其支出数额的成本
	边际成本	边际成本的实质就是当业务量以一个最小经济单位增加或减少时引起的成本变化量
	可延缓成本	可延缓成本是指在经营决策中对其暂缓开支不会对企业未来的生产经营产生重大不利影响的那部分成本

续表

相关概念		内容
无关成本	沉没成本	沉没成本是指过去已经发生并无法由现在或将来的任何决策所改变的成本
	联合成本	联合成本是指为多种产品的生产或为多个部门的设置而发生的，应由这些产品或这些部门共同负担的成本
	不可延缓成本	不可延缓成本是指在经营决策中，若对某项成本暂缓开支就会对企业未来的生产经营产生重大不利影响的成本

二、定价决策

（一）影响价格的基本因素

一般来讲，影响价格制定的基本因素包括成本因素、需求因素、商品的市场生命周期因素、竞争因素、科学技术因素、政策法规因素、相关产品的销售量。除这几方面外，产品的质量、产品的比价、差价与价格体系、消费者的支付能力与心理状态等，也是影响产品价格的重要因素。

（二）以成本为基础的定价决策

以成本为基础的定价决策方法见表5-2。

表5-2 　　　　　　　　　　　　**以成本为基础的定价决策方法**

定价决策方法	公式
变动成本加成法	价格 = 单位变动生产成本 × (1 + 变动生产成本贡献率) 变动生产成本贡献率 = $\dfrac{预期利润 + 变动非生产成本 + 固定成本}{变动生产成本} \times 100\%$
完全成本加成法	价格 = 单位产品生产成本 × (1 + 生产成本毛利率) 生产成本毛利率 = $\dfrac{预期利润 + 非生产成本}{生产成本} \times 100\%$
成本利润率定价法	价格 = 单位产品预测成本 × (1 + 成本利润率) 成本利润率 = $\dfrac{预测利润总额}{预测成本总额} \times 100\%$
销售利润率定价法	价格 = $\dfrac{单位产品预测成本}{1 - 销售利润率}$ 销售利润率 = $\dfrac{预测利润总额}{预测销售收入} \times 100\%$

（三）产品寿命周期与定价策略

1.产品寿命周期及其测定方法

通过计算比较销售增长率的大小，即可粗略判断产品的寿命阶段。销售增长率的计算公式如下：

$$销售增长率 = \frac{销售量的增加量}{销售时期的增长数}$$

一般而言，0<销售增长率<0.1时，为投入期或成熟期；当销售增长率≥0.1时，为成长期；当销售增长率<0时，为衰退期。

2.产品寿命周期的价格策略

产品处于不同的寿命周期，其价格策略不同，具体情况见表5-3。

表5-3   **产品寿命周期的价格策略**

产品寿命周期	价格策略	特点
投入期	撇脂策略	高价投放新产品，并辅以高促销手段
	渗透策略	低价投放新产品，并辅以高促销手段
成长期	目标价格策略	使该阶段的目标利润率高于整个寿命期里的平均利润率
成熟期	竞争价格策略	视竞争者的情况而异
衰退期	维持价格策略	基本维持原有价格水平
	变动成本价格策略	以单位变动成本作为最低价格

（四）其他定价策略

1.心理定价策略

心理定价策略主要是零售企业针对顾客消费心理而采取的定价策略。常用的方法主要有：尾数定价、声望定价、心理折扣定价。

2.折扣定价策略

折扣定价策略是指在一定条件下，以降低商品的销售价格来刺激购买者，从而扩大商品销售量的定价策略，主要有数量折扣、现金折扣、季节性折扣。

3.综合定价策略

综合定价策略就是针对相关商品所采取的一种定价策略，主要有为具有互补关系的相关商品定价、为具有配套关系的相关商品定价、销售商品与服务维修的定价。

三、产品功能成本决策

企业可以根据实际情况，从上述途径着手，运用功能成本决策方法确定目标成本。功能成本决策大致步骤为：选择分析对象、围绕分析对象收集各种资料、功能评价、试验与提案。

价值系数计算公式为：

$$价值 = \frac{功能}{成本}$$

从上式可以看出，功能与价值成正比，功能越高，价值越大，反之则越小；成本与价值成反比，成本越高，价值越小，反之则越大。

四、品种决策

品种决策包括生产何种新产品，亏损产品是否停产或转产，零部件是自制还是外购，是否接受特殊价格追加订货，半成品是否需要进一步加工等。

（一）生产何种新产品的决策——边际贡献分析法

针对不同情况，生产何种新产品的决策方法不同，具体见表5-4。

表5-4　　　　　　　　　不同情况下生产何种新产品的决策思路

情况	决策思路	指标值计算公式
不存在专属成本	比较边际贡献总额	边际贡献总额 = 销售收入 - 变动成本
存在专属成本	比较剩余边际贡献总额	剩余边际贡献 = 边际贡献总额 - 专属成本
资源受限	比较单位资源边际贡献	单位资源边际贡献 = $\dfrac{单位边际贡献}{单位产品资源消耗定额}$

（二）亏损产品是否停产或转产的决策——边际贡献分析法

针对不同情况，亏损产品是否停产或转产的决策方法不同，具体见表5-5。

表5-5　　　　　　不同情况下亏损产品是否停产或转产的决策思路

情况	决策思路
停产后剩余生产能力无法转移	如果亏损产品的边际贡献大于零，就不应停产
停产后剩余生产能力可转移——转产	比较转产产品的边际贡献（在存在专属成本时应计算剩余边际贡献）与亏损产品边际贡献的大小，择其大者
停产后剩余生产能力可转移——出租	比较出租净收入与亏损产品边际贡献的大小，择其大者

（三）自制还是外购的决策——增量成本分析法/成本无差别点法

针对不同情况，自制还是外购的决策方法不同，具体见表5-6。

表5-6　　　　　　　　不同情况下自制还是外购的决策思路

情况		决策思路
企业已具备自制能力且零部件的全年需要量为固定常数——增量成本分析法	自制能力无法转移时	比较自制零部件的单位变动成本和外购单价的大小，择其低者
	自制能力可以转移时	比较自制方案的变动成本与机会成本之和与外购成本大小，择其低者
企业尚不具备自制能力且零部件的全年需要量不确定——成本无差别点法	外购零部件不存在打折、促销等情况	成本分界点 = $\dfrac{自制增加的专属固定成本}{外购单价 - 自制单位变动成本}$ 有一个成本无差别点，决策区域分为两部分， $x <$ 成本分界点时，选择外购； $x >$ 成本分界点时，选择自制； $x =$ 成本分界点时，自制/外购均可
	外购零部件存在打折、促销等情况	有多个成本无差别点，形成多个决策区域

（四）半成品是否深加工的决策——差量分析法

半成品是否深加工的决策一般采用"差量分析法"，涉及"将半成品深加工为产成品"和"直接出售半成品"两个备选方案。可分为：企业已具备100%的深加工能力且无法转移；企业已具备100%的深加工能力且能够转移；企业尚不具备深加工能力；企业已具备部分深加工能力；半成品与产成品的投入产出比不是1∶1等五种情况。这几种情况均可套用差量分析法的决策模板，相关成本中的各项要根据不同情况来确定，具体见表5-7。

表5-7   差量分析表

项目	方案		
	深加工	直接出售	差异额
相关收入	产成品单价×产成品销售量	半成品单价×半成品销售量	ΔR
相关成本	以下各项合计	0	ΔC
其中：变动成本	单位加工变动成本×加工量	0	—
专属成本	题目条件（追加专属固定成本）	0	—
机会成本	题目条件（加工能力可转移）	0	—
差量损益			ΔP

如果$\Delta P > 0$，则选择深加工；如果$\Delta P < 0$，则选择直接出售；如果$\Delta P = 0$，则直接出售或深加工均可。

（五）是否接受特殊价格追加订货的决策——差量分析法

是否接受特殊价格追加订货的决策一般采用"差量分析法"，且往往涉及"接受追加订货"和"拒绝追加订货"两个备选方案。可分为追加订货量小于剩余生产能力（特别订货不冲击正常任务）和追加订货量大于剩余生产能力（特别订货冲击正常任务）两种情况，均可参考差量分析法的决策模板，相关成本中的各项要根据给定的条件来确定，具体见表5-8。

表5-8   差量分析表

项目	方案		
	接受特别订货	拒绝特别订货	差异额
相关收入	特殊价格×追加订货量	0	ΔR
相关成本	以下各项合计	0	ΔC
其中：变动成本	单位变动成本×min（追加订货量，剩余产能）	0	
机会成本Ⅰ	与剩余生产能力可转移有关	0	
机会成本Ⅱ	正常价格×冲击正常任务量	0	
专属成本	与特殊工艺要求有关	0	
差量损益			ΔP

如果 $\Delta P > 0$，则选择接受特别订货；如果 $\Delta P < 0$，则拒绝特别订货；如果 $\Delta P = 0$，则接受或拒绝均可。

五、产品组合优化决策

产品组合优化决策适用于多品种产品生产的企业，方法主要有逐次测算法和线性规划图解法两种。

（一）逐次测算法

逐次测算法是根据企业有限的各项生产条件和各种产品的情况及各项限制因素等数据资料，分别计算单位限制因素所提供的边际贡献并加以比较，在此基础上经过逐步测试，使各种产品达到最优组合。

（二）线性规划图解法

线性规划是在满足用线性不等式表示的约束条件的情况下，使线性目标函数最优化的一种数学方法。

第二部分　练习题

一、名词解释

1. 机会成本

2. 付现成本

3. 专属成本

4. 沉没成本

5. 成本加成定价法

6. 边际成本定价法

7. 变动成本价格策略

8. 产品功能成本决策

9. 价值系数

10. 边际贡献分析法

11. 差量分析法

12. 成本无差别点

二、单项选择题

1.（　　）是两个可供选择的方案之间预期成本的差异。

A.机会成本　　　　B.差量成本　　　　C.边际成本　　　　D.变动成本

2.某企业有一批库存的废品，存在两种处置方案：一个是修复后出售，另一个是直接降价出售。其中，修复成本为 4 000 元，修复后出售的收入为 10 000 元，降价后出售的收入为 5 000 元，则差量损益为（　　）元。

A.1 000　　　　　B.4 000　　　　　C.5 000　　　　　D.6 000

3.（　　）是在经济决策中应由中选的最优方案负担，并按所放弃的次优方案潜在收益计算的资源损失。

A.沉没成本　　　　　　B.差量成本　　　　　　C.边际成本　　　　　　D.机会成本

4.如果把不同产量作为不同方案的话，边际成本实际上就是不同方案形成的（　　　）。

A.沉没成本　　　　　　B.差量成本　　　　　　C.边际成本　　　　　　D.机会成本

5.在短期经营决策中，对企业原有的资产，不应按照其历史成本决策，而应把其作为相关成本予以考虑。（　　　）

A.历史成本　　　　　　B.重置成本　　　　　　C.共同成本　　　　　　D.沉没成本

6.假设某生产电子器件的企业为满足客户追加订货的需要，增加了一些成本开支，其中（　　　）是专属固定成本。

A.为及时完成该批产品的生产，需要购入一台新设备

B.为及时完成该批追加订货，需要支付职工加班费

C.生产该批产品机器设备增加的耗电量

D.该厂为生产该批产品以及以后的生产建造了一间新的厂房

7.某企业生产甲产品的单位变动成本为60元，固定生产成本摊销到每件商品为20元，完全成本法下的加成比率为50%，则使用成本加成法计算甲产品的价格应为（　　　）元。

A.120　　　　　　　　B.90　　　　　　　　C.60　　　　　　　　D.110

8.产品售价的高低受诸多因素的影响，所谓产品的最优售价是指（　　　）。

A.可以使企业实现销售收入最大化的产品售价

B.可以使企业边际利润为零的产品售价

C.可以使企业实现边际利润最大化的产品售价

D.可以使企业边际成本最低的产品售价

9.功能成本评价的评分法是按产品或零部件的（　　　）打分。

A.成本系数　　　　　　　　　　　　　B.价值评价系数

C.功能评价系数　　　　　　　　　　　D.功能重要程度

10.作为降低成本主要目标的产品的价值系数应（　　　）。

A.大于1　　　　　　　B.等于1　　　　　　　C.小于1　　　　　　　D.接近于1

11.在产品功能降低的情况下，成本降低的幅度（　　　）功能降低的幅度，将会提高产品的价值。

A.小于　　　　　　　　B.大于　　　　　　　　C.等于　　　　　　　　D.都不是

12.功能成本评价中，应将目标成本按照（　　　）进行分配。

A.成本系数　　　　　　　　　　　　　B.功能评价系数

C.价值系数　　　　　　　　　　　　　D.产销量

13.通过比较各备选方案边际贡献的大小来确定最优方案的分析方法，称为（　　　）。

A.差量分析法　　　　　　　　　　　　B.概率分析法

C.边际贡献分析法　　　　　　　　　　D.成本无差别分析法

14.在不存在专属成本的情况下，通过比较不同备选方案的（　　　）来进行择优决策。

A.边际贡献总额　　　　　　　　　　　B.剩余边际贡献总额

C.单位边际贡献　　　　　　　　　　　D.单位剩余边际贡献

15.在企业的某项资源受到限制的情况下，通过比较不同备选方案的（　　　）来进行择优决策。

A.边际贡献总额　　　　　　　　　　B.剩余边际贡献总额

C.单位边际贡献　　　　　　　　　　D.单位资源边际贡献

16.剩余边际贡献与边际贡献之差为（　　　）。

A.变动成本　　　　B.固定成本　　　　C.专属成本　　　　D.联合成本

17.假设某厂有剩余生产能力1 000机器小时。有四种产品甲、乙、丙、丁，它们的单位边际贡献分别为4元、6元、8元和10元。生产一件产品所需的机器小时分别为4小时、5小时、6小时和7小时，则该厂应增产的产品是（　　　）。

A.甲产品　　　　B.乙产品　　　　C.丙产品　　　　D.丁产品

18.当企业的剩余生产能力无法转移时，应不继续生产某亏损产品的条件之一是（　　　）。

A.该产品的单价等于单位变动成本　　　B.该产品的单价小于单位变动成本

C.该产品的单位边际贡献大于零　　　　D.该产品的变动成本率小于100%

19.某企业2019年生产某亏损产品的边际贡献总额为3 000元，固定成本是1 000元。假定2020年其他条件不变，但生产该产品的设备可以对外出租，1年增加收入为（　　　）元时，应停产该种产品。

A.2 001　　　　B.3 001　　　　C.1 999　　　　D.2 900

20.当出现（　　　）时，产品应停产。

A.利润大于零　　　　　　　　　　B.利润小于零

C.边际贡献大于零　　　　　　　　D.边际贡献小于零

21.在零部件自制或外购的决策中，如果零部件的需用量已确定，应当采用的决策方法是（　　　）。

A.边际贡献分析法　　　　　　　　B.差量分析法

C.增量成本分析法　　　　　　　　D.成本无差别点法

22.某厂生产某种产品需要一种零件，其外购单价最高为1.2元，这一价格随着采购数量的不同而变化：每增加1 000件，单价降低0.1元。若该零件自制能满足生产需要，不需追加固定成本，其单位变动成本保持不变，为1元/件，则该零件的数量在0～5 000件变动时，自制与外购方案的成本平衡点将是（　　　）。

A.不存在　　　　　　　　　　　　B.2 000件

C.2 000～3 000件　　　　　　　　D.2 500件

23.设某厂需要零件甲，其外购单价为20元。若自行生产，每件单位变动成本为12元，且需要每年为此追加20 000元的固定成本。那么，外购与自制成本相同时的产量为（　　　）件。

A.2 500　　　　B.3 000　　　　C.2 000　　　　D.1 800

24.在固定成本不变的情况下，下列（　　　）情况应该采取外购的策略。

A.自制单位变动成本小于外购单价　　　B.自制单位变动成本等于外购单价

C.自制单位变动成本大于外购单价　　　D.自制单位产品成本大于外购单价

25.某企业生产甲半成品，年产量为10 000件，可销售单价为50元，单位变动成本为20元，固定成本总额为100 000元。若将甲半成品进一步加工成乙产品，每件需追加变动成本15元，乙产品的销售单价为70元，则该企业对甲半成品进行深加工的差量损益为（　　）元。

A.50 000　　　　　　　B.100 000　　　　　　C.150 000　　　　　　D.200 000

26.某公司生产一种化工产品A，进一步加工可以生产高级化工产品B，A、B两种产品在市场上的售价分别为50元/千克、120元/千克，但B产品的生产每年需要追加固定成本20 000元，单位变动成本为10元。若每千克A可加工0.6千克B，则以下选择中，该公司应（　　）。

A.当产品A的年销售量超过1 500千克，将A加工为B

B.当产品A的年销售量超过1 250千克，将A加工为B

C.将A出售，不加工

D.两种方案均可

27.在短期经营决策中，企业不接受特殊价格追加订货的原因是买方出价低于（　　）。

A.正常价格　　　　　　　　　　B.单位产品成本

C.单位变动成本　　　　　　　　D.单位固定成本

28.是否接受追加订货的决策一般采用（　　）进行。

A.差量分析法　　　　B.经济订货量法　　　　C.线性规划法　　　　D.边际分析法

29.下列公式错误的是（　　）。

A.产品价格＝(单位预测成本＋单位预测利润)/(1－销售税率)

B.单位预测利润＝该产品预测利润总额/该产品预测销售量

C.产品价格＝单位预测成本/(1－销售税率)

D.销售利润率＝该产品预测利润总额/该产品预测销售收入

30.当企业的生产能力尚有剩余且无法转为他用时，只要买方出价高于（　　），企业就可以接受特殊价格订货。

A.单位固定成本　　　　　　　　B.单位产品成本

C.单位变动成本　　　　　　　　D.正常售价

三、多项选择题

1.下列各项中，属于决策相关成本的有（　　）。

A.增量成本　　　　B.机会成本　　　　C.专属成本　　　　D.沉没成本

2.以下各种成本中，属于决策无关成本的有（　　）。

A.重置成本　　　　B.沉没成本　　　　C.联合成本　　　　D.不可延缓成本

3.以下各种方法中，属于产品定价决策方法的有（　　）。

A.成本加成定价法　　　　　　　　B.线性规划法

C.边际成本定价法　　　　　　　　D.盈亏平衡定价法

4.综合定价策略是针对相关商品所采取的一种定价策略，包括（　　）。

A.为互补商品的定价　　　　　　　　　B.为配套商品的定价

C.销售商品与服务维修的定价　　　　　D.换代商品的定价

5.心理定价策略常用的方法主要有（　　　）。

A.尾数定价　　　　　B.整数定价　　　　　C.声望定价　　　　　D.习惯性定价

6.影响价格制定的基本因素包括（　　　）。

A.成本因素　　　　　　　　　　　　　　B.竞争因素

C.需求因素　　　　　　　　　　　　　　D.商品的市场生命周期因素

7.从产品寿命周期图可知，产品寿命周期可以分为（　　　）。

A.投入期　　　　　B.成长期　　　　　C.成熟期　　　　　D.衰退期

8.在功能成本评价决策过程中，应选择（　　　）作为分析对策。

A.结构复杂、零部件多的产品　　　　　B.投产期长的老产品

C.畅销产品　　　　　　　　　　　　　　D.零部件消耗量大的产品

9.产品功能成本决策分为（　　　）几个步骤。

A.选择分析对象　　　　　　　　　　　　B.围绕分析对象收集各种资料

C.功能评价　　　　　　　　　　　　　　D.试验与提案

10.在相关范围内，产品增加或减少一个单位的差量成本与（　　　）一致。

A.机会成本　　　　　B.固定成本　　　　　C.边际成本　　　　　D.变动成本

11.下列关于机会成本的说法中正确的有（　　　）。

A.接受订货需租入设备，则租入设备的租金为接受订货方案的机会成本

B.亏损产品如果停产，可以转产其他产品，转产可获得的边际贡献是继续生产亏损产品方案的机会成本

C.不接受订货可将设备出租，接受订货就不能出租设备，则设备出租租金为接受订货方案的机会成本

D.如果接受订货，由于加工能力不足而挪用正常订货所放弃的有关收入称为接受订货方案的机会成本

12.下列各项中，属于进行短期经营决策常用方法的有（　　　）。

A.边际贡献分析法　　　　　　　　　　　B.差量分析法

C.增量成本分析法　　　　　　　　　　　D.成本无差别点法

13.下列各项中，属于品种决策的有（　　　）。

A.生产何种新产品决策　　　　　　　　　B.半成品是否深加工的决策

C.亏损产品是否停产决策　　　　　　　　D.自制还是外购的决策

14.下列关于产品定价策略的说法中，正确的有（　　　）。

A.企业往往根据产品所处生命周期阶段不同，制定不同的定价策略

B.当产品处于投入期时，产品定价策略包括撇脂策略和渗透策略两种

C.当产品处于成长期时，无论采取什么策略，都应当通过提高价格来获取更高的利润

D.当产品处于衰退期时，企业往往采取降价的策略，以达到迅速回收资金的目的

15.下列各项中，属于短期经营决策的有（　　　）。

A.定价的决策 　　　　　　　B.深加工的决策

C.自制还是外购的决策. 　　　D.亏损产品的决策

16.在半成品进一步深加工决策中，差量成本的构成项目有（　　）。

A.原有半成品自制成本 　　　B.新增专属固定成本

C.原有生产能力对外出租的租金收入 　　D.继续深加工的变动成本

17.在是否低价追加订货的决策中，如果发生了追加订货冲击正常任务的现象，就意味着（　　）。

A.会因此带来机会成本

B.追加订货量大于正常订货量

C.追加订货量大于剩余生产能力

D.变动成本的计算应以剩余生产能力为限

18.在进行亏损产品生产决策中，下列说法中正确的有（　　）。

A.在剩余生产能力无法转移时，只要亏损产品的边际贡献为正数，就应该继续生产

B.剩余生产能力可以转移时，只要亏损产品的边际贡献大于转产产品的边际贡献，就应该继续生产

C.如果亏损产品停产后，生产亏损产品的设备可以出租，则只要租金大于亏损产品的边际贡献，就应该把亏损产品停产而把设备出租

D.在具备增产亏损产品能力时，且能力无法转移又不增加专属成本的情况下，如果亏损产品的边际贡献为正数，就应该增产

19.关于撇脂策略和渗透策略，下列说法正确的有（　　）。

A.撇脂策略是指新产品以较低的价格投入市场，从而迅速占领市场

B.渗透策略是指在新产品刚刚投入市场时制定较高的价格，然后逐步降低价格

C.撇脂策略适用于市场上没有类似替代物，在短期内居垄断地位并容易开辟市场的新产品

D.渗透策略目的在于尽快打开销路，夺取更大的市场份额

20.下列各项关于经营决策的等式中，正确的有（　　）。

A.单位资源边际贡献 = 单位边际贡献/该单位产品资源的消耗量

B.差量损益 = 差量收入 – 差量变动成本

C.成本无差别点的业务量 = 两方案相关总成本之差/两方案单位变动成本之差

D.单价 = 单位产品成本 ×(1 + 成本加成率)

四、判断题

1.在短期经营决策中，所有的固定成本或折旧费都属于沉没成本。　　　　（　　）

2.机会成本是指应由中选的最优方案负担的，按所放弃的所有方案最低收益之和计算的那部分资源损失。　　　　（　　）

3.尾数定价法适用于耐用消费品等中高档商品，而整数定价法则适用于中低档日用消费品。　　　　（　　）

4.根据成本基数的不同，成本加成定价法可以分为完全成本加成定价法和变动成本加成定价法。 （　　）

5.一般而言，当产品的边际利润等于零，即边际收入等于边际成本时，企业利润达到最大值，此时的价格即为最优价格。 （　　）

6.产品成长期应该是企业获利最多的时期，因此这个时期的目标利润率应高于整个寿命周期里的平均利润率。 （　　）

7.在产品投入期采用渗透策略，可以迅速收回投资，保证获得初期高额利润。 （　　）

8.产品功能与成本之间的关系，可以用公式表示为：价值＝功能÷成本。 （　　）

9.进行功能成本分析时，可以从畅销产品中选取，不仅可降低成本，还能使产品处于更有利的竞争地位。 （　　）

10.产品功能成本决策的目的在于以最低的成本实现产品适当的、必要的功能，以提高企业的经济效益。 （　　）

11.成本是构成产品价格的基本因素，也是价格的最低经济界限。 （　　）

12.决策中，我们只需要根据单位边际贡献额的大小即可进行最优决策。 （　　）

13.在企业某种资源（如原材料、人工工时等）受到限制的情况下，不通过计算、比较各备选方案的单位资源边际贡献额进行择优决策。 （　　）

14.在生产决策中，单位限制资源边际贡献是个反指标。哪个方案中计算出的该指标小，则哪个方案为优。 （　　）

15.当决策中涉及追加的专属成本时，就无法直接用边际贡献总额来分析。 （　　）

16.即使新产品投入生产会发生不同的专属成本，在进行新产品开发决策时，也没有必要从边际贡献中进一步减去专属成本等相关成本来进行评价。 （　　）

17.边际贡献的大小，反映了备选方案对企业目标利润所做贡献的大小。 （　　）

18.对于依据传统的完全成本法来计算的"亏损产品"，当其边际贡献总额大于零时，企业不应当停产。 （　　）

19.只要亏损产品能够提供边际贡献，就一定要继续生产；凡是不能提供边际贡献的亏损产品，都应予以停产。 （　　）

20.对于那些应当停止生产的亏损产品来说，不存在是否应当增产的问题。 （　　）

21.当企业不具备自制零部件的能力时，企业为获得该自制能力所发生的专属成本不属于相关成本。 （　　）

22.由于外购零件而使得剩余生产能力出租获取的租金收入，应作为自制方案的机会成本考虑。 （　　）

23.在"是否接受低价追加订货的决策"中，如果追加订货量大于剩余生产能力，必然会出现与冲击正常生产任务相联系的机会成本。 （　　）

24.按照管理会计的理论，即使追加订货的价格低于正常订货的单位完全生产成本，也不能轻易作出拒绝接受该项订货的决定。 （　　）

25.差量损益既是差量收入与差量成本之间的数量差异，又是两个备选方案的预期收益之间的数量差异。 （　　）

26.差量分析法严格要求区分两个备选方案中哪个是比较方案，哪个是被比较方案。

                      （ ）

27.差量分析法仅适用于两个方案之间的比较。   （ ）

28.在是否接受特别订货的决策中，接受特别订货需要追加的固定成本为无关成本。

                      （ ）

29.一般采用边际贡献法进行半成品是否深加工的决策。 （ ）

30.产品组合优化决策就是确定各种产品生产多少的决策。 （ ）

五、计算分析题

1.某企业只生产和销售甲产品，甲产品产量为800件时的有关成本费用资料如下：直接人工30 000元，直接材料35 000元，变动制造费用7 000元，固定制造费用8 000元，销售及管理费用8 000元。已知该公司计划实现32 000元的目标利润。

要求：

（1）采用完全成本加成法确定产品的价格。

（2）采用变动成本加成法确定产品的价格。

2.某企业有一台闲置生产线，按最初的投资额计算的每年的约束性固定成本为38 000元，现有甲、乙两种产品可供选择，其相关资料见表5-9。

表5-9　　　　　　　　　　各产品相关资料表

项目	甲产品	乙产品
产销量（件）	6 000	5 000
单价（元）	20	28
单位变动成本（元）	15	23

要求：

（1）企业应优先开发哪种产品？

（2）假设开发甲产品、乙产品需追加专属成本，分别为18 000元、12 000元，则企业应优先开发哪种产品？

3.某企业现有设备生产能力是30 000个机器工时，其利用率为80%。现准备利用剩余生产能力开发新产品A、B或C。三种产品的资料见表5-10。

表5-10　　　　　　　　　　各产品相关资料表

项目	A产品	B产品	C产品
单位产品定额工时（小时）	2	3	5
单位销售价格（元）	16	28	40
单位变动成本（元）	6	10	20

要求：

（1）计算三种产品的单位资源边际贡献。

（2）企业应优先开发哪种产品？

（3）假设生产B产品时，需追加设备8 000元，而生产C产品时，需追加设备3 000元，则应开发哪种产品？

4.已知某企业生产和销售甲、乙、丙三种产品，其相关资料见表5-11。

表5-11　　　　　　　　　　　各产品相关资料表

项目	甲产品	乙产品	丙产品
销售量（件）	1 200	1 500	1 800
单位销售价格（元）	800	600	400
单位变动成本（元）	500	480	330
单位边际贡献（元）	300	120	70
边际贡献总额（元）	360 000	180 000	126 000
固定成本（元）	175 000	135 000	150 000
利润（元）	185 000	45 000	-24 000

要求：

（1）亏损产品丙是否应停产（假定全部固定成本均不可延缓）。如果停产，企业的总利润有什么变化？

（2）如果停产丙产品，多余的生产能力可用于扩大甲产品的生产，预计能够增加甲产品的销售量600件（假设该600件可按原有价格全部出售），同时将发生可延缓成本30 000元。假定甲产品的边际贡献保持不变，该方案是否可行？

5.某企业组织多品种经营。2024年，甲产品的产销量为1 000件，单位变动成本为80元，发生亏损10 000元，其全部成本为110 000元。假定2025年市场销路、成本水平均不变。

要求：

（1）假定与该亏损产品有关的生产能力无法转移，作出2025年是否继续生产甲产品的决策，并说明理由。

（2）假定与该亏损产品有关的生产能力可对外出租，租金收入为24 000元，那么2025年是否继续生产该产品，并说明理由。

6.某企业是一家越野自行车制造商，每年需要自行车外胎10 000个。市场上的采购成本为每个58元。企业自己的车间有能力制造这种外胎，每个外胎的直接材料费为32元，直接人工费为12元，变动制造费用为7元，固定制造费用为10元，合计61元。

要求：根据以下不相关情况，分别作出该自行车外胎应该自制还是外购的决策。

（1）企业现在具有足够的剩余生产能力，且剩余生产能力无法转移。

（2）企业现在具备足够的剩余生产能力，但剩余生产能力可以转移，用于加工自行车内胎，每年可以节省内胎采购成本20 000元。

（3）企业目前只有生产 5 000 件的生产能力，且无法转移。若自制 10 000 件，则需租入设备一台，月租金 4 000 元，这样使外胎的生产能力达到 10 000 件。

7.某企业每年需要用甲零件，以前一直外购，购买价格为每件 9 元。现在，该企业有无法移作他用的多余生产能力可以用来生产甲零件，但将增加专属固定成本 2 400 元，自制单位变动成本为 6 元。

要求：作出自制还是外购甲零件的决策，并说明理由。

8.某企业需要的甲零件可以自制，也可以外购。自制的单位变动成本为 8 元，专属固定成本总额为 6 000 元，外购的单价为 10 元。

要求：

（1）请作出自制还是外购的决策。

（2）若该零件全年需要量为 5 000 件，自制的生产能力可以对外出租，出租可获租金 20 000 元，请作出自制还是外购的决策。

9.某企业生产甲产品所需要的 A 零件可以自制，也可以外购。若自制，单位变动成本为 5 元，另外，需专用设备一台，价值为 2 800 元。若外购，购买量不足 1 000 件时，购买单价为 9 元；购买量超过 1 000 件时，购买单价为 7 元。

要求：运用成本无差别点分析法作出 A 零件是自制还是外购的决策。

10.某企业生产的甲半成品，年产量为 10 000 件，单位变动成本为 14 元，单位固定成本为 6 元，单位售价为 30 元。若将其进一步深加工为乙产品再出售，预计单位售价可增加到 42 元，但需要追加直接材料费 6 元，直接人工费 2 元。

要求：根据以下各不相关的情况，分别作出甲半成品是应该直接出售还是应该深加工后再出售的决策。

（1）企业现已具备深加工 10 000 件甲半成品的能力，不需追加专属成本，且深加工能力无法转移。

（2）企业深加工需租用一台专用设备，年租金为 50 000 元。

（3）企业只具备深加工 8 000 件甲半成品的能力，该能力可用于对外承揽加工业务，预计一年可获得边际贡献 35 000 元。

11.某企业每年生产 A 半成品 5 000 件。A 半成品单位变动成本为 4 元，固定成本为 1 000 元，销售单价为 9 元。如果把 A 半成品进一步深加工为 A 产成品，销售单价可提高到 14 元，但需追加单位变动成本 2 元，追加固定成本 16 000 元；若不进一步加工，可将投资固定成本的资金购买债券，每年可获债券利息 2 400 元。

要求：作出 A 半成品直接出售还是深加工的决策。

12.某企业常年组织生产 A 产品，每件单位变动成本为 80 元，市场售价为 100 元/件。A 产品经过深加工可加工成市场售价为 200 元/件的 B 产品。每完成一件 B 产品另需要追加变动性的加工成本 80 元，同时每年需要追加专属固定成本 40 000 元。每件 A 产品可以加工成 0.9 件 B 产品。企业已具备将全部 A 产品深加工为 B 产品的能力，且不能转移。

要求：作出企业是否将全部 A 产品深加工成 B 产品的决策。

13.某公司是一家铁质零件加工厂，每年生产半成品零件 1 000 件，单位变动成本 80

元，销售单价100元/件。如果把半成品零件进一步深加工为产成品零件，销售单价可提高至200元/件，但需要追加单位变动成本80元。如果你作为公司的经理，出现下列不相关的情况时，作出直接出售还是深加工后再出售的决策。

要求：

（1）半成品进行深加工决策时，深加工方案和直接出售方案可能需要考虑的相关成本有哪些？

（2）如果半成品和产成品的投入产出比是1∶1，企业已具备100%的深加工能力且无法转移，企业应该作出怎样的决策？

（3）如果半成品和产成品的投入产出比是1∶1，企业尚不具备深加工的能力，假设每月支付21 000元租入一台专用设备，可将全部半成品深加工成为产成品，其他条件不变，企业应该作出怎样的决策？

（4）如果半成品和产成品的投入产出比是1∶0.9，企业已具备将全部半成品深加工成为产成品的能力，且无法转移，其他条件不变，企业应该作出怎样的决策？

14.某企业本年度甲产品的最大生产能力为12 000件，正常销售单价为60元。单位甲产品的直接材料费为30元，直接人工为12元，变动制造费用为3元，固定制造费用为5元，共计50元。根据正常订货需求，本年度的预算销售量为10 000件。现有一个客户要求以每件48元的价格追加订货。

要求：根据以下不相关的情况，作出企业是否接受低价追加订货的决策，并说明理由。

（1）假设剩余生产能力无法转移，追加订货量2 000件，不追加专属成本。

（2）假设剩余生产能力无法转移，追加订货量2 000件。若接受追加订货，需购置一台专用加工设备，该设备的价款为5 000元。

（3）同（1），假设剩余生产能力可以转移，若用于对外出租，可获得租金收入6 500元。

（4）假设剩余生产能力无法转移，追加订货量2 100件，同时需追加专属成本5 000元。

15.某企业原来生产甲产品，年生产能力为10 000件，每年有35%的剩余生产能力。甲产品正常销售单价为68元，单位产品的直接材料费为20元，直接人工费为16元，变动制造费用为8元，固定制造费用12元。

要求：根据以下不相关情况，分别作出是否应接受特殊价格追加订货的决策。

（1）现有用户提出订货3 000件，每件定价46元，剩余生产能力无法转移，追加订货不需追加专属成本。

（2）现有用户提出订货3 000件，每件定价46元，剩余生产能力无法转移，追加订货需购置一台专用设备，增加固定成本2 000元。

（3）现有用户提出订货4 000件，每件定价46元，剩余生产能力无法转移。

（4）现有用户提出订货5 000件，每件定价56元，追加订货需追加专属成本3 800元，若不接受追加订货可将设备出租，租金为1 300元。

16.某企业拟生产A、B两种产品。该工厂的生产能力为360工时，库存材料可供使用的总数量为240千克。另外，A产品在市场上的销售无限制，B产品在市场上每月最多只能销售30件。A、B两种产品有关数据见表5-12。

表5-12　　　　　　　　　　　　　A、B两种产品的相关资料

产品	单位生产时间（工时）	单位材料消耗量（千克）	单位边际贡献（元）
A产品	6	6	90
B产品	9	3	80

要求：如何安排A、B两种产品的生产，才能获得最大边际贡献？可实现的最大边际贡献额为多少？

六、案例分析题

案例1　　　　　　　科城面临"新"境：产品生产如何破局？

科城公司是一家颇具规模的制造企业，在行业内拥有良好的口碑和稳定的客户群体。近期，公司通过优化生产流程和设备升级，释放出了一定的剩余生产能力。经过市场调研与技术评估，发现有两种新产品——甲产品和乙产品，具备投入生产的可行性。公司管理层面临着生产何种新产品的重要决策，期望通过精准的分析，实现企业利润的最大化。产品相关信息见表5-13。

表5-13　　　　　　　　　　　　产品相关信息表

产品	相关信息
甲产品	**市场前景：** 随着科技的快速发展，甲产品所针对的市场领域呈现显著的增长态势。据专业市场调研机构预测，未来几年该市场需求将持续攀升。甲产品预计每件售价为300元，市场对甲产品的年最大需求量为1 200件
	成本结构： 生产甲产品，每件需要投入直接材料100元，直接人工60元，变动制造费用40元，单位变动成本总计200元。此外，为生产甲产品，需购置一台专用设备，每年的专属固定成本为30 000元
乙产品	**市场前景：** 乙产品主要应用于新兴的消费领域，尽管该领域目前规模相对较小，但增长潜力巨大。预计乙产品每件售价为250元，市场对乙产品的年最大需求量为1 500件
	成本结构： 每件乙产品的直接材料成本为80元，直接人工成本为50元，变动制造费用为30元，单位变动成本共计160元。同时，生产乙产品需租用特定场地，每年租金25 000元，此为专属固定成本

要求：

（1）基于给定的产品信息，若仅考虑当前市场需求及成本结构，科城公司应优先选择生产哪种产品？

（2）假设在生产过程中，甲产品所在新兴消费领域因政策扶持，年需求量增长至1 600件（但受限于当前生产能力仍只能满足1 200件），而乙产品市场需求因突发技术变

革，年需求量降至 1 000 件，那么，此时科城公司应如何重新规划生产决策？

（3）除了利润最大化，企业还应该考虑哪些因素来制定生产决策？

案例2　　　　　　　　优奶乐公司亏损产品停产决策

优奶乐公司作为大型乳制品生产企业，产品种类丰富，涵盖液态奶、奶粉、酸奶等多个品类。在激烈的市场竞争环境下，优奶乐不断推出新产品，以满足不同消费者的需求。其中一款针对特定小众市场的功能性酸奶产品，自上市以来，销售情况始终未达预期，持续处于亏损状态。该产品前期投入了大量的研发成本，且在市场推广方面也耗费了巨额资金，但由于消费者认知度和接受度较低，市场份额难以扩大，导致销售收入远远无法覆盖成本。针对此情况，优奶乐的决策过程如下：

（1）成本收益剖析。优奶乐的财务部门对该功能性酸奶产品进行了细致的成本收益分析。在成本端，不仅原材料采购成本较高，生产工艺的复杂性也使得生产成本居高不下，同时包装设计等方面的投入也增加了成本负担。在收益方面，尽管进行了大规模的市场推广，但由于目标市场规模有限且竞争激烈，产品的销售量始终未能实现突破，销售收入微薄，亏损情况日益严重。

（2）市场前景研判。市场调研团队通过深入的市场调研、消费者反馈收集以及对行业发展趋势的研究，对该产品的市场前景进行了全面评估。结果显示，该产品所针对的小众市场增长潜力有限，且随着市场竞争的加剧，其他竞争对手推出了类似的替代品，进一步压缩了该产品的市场空间。从长期来看，该产品实现盈利的可能性极小。

（3）资源机会评估。企业管理层意识到，继续生产该亏损产品不仅无法为企业带来收益，还占用了大量的生产资源，包括设备、人力和资金等。这些资源若能重新分配到其他更具有市场潜力的产品生产和研发中，如优奶乐的明星产品常温酸奶和高端鲜奶等，有望为企业创造更高的价值。

（4）品牌影响考量。品牌管理部门对停产该产品可能对优奶乐品牌产生的影响进行了评估。由于该功能性酸奶产品在市场上的知名度较低，且与优奶乐的核心品牌形象关联度不高，因此判断停产该产品不会对优奶乐的品牌形象造成重大负面影响。

综合以上各方面的分析，优奶乐最终决定停产该功能性酸奶产品，并将释放出来的资源集中投入到其他优势产品的研发、生产和市场推广中。停产该产品后，优奶乐的资源配置得到了优化，优势产品的生产规模得以扩大，市场份额进一步提升，企业的整体盈利能力也得到了显著改善。

要求：

（1）优奶乐在作出停产该亏损产品的决策时，运用了哪些决策分析方法？请结合案例具体说明这些方法其对决策的影响。

（2）在停产亏损产品后，优奶乐将资源重新配置到其他优势产品上。请分析在资源重新配置过程中，企业可能会遇到哪些问题？应采取什么措施加以解决？

（3）除了停产亏损产品，优奶乐还可以采取哪些策略来优化产品结构和提升整体盈利能力？请结合案例和相关理论进行分析。

第三部分　参考答案

一、名词解释

1.机会成本

企业在进行经营决策时，必须从多个备选方案中选择一个最优方案，而放弃其余方案的最大潜在收益就称为已选中方案的机会成本。由此可见，机会成本是指企业在经营决策选定方案时所要放弃的最大潜在收益。

2.付现成本

付现成本是指由现在或将来的任何决策所能够改变其支出数额的成本。

3.专属成本

专属成本是指那些能够明确归属于特定决策方案的固定成本或混合成本，它往往是为了弥补产能不足的缺陷，增加有关装置、设备、工具等非流动资产而发生的。

4.沉没成本

沉没成本是指过去已经发生并无法由现在或将来的任何决策所改变的成本。

5.成本加成定价法

成本加成定价法是指在成本基数的基础上加上一个成本加成率，得出预计的售价。成本基数，可以是完全成本，也可以是变动成本。成本加成率，由于基数的不同而存在一定的差异。

6.边际成本定价法

边际成本定价法是指通过分析不同特定价格与销售量组合条件下的产品边际收入、边际成本和边际利润之间的关系，作出相应定价决策的一种定量分析方法。

7.变动成本价格策略

变动成本价格策略是以单位变动成本作为最低价格，防止产品销售量减少，从而以该产品提供的边际贡献（销售收入超过变动成本的部分）来弥补一部分固定成本，为整个企业盈利增加作出贡献。

8.产品功能成本决策

产品功能成本决策是将产品的功能（产品所担负的职能或所起的作用）与成本（为获得产品一定的功能所必须支出的费用）对比，寻找降低产品成本途径的管理活动。

9.价值系数

价值系数，也就是功能成本比，即功能评价系数与成本系数的比值。

10.边际贡献分析法

边际贡献分析法是在成本性态分类的基础上，通过比较各备选方案边际贡献的大小来确定最优方案的分析方法。

11.差量分析法

差量分析法是指在决策过程中只分析计算不同方案间的差量部分，通过差量部分的对比，得出最优方案的一种决策方法。

12.成本无差别点

成本无差别点，是指在该业务量水平上，两个不同方案的总成本相等，但当高于或低于该业务量水平时，不同方案则具有不同的业务量优势区域。

二、单项选择题

1.B	2.A	3.D	4.B	5.B	6.A	7.A	8.B	9.D	10.C
11.B	12.B	13.C	14.A	15.D	16.C	17.D	18.B	19.B	20.D
21.C	22.C	23.A	24.C	25.A	26.B	27.C	28.A	29.C	30.C

难点解析：

1.两个可供选择的方案之间预期成本的差异称为差量成本。

2.两个方案的差量收入为5 000元（10 000-5 000），差量成本为4 000元，差量损益为1 000元（5 000-4 000）。

3.机会成本是在经济决策中应由中选的最优方案负担，并按所放弃的次优方案潜在收益计算的资源损失。

4.差量成本是指两个可供选择的方案之间预期成本的差异。如果把不同产量作为不同方案的话，边际成本实际上就是不同方案形成的差量成本，故选项B正确。

5.在短期经营决策中，对企业原有的资产，不应按照其历史成本决策，因为历史成本属于沉没成本，而应把其重置成本作为相关成本予以考虑。

6.专属成本是指那些能够明确归属于特定决策方案的固定成本或混合成本。它往往是为了弥补产能不足的缺陷，增加有关装置、设备、工具等非流动资产而发生的。假设某生产电子器件的企业为满足客户追加订货的需要，增加了一些成本开支，其中为及时完成该批产品的生产，而要购入一台新设备是专属固定成本。因此，选项A正确，选项B、C属于追加的变动成本，选项D不符合专属成本的定义。

7.成本加成法计算甲产品的价格为120元（（60+20）×（1+50%））。

8.产品售价的高低受诸多因素的影响。所谓产品的最优售价是指可以使企业边际利润为零的产品售价。因此，选项B正确，而选项A、C、D均不是最优售价。

9.功能成本评价的评分法是按产品或零部件的功能重要程度打分，通过确定不同方案的价值系数来选择最优方案。

10.应选择价值系数低、降低成本潜力大的产品作为重点分析对象，故作为降低成本主要目标的产品的价值系数应小于1。价值系数小于1意味着功能小于成本，所以是降低成本的重点分析对象。

11.在产品功能降低的情况下，成本降低的幅度大于功能降低的幅度，价值系数大于1，将会提高产品的价值。

12.功能成本评价中，应将目标成本按照功能评价系数进行分配。

13.边际贡献分析法是在成本性态分类的基础上，通过比较各备选方案边际贡献的大小来确定最优方案的分析方法。

14.在不存在专属成本的情况下，通过比较不同备选方案的边际贡献总额来进行择优决策，故选项A正确。

15.在企业的某项资源受到限制的情况下，通过比较不同备选方案的单位资源边际贡献来进行择优决策，故选项D正确。

16.剩余边际贡献 = 边际贡献总额 − 专属成本，因此剩余边际贡献与边际贡献之差为专属成本，选项C正确。

17.此题需比较各种产品的单位资源边际贡献，再作出决策。

甲产品单位资源边际贡献 $= \dfrac{4}{4} = 1$

乙产品单位资源边际贡献 $= \dfrac{6}{5} = 1.2$

丙产品单位资源边际贡献 $= \dfrac{8}{6} = 1.33$

丁产品单位资源边际贡献 $= \dfrac{10}{7} = 1.43$

丁产品的单位资源边际贡献最大，所以该厂应增产的产品是丁产品。

18.此题考查亏损产品是否停产的问题。当企业的剩余生产能力无法转移时，边际贡献大于0不应停产。当单价小于单位变动成本时，单位边际贡献小于0，应不继续生产。

19.此题考查亏损产品是否转产的问题。当租金净收入大于亏损产品的边际贡献总额时，企业应该停产，亏损产品转为出租。此题中出租收入大于3 000时应停产，选项B正确，而选项A、C、D均小于3 000。

20.当边际贡献小于零时，产品应停产，故选项D正确。

21.在零部件自制或外购的决策中，如果零部件的需用量已确定，应当采用的决策方法是增量成本分析法。如果零部件的需用量不确定，应采用成本无差别点法。

22.自制的增量成本线为：$y_1 = x$

外购的增量成本线为：$y_2 \begin{cases} 1.2x & 0 \leqslant x < 1\,000 \\ 1.1x & 1\,000 \leqslant x < 2\,000 \\ 1x & 2\,000 \leqslant x < 3\,000 \\ \vdots \end{cases}$

故自制与外购方案的成本平衡点将是2 000~3 000这一区域，因为从图形上看，在这一区间，两条成本线重合，因此选项C正确。

23.自制的增量成本线为：$y_1 = 12x + 20\,000$

外购的增量成本线为：$y_2 = 20x$

成本无差别点为2 500件，故选项A正确。

24.在固定成本不变的情况下，当自制单位变动成本大于外购单价时，应该采取外购的策略，故选项C正确。

25.差量损益=差量收入−差量成本

深加工后的销售收入=10 000×70=700 000（元）

深加工前的销售收入=10 000×50=500 000（元）

差量收入=700 000−500 000=200 000（元）

深加工追加的相关成本=10 000×15=150 000（元）

差量损益=200 000-150 000=50 000（元）

26.半成品是否深加工的决策采用差量分析法进行决策。设A产品x千克，B产品$0.6x$千克，则差量分析表见表5-14。

表5-14　　　　　　　　　　　　　　　　**差量分析表**　　　　　　　　　　　单位：元

项目	方案		
	深加工	直接出售	差异额
相关收入	$120 \times 0.6x$	$50x$	$22x$
相关成本	$6x + 20\,000$	0	$6x + 20\,000$
其中：变动成本	$10 \times 0.6x$	0	—
专属成本	20 000	0	—
差量损益			$16x - 20\,000$

当$16x - 20\,000 > 0$时，即$x > 1\,250$（千克），将A加工为B。

27.在短期经营决策中，企业不接受特殊价格追加订货的原因是买方出价低于单位变动成本。

28.是否接受追加订货的决策一般采用差量分析法进行，故选项A正确。

29.C选项公式错误，A选项正确。

30.当企业的生产能力尚有剩余且无法转为他用时，只要买方出价高于单位变动成本，企业就可以接受特殊价格订货，故选项C正确。

三、多项选择题

1.ABC	2.BCD	3.ACD	4.ABC	5.ABCD	6.ABCD	7.ABCD	8.ABCD	9.ABCD	10.CD
11.BCD	12.ABCD	13.ABCD	14.ABCD	15.ABCD	16.BCD	17.ACD	18.ABCD	19.CD	20.AD

难点解析：

1.增量成本、机会成本、专属成本均属于决策相关成本，而选项D的沉没成本属于决策无关成本。

2.沉没成本、联合成本、不可延缓成本都属于决策无关成本，而选项A的重置成本属于决策相关成本。

3.产品定价决策方法主要有成本加成定价法、盈亏平衡定价法、边际成本定价法等，选项B"线性规划法"属于产品组合优化决策的方法。

4.综合定价策略是针对相关商品所采取的一种定价策略，包括为互补商品的定价、为配套商品的定价及销售商品与服务维修的定价等，故选项A、B、C正确。

5.心理定价策略常用的方法主要有尾数定价、整数定价、声望定价、心理折扣定价、习惯性定价等，故选项A、B、C、D正确。

9.产品功能成本决策步骤为选择分析对象、围绕分析对象收集各种资料、功能评价、试验与提案，故选项A、B、C、D正确。

10.在相关范围内，产品增加或减少一个单位的差量成本与边际成本一致，同时增加或减少一个单位的差量成本也与一个单位变化的变动成本一致。

11.接受订货需租入设备，租入设备的租金为接受订货方案的专属成本，因此选项A错误；选项B、C、D均为机会成本。

12.选项A、B、C、D均属于进行短期经营决策常用的方法。

13.品种决策包括生产何种新产品决策、亏损产品是否停产决策、自制还是外购的决策、半成品是否深加工的决策、是否接受低价追加特别订货的决策等。故选项A、B、C、D正确。

14.关于产品定价策略，企业往往根据产品所处生命周期阶段不同，制定不同的定价策略。当产品处于投入期时，产品定价策略包括撇脂策略和渗透策略两种。当产品处于成长期时，无论采取什么策略，都应当通过提高价格来获取更高的利润。当产品处于衰退期时，企业往往采取降价的策略，以达到迅速回收资金的目的。故选项A、B、C、D正确。

15.短期经营决策的主要包括定价的决策、品种决策、产品组合优化决策等，选项B、C、D属于品种决策，故选项A、B、C、D正确。

16.在半成品进一步深加工决策中，采用差量分析法，差量成本的构成项目有继续深加工的变动成本、新增专属固定成本以及原有生产能力对外出租的租金收入形成的机会成本，因此选项B、C、D正确。选项A属于决策无关成本，不予考虑。

17.在是否低价追加订货的决策中，如果发生了追加订货冲击正常任务的现象，就意味着追加订货量大于剩余生产能力。这种情况下，只得用一部分正常订货来弥补生产能力的不足，从而导致这部分产品不能按正常单价出售。在这种情况下所发生的不能按正常价格出售的正常订货收入，应当作为接受追加订货的机会成本。另外，变动成本的计算应以剩余生产能力为限。因此，选项A、C、D正确。选项B错误，不涉及追加订货量与正常订货量的比较。

18.在进行亏损产品生产决策中，在剩余生产能力无法转移时，只要亏损产品的边际贡献为正数，就应该继续生产，选项A正确；当剩余生产能力可以转移时，只要亏损产品的边际贡献大于转产产品的边际贡献，就应该继续生产，选项B正确；如果亏损产品停产后，生产亏损产品的设备可以出租，则只要租金大于亏损产品的边际贡献，就应该把亏损产品停产而把设备出租，选项C正确；在具备增产亏损产品能力时，且能力无法转移又不增加专属成本的情况下，如果亏损产品的边际贡献为正数，就应该增产，这样可将亏损产品扭亏为盈，选项D正确。

19.撇脂策略是指在投入期以高价投放新产品，并辅以高促销手段，从而保证获得初期高额利润，以后随产品销路的扩大逐渐降价。只适用于市场上没有类似替代物，在短期内居垄断地位并容易开辟市场的新产品。因此，选项A错误，选项C正确。渗透策略是指在投入期以低价投放新产品，并辅以高促销手段，其目的在于尽快打开销路，夺取更大的市场份额。因此，选项B错误，选项D正确。

20.单位资源边际贡献=单位边际贡献/单位产品资源消耗量，故选项A正确；

差量损益=差量收入-差量成本，故选项B错误；

成本无差别点的业务量=两方案固定成本之差/两方案单位变动成本之差，故选项C错误；

单价=单位产品成本×（1+成本加成率），故选项D正确。

四、判断题

1.×	2.×	3.×	4.√	5.√	6.√	7.×	8.√	9.√	10.√
11.√	12.×	13.×	14.×	15.√	16.×	17.√	18.√	19.×	20.×
21.×	22.√	23.√	24.√	25.√	26.√	27.√	28.×	29.×	30.√

难点解析：

1.在短期经营决策中，并不是所有的固定成本或折旧费都属于沉没成本。为了弥补产能不足的缺陷，增加有关装置、设备、工具等非流动资产而追加的固定成本，属于专属成本。

2.机会成本是指企业在经营决策选定方案时所要放弃的最大潜在收益。

3.尾数定价法适用于中低档日用消费品，而整数定价法则适用于耐用消费品等中高档商品。

7.渗透策略是指在投入期以低价投放新产品，并辅以高促销手段，其目的在于尽快打开销路，夺取更大的市场份额，而撇脂策略可以迅速收回投资，保证获得初期高额利润。

12.决策中，不能仅根据单位边际贡献额的大小进行最优决策，因为产销量不同。

13.在企业某种资源（如原材料、人工工时等）受到限制的情况下，可以通过计算、比较各备选方案的单位资源边际贡献额进行择优决策。

14.在生产决策中，单位限制资源边际贡献=单位边际贡献/单位资源消耗定额，该指标是个正指标，哪个方案中计算出的该指标大，则哪个方案为优。

16.在进行新产品开发决策时，当新产品投入生产存在专属成本时，通过从边际贡献中减去专属成本计算剩余边际贡献总额来作出决策。

19.亏损产品能够提供边际贡献，不一定要继续生产，如果存在更加有利可图的机会（如转产其他产品或将停止亏损产品生产而腾出的固定资产出租），那么该亏损产品应停产。

20.在生产、销售条件允许的情况下，大力发展能够提供边际贡献的亏损产品，也会扭亏为盈，并使企业的利润大大增加。

21.当企业不具备自制零部件的能力时，企业为获得该自制能力所发生的专属成本属于相关成本，决策时应予以考虑。

28.在是否接受特别订货的决策中，接受特别订货需要追加的固定成本属于专属成本，为决策相关成本。

29.半成品是否深加工的决策一般采用差量分析法。

五、计算分析题

1.解：

（1）在完全成本加成法下：

单位产品成本＝（30 000+35 000+7 000+8 000）÷800=100（元/件）

生产成本毛利率＝（32 000+8 000）÷80 000×100%=50%

产品单价=100×（1+50%）=150（元/件）

（2）在变动成本加成法下：

单位产品成本＝（30 000+35 000+7 000）÷800=90（元/件）

变动生产成本贡献率＝（32 000+8 000+8 000）÷72 000×100%=66.67%

产品单价=90×（1+66.67%）=150（元/件）

2.解：

（1）甲产品边际贡献总额＝（20-15）×6 000=30 000（元）

乙产品边际贡献总额＝（28-23）×5 000=25 000（元）

因此，应优先开发甲产品。

（2）当存在专属成本时，应计算各产品的剩余边际贡献总额。

甲产品剩余边际贡献总额=30 000-18 000=12 000（元）

乙产品边际贡献总额=25 000-12 000=13 000（元）

因此，应优先开发乙产品。

3.解：

（1）三种产品的单位资源边际贡献为：

A产品的单位资源边际贡献 $= \dfrac{16-6}{2} = 5$（元/小时）

B产品的单位资源边际贡献 $= \dfrac{28-10}{3} = 6$（元/小时）

C产品的单位资源边际贡献 $= \dfrac{40-20}{5} = 4$（元/小时）

（2）由于 6 > 5 > 4，故应优先开发 B 产品。

（3）企业剩余机器工时 $= 30\,000 \times 20\% = 6\,000$（小时）

A产品的边际贡献总额 $= \dfrac{6\,000}{2} \times (16-6) = 30\,000$（元）

B产品的边际贡献总额 $= \dfrac{6\,000}{3} \times (28-10) - 8\,000 = 28\,000$（元）

C产品的剩余边际贡献总额 $= \dfrac{6\,000}{5} \times (40-20) - 3\,000 = 21\,000$（元）

由于 A（30 000）>B（28 000）>C（21 000），故应优先开发 A 产品。

4.解：

（1）因为产品丙的边际贡献总额为 126 000 元，大于 0，所以不应停产。如果停产，企业的总利润将减少，减少额为产品丙的边际贡献总额 126 000 元。

（2）如果停产丙产品用于扩大甲产品的生产，则增产甲产品预期增加的边际贡献总额为：

300×600-30 000=150 000（元）

因为增产甲产品预期增加的边际贡献总额（150 000元）大于亏损产品丙的边际贡献

总额（126 000元），所以该方案可行。

5.解：

（1）销售收入=成本+利润=110 000+（-10 000）=100 000（元）

变动成本=80×1 000=80 000（元）

甲产品的边际贡献=销售收入-变动成本=100 000-80 000=20 000（元）

在其他条件不变的情况下，2025年应当继续生产甲产品。因为甲产品的销售收入大于其变动成本，边际贡献为20 000元，大于零，符合继续生产亏损产品的条件。如果2025年停止生产甲产品，将导致该企业多损失20 000元的利润。

（2）租金收入（24 000）>亏损产品的贡献毛益（20 000），因此：不继续生产。

6.解：

（1）自制的单位变动成本 = 32 + 12 + 7 = 51（元）

外购的单价 = 58元

可见，这种外胎应采用自制方案，因为自制方案可比外购方案每年节约成本70 000元（(58 - 51) × 10 000）。

（2）若选择自制外胎，则会放弃生产内胎所带来的成本节约20 000元，这可以看作自制外胎的机会成本。

自制方案的增量成本=51×10 000+20 000=530 000（元）

外购方案的增量成本=58×10 000=580 000（元）

因为自制方案的增量成本小于外购方案的增量成本，因此，应选择自制方案。

（3）若自制需租入设备一台，租金属于自制方案增加的专属成本。

自制方案的增量成本=51×10 000+4 000×12=558 000（元）

外购方案的增量成本=58×10 000=580 000（元）

因为自制方案的增量成本小于外购方案的增量成本，因此，应选择自制方案。

7.解：

设外购增量成本为y_1，自制增量成本为y_2，甲零件的年需求量为x，则：

外购增量成本$y_1 = 9x$

自制增量成本$y_2 = 6x + 2 400$

外购增量成本与自制增量成本相等时的年需求量，即成本分界点为：

$9x = 6x + 2 400$

$x = 800$件

则当$0 < x < 800$时，选择外购；当$x > 800$时，选择自制；当$x = 800$时，自制、外购均可。

8.解：

（1）设外购增量成本为y_1，自制增量成本为y_2，甲零件的年需求量为x，则：

外购增量成本$y_1 = 10x$

自制增量成本$y_2 = 8x + 6 000$

外购增量成本与自制增量成本相等时的年需求量，即成本分界点为：

$10x = 8x + 6 000$

$x = 3 000$件

则当 $0 < x < 3\,000$ 时，选择外购；当 $x > 3\,000$ 时，选择自制；当 $x = 3\,000$ 时，自制、外购均可。

（2）自制方案的增量成本 $= 8 \times 5\,000 + 20\,000 = 60\,000$（元）

外购方案的增量成本 $= 10 \times 5\,000 = 50\,000$（元）

因为自制方案的增量成本大于外购方案的增量成本，因此，应选择外购方案。

9. 解：

设外购增量成本为 y_1，自制增量成本为 y_2，零件的年需求量为 x，则

外购增量成本 $y_1 = \begin{cases} 9x & x < 1\,000 \\ 7x & x \geqslant 1\,000 \end{cases}$

自制增量成本 $y_2 = 5x + 2\,800$

设自制方案的成本与一次购买量在 $1\,000$ 件以下的成本无差别点为 x_1，则

$9x_1 = 5x_1 + 2\,800 \quad x_1 = 700$（件）

设自制方案的成本与一次购买量在 $1\,000$ 件以上的成本无差别点为 x_2，则

$7x_2 = 5x_2 + 2\,800 \quad x_2 = 1\,400$（件）

决策结论：当 $0 < x < 700$ 时，企业应该采用外购方式；当 $700 < x < 1\,000$ 时，应采用自制方式；当 $1\,000 \leqslant x < 1\,400$ 时，应采用外购方式；当 $x > 1\,400$ 时，应采用自制方式；当 $x = 700$ 或 $1\,400$ 时，自制或外购均可。

10. 解：

（1）编制差量分析表，见表5-15。

表5-15   差量分析表   单位：元

项目	方案		
	深加工	直接出售	差异额
相关收入	42×10 000=420 000	30×10 000=300 000	120 000
相关成本	80 000	0	80 000
其中：变动成本	（6+2）×10 000=80 000	0	—
差量损益			+40 000

计算结果表明，应继续将甲半成品进行深加工，企业可多获得利润40 000元。

（2）编制差量分析表，见表5-16。

表5-16   差量分析表   单位：元

项目	方案		
	深加工	直接出售	差异额
相关收入	42×10 000=420 000	30×10 000=300 000	120 000
相关成本	130 000	0	130 000
其中：变动成本	（6+2）×10 000=80 000	0	—
专属成本	50 000	0	
差量损益			-10 000

由于深加工出售乙产品比直接出售甲半成品少得利润 10 000 元，因此，直接出售甲半成品对企业更为有利。

（3）编制差量分析表，见表 5-17。

表5-17   差量分析表   单位：元

项目	方案		
	深加工	直接出售	差异额
相关收入	42×8 000=336 000	30×8 000=240 000	96 000
相关成本	99 000	0	99 000
其中：变动成本	（6+2）×8 000=64 000	0	—
机会成本	35 000	0	—
差量损益			−3 000

由于直接出售甲半成品比深加工后再出售乙产品的利润多 3 000 元，所以，企业应出售甲半成品对企业更有利。

11.解：

编制差量分析表，见表 5-18。

表5-18   差量分析表   单位：元

项目	方案		
	深加工	直接出售	差异额
相关收入	14×5 000=70 000	9×5 000=45 000	25 000
相关成本	28 400	0	28 400
其中：变动成本	2×5 000=10 000	0	—
专属成本	16 000	0	—
机会成本	2 400	0	—
差量损益			−3 400

通过计算分析可知，深加工为 A 产成品与直接出售 A 半成品的差量损益为 −3 400 元，即深加工比直接出售要减少利润 3 400 元，所以应直接出售 A 半成品。

12.解：

设 A 半成品数量为 x 件，B 产品为 $0.9x$，编制差量分析表，见表 5-19。

表5-19   差量分析表   单位：元

项目	方案		
	深加工	直接出售	差异额
相关收入	$200 × 0.9x = 180x$	$100x$	$80x$
相关成本	$72x + 40 000$	0	$72x + 40 000$
其中：变动成本	$80 × 0.9x = 72x$	0	—
专属成本	40 000	0	—
差量损益			$8x − 40 000$

决策结论：当 $8x - 40\,000 > 0$，即 $x > 5\,000$ 时，应选择深加工；当 $x < 5\,000$ 时，应选择直接出售；当 $x = 5\,000$ 时，两个方案均可。

13. 解：

（1）深加工方案相关成本可能包括：半成品深加工成产成品的变动成本，为了形成深加工能力而追加的专属成本，与可以转移的深加工能力有关的机会成本。

直接出售方案相关成本为 0。

（2）编制差量分析表，见表 5-20。

表5-20　　　　　　　　　　　　　差量分析表　　　　　　　　　　　　单位：元

项目	深加工	直接出售	差异额
相关收入	1 000×200=200 000	100×1 000=100 000	100 000
相关成本	80 000	0	80 000
其中：变动成本	1 000×80=80 000	0	—
差别损益			20 000

决策结论：应该继续深加工。

（3）编制差量分析表，见表 5-21。

表5-21　　　　　　　　　　　　　差量分析表　　　　　　　　　　　　单位：元

项目	深加工	直接出售	差异额
相关收入	1 000×200=200 000	100×1 000=100 000	100 000
相关成本	101 000	0	101 000
其中：变动成本	1 000×80=80 000	0	—
专属成本	21 000	0	—
差量损益			-1 000

决策结论：应直接出售半成品。

（4）编制差量分析表，见表 5-22。

表5-22　　　　　　　　　　　　　差量分析表　　　　　　　　　　　　单位：元

项目	深加工	直接出售	差异额
相关收入	900×200=180 000	100×1 000=100 000	80 000
相关成本	72 000	0	72 000
其中：变动成本	900×80=72 000	0	—
差量损益			8 000

决策结论：应该继续深加工。

14.解：

（1）编制差量分析表，见表5-23。

表5-23　　　　　　　　　　　　　　　　　　差量分析表　　　　　　　　　　　　　　　　单位：元

项目	方案		
	接受特别订货	拒绝特别订货	差异额
相关收入	48×2 000=96 000	0	96 000
相关成本	90 000	0	90 000
其中：变动成本	45×2 000=90 000	0	—
差量损益			+6 000

因为差量损益大于0，所以应该接受追加订货，接受特别订货能使企业增加利润6 000元。

（2）编制差量分析表，见表5-24。

表5-24　　　　　　　　　　　　　　　　　　差量分析表　　　　　　　　　　　　　　　　单位：元

项目	方案		
	接受特别订货	拒绝特别订货	差异额
相关收入	48×2 000=96 000	0	96 000
相关成本	95 000	0	95 000
其中：变动成本	45×2 000=90 000	0	—
专属成本	5 000	0	—
差量损益			+1 000

因为差量损益大于0，所以应该接受追加订货，接受特别订货能使企业增加利润1 000元。

（3）编制差量分析表，见表5-25。

表5-25　　　　　　　　　　　　　　　　　　差量分析表　　　　　　　　　　　　　　　　单位：元

项目	方案		
	接受特别订货	拒绝特别订货	差异额
相关收入	48×2 000=96 000	0	96 000
相关成本	96 500	0	96 500
其中：变动成本	45×2 000=90 000	0	—
机会成本	6 500	0	—
差量损益			-500

因为差量损益小于0，所以应该拒绝追加订货，接受特别订货能使企业减少利润500元。

（4）编制差量分析表，见表5-26。

表5-26　　　　　　　　　　　　　　　　　　差量分析表　　　　　　　　　　　　　　　单位：元

项目	方案		
	接受特别订货	拒绝特别订货	差异额
相关收入	48×2 100=100 800	0	100 800
相关成本	101 000	0	101 000
其中：变动成本	45×2 000=90 000	0	
专属成本	5 000	0	
机会成本	60×100=6 000	0	
差量损益			−200

因为差量损益小于0，所以应该拒绝追加订货，接受特别订货能使企业减少利润200元。

15.解：

（1）编制差量分析表，见表5-27。

表5-27　　　　　　　　　　　　　　　　　　差量分析表　　　　　　　　　　　　　　　单位：元

项目	方案		
	接受特别订货	拒绝特别订货	差异额
相关收入	46×3 000=138 000	0	138 000
相关成本	132 000	0	132 000
其中：变动成本	44×3 000=132 000	0	—
差量损益			+6 000

因为差量损益大于0，所以应该接受追加订货，接受特别订货能使企业增加利润6 000元。

（2）编制差量分析表，见表5-28。

表5-28　　　　　　　　　　　　　　　　　　差量分析表　　　　　　　　　　　　　　　单位：元

项目	方案		
	接受特别订货	拒绝特别订货	差异额
相关收入	46×3 000=138 000	0	138 000
相关成本	134 000	0	134 000
其中：变动成本	44×3 000=132 000	0	—
专属成本	2 000	0	—
差量损益			+4 000

因为差量损益大于0，所以应该接受追加订货，接受特别订货能使企业增加利润4 000元。

（3）编制差量分析表，见表5-29。

表5-29 差量分析表 单位：元

项目	方案		
	接受特别订货	拒绝特别订货	差异额
相关收入	46×4 000=184 000	0	184 000
相关成本	188 000	0	188 000
其中：变动成本	44×3 500=154 000	0	—
机会成本	68×500=34 000	0	—
差量损益			−4 000

因为差量损益小于0，所以应该拒绝追加订货，接受特别订货能使企业减少利润4 000元。

（4）编制差量分析表，见表5-30。

表5-30 差量分析表 单位：元

项目	方案		
	接受特别订货	拒绝特别订货	差异额
相关收入	56×5 000=280 000	0	280 000
相关成本	261 100	0	261 100
其中：变动成本	44×3 500=154 000	0	—
专属成本	3 800	0	—
机会成本	1 300+68×1 500=103 300	0	—
差量损益			+18 900

因为差量损益大于0，所以应该接受追加订货，接受特别订货能使企业增加利润18 900元。

16.解：

设A产品x件，B产品y件，S表示两种产品的边际贡献总额。

约束条件：

$$\begin{cases} 6x + 9y \leq 360 & (L_1) \\ 6x + 3y \leq 240 & (L_2) \\ 0 \leq y \leq 30 & (L_3) \\ x \geq 0 & (L_4) \end{cases}$$

目标函数：

$S = 90x + 80y$

绘制直角坐标系确定产品组合的可行性区域，如图5-1所示，目标函数S取得最大值的点为L_1和L_2的交点，为（30，20），即生产A产品30件，B产品20件时最优组合。

最大的边际贡献额 = 90 × 30 + 80 × 20 = 4 300（元）

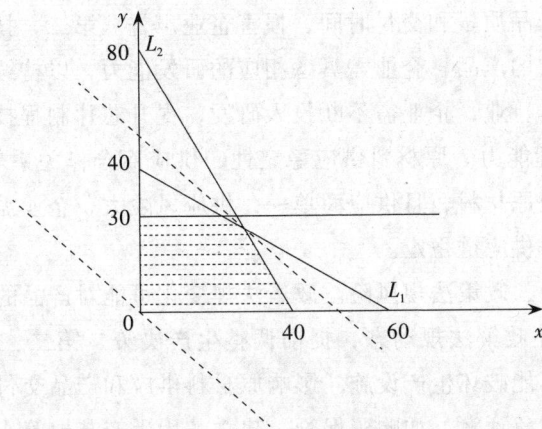

图5-1 决策区域

六、案例分析题

案例1答题要点：

（1）甲产品的剩余边际贡献=（300-200）×1 200-30 000=90 000（元）

乙产品的剩余边际贡献=（250-160）×1 500-25 000=110 000（元）

通过计算可知，甲产品的剩余边际贡献为 90 000 元，乙产品的剩余边际贡献为110 000 元。因为乙产品的相关收益高于甲产品，所以科城公司应利用剩余生产能力生产乙产品。

（2）甲产品的剩余边际贡献=（300-200）×1 200-30 000=90 000（元）

乙产品的剩余边际贡献=（250-160）×1 000-25 000=65 000（元）

甲产品的剩余边际收益高于乙产品的剩余边际收益，所以在此情况下，科城公司应选择生产甲产品。

（3）在制定生产决策时，除了追求利润最大化，还应综合考虑以下多方面因素：

①市场因素。第一，市场需求稳定性。即使当前某种产品利润可观，但如果市场需求受季节、潮流、政策等因素影响波动大，生产决策就需谨慎。例如，一些时尚服装产品，潮流变化快，需求不稳定，大量生产可能导致库存积压风险。相比之下，生活必需品的市场需求相对稳定，更适合长期稳定生产。第二，市场竞争态势。需分析竞争对手的产品特点、价格策略、市场份额等。若进入竞争激烈的市场，产品无独特优势，即便利润预测良好，也可能因难以获取足够的市场份额而亏损。例如，智能手机市场，新进入者需面对众多强大的竞争对手，需有独特卖点和竞争策略才能立足。第三，市场发展趋势。要关注行业技术发展、消费者偏好变化等趋势。选择符合市场长期发展趋势的产品，有助于企业可

持续发展。例如，随着环保意识的增强，新能源汽车市场前景广阔，传统燃油汽车企业若不考虑此趋势，继续大量生产燃油车，未来可能面临市场淘汰。

②企业自身能力因素。第一，生产能力匹配度，包括设备产能、员工技能水平、生产场地等能否满足新产品生产需求。若生产甲产品需高精度设备和专业技术工人，而企业现有设备和人员无法满足，就需评估升级改造和招聘、培训的成本与可行性。否则，可能因生产能力不足而影响产品质量和交付时间，损害企业声誉。第二，技术研发能力。对于技术含量高、更新换代快的产品，企业需具备相应的研发能力，以持续改进产品性能、推出新产品。例如，半导体行业，企业需不断投入研发，提升芯片制程技术，否则易被市场淘汰。第三，供应链管理能力。原材料供应稳定性、供应商合作关系等影响生产的连续性。若生产某产品依赖稀缺原材料，且供应商单一，供应风险大，企业需考虑寻找替代原材料或拓展供应商，以确保供应链稳定。

③风险因素。第一，政策法规风险。政策法规变化可能对产品的生产、销售产生重大影响。企业需密切关注政策法规动态，提前调整生产决策。第二，自然风险。地震、洪水、台风等自然灾害可能破坏生产设施，影响原材料供应和产品交付。企业应评估生产地点的自然风险，制定应急预案，如购买保险、建立备用生产基地等。第三，技术风险。新产品可能面临技术难题无法攻克、技术泄密等风险。例如，在研发新型电池过程中，可能遇到电池续航或安全性等技术瓶颈，导致项目失败。企业需加强技术保密措施，合理安排研发预算和进度，降低技术风险。

④社会与环境因素。第一，社会责任。企业决策应考虑对社会的影响，如产品是否安全可靠、生产过程是否保障员工权益、是否积极参与公益事业等。生产高质量、安全产品，保障员工福利，有助于提升企业社会形象和品牌美誉度。第二，环境影响。在环保意识日益增强的今天，企业生产活动对环境的影响备受关注。选择环保生产工艺、减少污染排放，不仅符合社会期望，还可能获得政策支持和消费者认可。例如，一些企业采用可再生能源、推行循环经济模式，既可以降低对环境的影响，又能提升企业竞争力。

案例2答题要点：

（1）①成本收益分析法。财务部门详细分析了该功能性酸奶产品的成本和收益情况。成本方面涵盖原材料、生产工艺、包装等，收益则基于销售情况。通过分析，明确了产品亏损严重，销售收入无法覆盖成本。这一分析为决策提供了直接的经济数据支持，使企业认识到继续生产该产品在经济上不可行，是促使决策停产的重要依据。

②市场前景预测法。市场调研团队通过多种方式对产品的市场前景进行评估，包括市场调研、消费者反馈和行业趋势研究，得出市场增长潜力有限、竞争激烈、盈利可能性小的结论。这让企业对产品未来的发展有了清晰的认识，从市场发展角度坚定了停产决策，避免了在没有前景的产品上继续投入资源。

③机会成本分析法。企业管理层考虑到继续生产该产品占用的资源可用于其他更具潜力的产品。认识到将资源重新分配能创造更高价值，从资源利用效率角度推动了停产决策，

使企业能够优化资源配置，追求更高的经济效益。

④品牌影响评估法。品牌管理部门评估停产对优奶乐品牌的影响，判断该产品对品牌形象影响小。这消除了企业对停产可能损害品牌的顾虑，使决策更加果断，保证了决策在品牌层面的可行性。

（2）在资源重新配置过程中，企业可能会遇到的问题有：

① 资源适配问题。不同产品的生产对设备、技术和人员技能要求不同。将资源从亏损产品转移到优势产品，可能出现设备不适用、人员技能不匹配的情况，影响生产效率和产品质量。

② 市场竞争加剧问题。资源集中到优势产品后，可能吸引更多竞争对手进入市场，加剧市场竞争。如果企业不能及时调整策略，可能导致市场份额下降，无法实现预期的盈利增长。

③ 资源分配不均衡问题。在资源重新配置过程中，可能出现资源分配不合理的情况。某些环节资源过多或过少，将影响产品的整体生产和市场推广。

解决措施主要有：

① 加强资源整合与培训。对设备进行改造或更新，使其适应优势产品的生产需求。同时，对员工进行针对性培训，提升其技能水平，确保生产顺利进行。

② 优化市场策略。深入分析市场竞争态势，制定差异化的市场策略。通过产品创新、品牌推广、渠道拓展等方式，提高产品的市场竞争力，应对竞争加剧的挑战。

③ 建立资源监控与调整机制。建立有效的资源监控体系，实时了解资源的使用情况。根据实际情况及时调整资源分配，确保资源的合理利用，提高生产和运营效率。

（3）第一，产品创新与差异化策略。结合市场调研和消费者需求，开发具有创新性和差异化的产品。例如，在酸奶领域，可以推出具有独特口味、添加特殊营养成分或采用新颖包装的产品，满足消费者对个性化和高品质产品的需求。从案例中可以看出，优奶乐在产品研发方面有一定的投入，如对功能性酸奶的研发，虽然该产品未取得成功，但积累了研发经验。企业可以继续加大研发投入，挖掘市场潜力，推出更具竞争力的产品，优化产品结构，提高盈利能力。

第二，成本控制与效率提升策略。对现有产品的生产和运营成本进行全面分析，寻找成本控制的空间。例如，优化原材料采购渠道，降低采购成本；改进生产工艺，提高生产效率，减少生产过程中的浪费。在案例中，亏损的功能性酸奶产品生产成本较高，通过成本控制措施，可以降低产品成本，提高产品的利润空间。同时，提高企业的运营效率，如优化供应链管理、加强库存控制等，也有助于提升整体盈利能力。

第三，品牌延伸与拓展策略。利用优奶乐的品牌优势，进行品牌延伸和拓展。可以将品牌延伸到相关的产品领域，如乳制品周边产品（如奶昔、奶酪零食等）或健康食品领域。通过品牌延伸，可以借助现有品牌的知名度和美誉度，降低新产品的市场推广成本，快速打开市场。同时，拓展品牌的市场覆盖范围，进入新的市场区域或消费群体，扩大市场份额，提升整体盈利能力。

第四，战略合作与联盟策略。与其他企业或机构建立战略合作关系或联盟。例如，与科研机构合作，共同研发新产品或改进生产技术；与供应商建立长期稳定的合作关系，确保原材料的稳定供应和质量控制；与销售渠道商加强合作，共同开展市场推广活动，提高产品的销售效率。通过战略合作和联盟，可以整合各方资源，实现优势互补，提升企业的竞争力和盈利能力，同时也有助于优化产品结构，推出更符合市场需求的产品。

第六章

存货决策

一、基本存货模型及其应用

（一）存货的含义和作用

存货是指企业在日常活动中持有以备出售的产成品或商品、处在生产过程中的在产品、在生产过程或提供劳务过程中耗用的材料和物料等。

存货对大部分企业来说是必需的，其作用主要有：节约订货费用和采购成本；避免不确定性因素影响，维持生产经营过程的顺利进行；平滑生产需求；避免价格上涨等不利因素的影响。

（二）存货的成本

在存货决策中通常需要考虑的成本见表6-1。

表6-1 存货成本

成本名称及分类		概念	是否决策相关成本
采购成本		由购买存货而发生的买价（购买价格或发票价格）和运杂费（运输费用和装卸费用）构成的成本，其总额取决于采购数量和单位采购成本	当不存在数量折扣时，决策无关成本
			当存在数量折扣时，决策相关成本
订货成本	变动订货成本	与订货的次数有关，如差旅费、检验费、电话通信费等费用支出	决策相关成本
	固定订货成本	与订货次数的多少无关，如专设采购机构的基本开支等，属于决策的无关成本	决策无关成本
储存成本	变动储存成本	总额大小取决于存货数量的多少及储存时间长短的成本，称为变动储存成本，如存货资金的应计利息、存货残损和变质的损失、按存货价值计算的保险费等	决策相关成本
	固定储存成本	总额稳定，与存货数量的多少及储存时间长短无关的成本，如仓库折旧费、库管人员工资等	决策无关成本
缺货成本		缺货成本是指由于存货数量不能及时满足生产和销售的需要而给企业带来的损失	允许缺货，决策无关成本
			不允许缺货，决策相关成本

（三）经济订货批量基本模型

1.经济订货批量的含义

经济订货批量是指在保证生产经营需要的前提下，能使企业在存货上花费的相关总成本最低的每次订货量。

2.基本假设

经济订货批量的基本模型是一种理想的市场状况，需建立在以下假设基础上才能成立。

（1）企业能够适时补充存货，需要存货时便可立即取得存货，即不需要订货提前期。

（2）能集中到货，而不是陆续入库。

（3）不允许缺货，即无缺货成本。

（4）全年需求量、一次订货的订货费用、单位存货的年储存费用、订货固定成本以及储存固定成本都是常数。

（5）存货单价不变，不考虑数量折扣，因此在年需求量已知的情况下，购买成本也是决策的无关成本。

（6）企业现金充足，不会因现金短缺而影响进货。

3.经济订货批量基本模型计算

经济订货批量 $Q^* = \sqrt{\dfrac{2AP}{C}}$

经济订货批次 $= \dfrac{A}{Q^*} = \sqrt{\dfrac{AC}{2P}}$

年最低总成本合计 $TC^* = \sqrt{2APC}$

二、存货模型的扩展应用

（一）一次订货、边进边出的决策

在一次订货、边进边出的模型中，决策相关成本包括订货成本和储存成本。其中，储存成本又与存货的每日进库量和每日耗用量相关。设 X 为每日进库量；Y 为每日耗用量，推出一次订货、边进边出时经济订货批量及最低年成本合计的计算公式为：

经济订货批量 $Q^* = \sqrt{\dfrac{2AP}{C\left(1 - \dfrac{Y}{X}\right)}}$

年最低总成本合计 $TC^* = \sqrt{2APC\left(1 - \dfrac{Y}{X}\right)}$

（二）有数量折扣时的决策

当存在数量折扣时，采购成本成为决策相关成本，此时经济订货批量模型中存货总成本不仅包括订货成本和储存成本，还应包括采购成本。

实行数量折扣的经济订货批量具体确定步骤如下：

（1）按照经济订货批量基本模式确定经济订货批量。

（2）计算按经济订货批量进货时的存货总成本。

存货总成本=采购成本+订货成本+储存成本

（3）计算按给予数量折扣的进货批量进货时的存货总成本。

注意：如果给予数量折扣的进货批量是一个范围，一般应按给予数量折扣的最低进货批量计算存货总成本，以此类推。

（4）比较不同进货批量的存货总成本，最低存货总成本对应的订货批量，就是实行数量折扣的最佳经济订货批量。

（三）订单批量受限时的决策

在实际工作中，许多供应商只接受整数批量的订单，如按打、百件、吨等单位来计量。在这种情况下，最佳经济订货批量的决策步骤是：

（1）采用经济订货批量基本模型计算出来的Q^*。

（2）如果不等于允许的订购量，在Q^*的两边确定两种允许数量。

（3）计算各自的年存货成本总额来比较优劣。

（四）允许缺货时的存货决策

在允许缺货条件下，企业对经济订货批量的确定，除了要考虑订货成本与储存成本以外，还需对可能发生的缺货成本加以考虑，即能使三项成本总和最低的批量是经济订货批量，计算公式为：

$$经济订货批量 Q^* = \sqrt{\frac{2AP}{C} \cdot \frac{C+K}{K}}$$

$$允许缺货量 U = Q \times \frac{C}{C+K}$$

$$年最低总成本合计 TC^* = \sqrt{2APC \cdot \frac{K}{C+K}}$$

（五）不确定情况下的存货决策

1.安全库存量和库存耗竭成本

如果某项存货的耗用比预计要快，或者采购间隔期比预期时间长，就有可能发生库存耗竭，从而出现停工待料的现象，因此，必须建立最佳安全库存量。建立最佳安全库存量必须考虑两项成本见表6-2。

表6-2   安全库存量需考虑的两项成本

成本	公式
安全库存量的储存成本	安全库存量储存成本 = 安全库存量 × 单位储存成本
库存耗竭成本	库存耗竭成本 = 某项库存耗竭成本 × 每年订购次数 × 一次订购的库存耗竭概率

2.安全库存量的确定方法

（1）经验法

一般计算公式如下：

安全库存量上限 = 最长交货期 × 最高每日用量 – 交货期正常天数 × 平均每日用量

该方法求的是安全库存量的上限，实际是按照交货期最长和每日耗用量最大这两种不正常现象同时发生为基础计算的。

（2）不连续概率法

在不连续的概率法下，应按不同档次的相应概率计算不同安全库存量的预期库存耗竭成本与该安全库存量对应的储存成本之和，然后选择成本总额最低的安全库存量。

3.再订货点的确定

再订货点（ROP）是指发出新订单的时点。其计算公式如下：

再订货点 =（采购间隔日数 × 平均每日用量）+ 安全库存量

三、存货管理与控制的相关方法

（一）ABC存货管理法

ABC分类管理法的目的即在于使企业分清主次，突出重点，提高存货资金管理的效果。具体操作通常分为以下步骤：

（1）首先按一定的标准将企业的存货分类。分类的标准主要有金额标准和数量标准。

（2）按照一定金额标准把它们分为A、B、C三类，具体分类指标见表6-3。

表6-3　　　　　　　　　　　　企业存货 ABC 分类情况汇总表

存货类别	数量占年耗用总数量比例	价值占年耗用金额比例	特点
A类	10%	70%	单位价值大、数量少
B类	介于A、C类之间	介于A、C类之间	品种数量相对较多
C类	70%	10%	品种数量繁多、价值小

（3）ABC各类存货的分类划定以后，就可以针对不同存货实行分品种重点管理、分类别一般控制和按总额灵活掌握的存货管理方法。

（二）JIT管理与零存货管理

1.JIT管理的基本理念与零存货管理

JIT存货管理是追求一种无库存的生产系统，或使库存最小化的生产系统，是消除一切只增加成本而不向产品中增加价值的过程，即存货水平最低，浪费最小，空间占用最小，事务量最小。准时制的核心是一个没有中断倾向的系统，根据产品品种及其所能控制的数量范围而具备柔性，最终形成一个使材料平滑、迅速地流经整个系统的和谐系统。

2.实施JIT管理的措施

（1）根据市场供求状况采用拉动式生产或推动式生产。

（2）改变材料采购策略。

（3）减少不增加价值的活动，缩短生产周期。

（4）快速满足客户需求。

（5）避免停工。

第二部分　练习题

一、名词解释

1.存货

2.采购成本

3.订货成本

4.储存成本

5.缺货成本

6.安全库存量

7.再订货点

8.经济订货批量

9.库存耗竭成本

10.零存货管理

二、单项选择题

1.在供货企业不提供数量折扣的情况下，影响经济订货量的因素是（　　）。

A.采购成本　　　　　　　　　　　　B.储存成本中的固定成本

C.订货成本中的固定成本　　　　　　D.订货成本中的变动成本

2.（　　）是指由存货的买价和运杂费等构成的成本，其总额取决于采购数量和单位采购成本。

A.缺货成本　　　　B.订货成本　　　　C.储存成本　　　　D.采购成本

3.由于存货数量不能及时满足生产和销售的需要而给企业带来的损失称为（　　）。

A.储存成本　　　　B.缺货成本　　　　C.采购成本　　　　D.订货成本

4.在储存成本中，凡总额大小取决于存货数量的多少及储存时间长短的成本，称为（　　）。

A.固定储存成本　　B.无关成本　　　　C.变动储存成本　　D.资本成本

5.在其他条件不变的情况下，订货批量越大，年储存成本（　　）。

A.越小　　　　　　B.越大　　　　　　C.越不会变化　　　D.越不确定

6.经济订货批量是指（　　）。

A.订货成本最低的采购批量　　　　　B.储存成本最低的采购批量

C.缺货成本最低的采购批量　　　　　D.存货总成本最低的采购批量

7.某企业全年需要A材料3 600吨，单价100元/吨，目前每次的订货量为600吨，每次的订货成本为400元，则该企业每年存货的订货成本为（　　）。

A.4 800元　　　　B.1 200元　　　　C.3 600元　　　　D.2 400元

8.下列各项中，不属于应用经济采购批量基本模型假设前提的是（　　）。

A.没有商业折扣条款　　　　　　　　B.不存在缺货现象

C.没有现金折扣条款　　　　　　　　D.需求量稳定并能预测

9.某企业全年需甲材料50 000千克，每次订货的变动性订货成本为25元，单位材料年均变动性储存成本为10元，则经济订货批量是（　　）千克。

A.400　　　　　　B.500　　　　　　C.600　　　　　　D.700

10.某企业全年需用A材料2 400吨，每次的订货成本为400元，每吨材料年储备成本为12元，则每年最佳订货次数为（　　）次。

A.12　　　　　　　B.6　　　　　　　C.3　　　　　　　D.4

11.对存货实施定量控制时，提示企业应当组织采购的标志是材料实际库存达到了（　　）。

　　A.再订货点　　　　B.保险储备量　　　　C.经济生产批量　　　　D.经济采购批量

12.下列各项中，与再订货点无关的是（　　）。

　　A.经济订货量　　　　B.日耗用量　　　　C.交货日数　　　　D.保险储备量

13.某企业的甲种存货的平均日耗量为5.56千克，提前期为8天，安全储备量为35.52千克，则再订货点为（　　）。

　　A.35.52千克　　　　B.44.48千克　　　　C.80千克　　　　D.以上均错

14.某种材料的安全库存量为180千克，采购间隔日数为8天，年度耗用总量为15 000千克。假设每年有300个工作日，则再订货点是（　　）千克。

　　A.580　　　　B.400　　　　C.500　　　　D.1 280

15.在存货管理中，采用安全库存的主要目的是（　　）。

　　A.降低成本　　　　　　　　　　B.提高销售量

　　C.应对需求的不确定性　　　　　D.增加生产量

16.在对存货实行ABC分类管理的情况下，ABC三类存货的金额比重大致为（　　）。

　　A.7：2：1　　　　B.1：2：7　　　　C.5：3：2　　　　D.2：3：5

17.在卖方市场环境中，市场结构性矛盾是生产不出来，企业应该采用（　　）生产模式。

　　A.拉动式　　　　B.推动式　　　　C.计划型　　　　D.定额型

18.在适时制管理系统中，下列各项中，最为有效地降低采购费用的途径是（　　）。

　　A.减少储存量　　　　　　　　B.减少订货数量

　　C.减少订货次数　　　　　　　D.与供应商结成战略联盟

19.如果企业采用了适时制控制法，下列各项成本中能够明显得以降低的是（　　）。

　　A.储存成本　　　　B.缺货成本　　　　C.采购成本　　　　D.生产成本

20.采用零库存策略的企业，通常追求的目标是（　　）。

　　A.最大化库存量　　　　　　　B.最小化库存成本

　　C.提高生产效率　　　　　　　D.增加销售量

三、多项选择题

1.以下关于存货储存成本的细分，正确的有（　　）。

A.储存固定成本包含仓库管理人员固定工资

B.储存变动成本涵盖存货因存储时间延长而增加的变质风险成本

C.与存货资金占用相关的机会成本属于储存变动成本

D.仓库的照明、空调等能耗费用属于储存变动成本，因其随存货量有一定变化

2.存货在企业生产经营中的重要作用包括（　　）。

　　A.维护均衡生产　　　　　　　B.适应市场变化

　　C.防止停工待料　　　　　　　D.降低进货成本

3.存货成本中，通常需要考虑的成本有（　　）。

A.采购成本　　　　　B.储存成本　　　　　C.订货成本　　　　　D.缺货成本

4.以下关于存货储存成本的细分，正确的有（　　　）。

A.存货占用资金的应计利息　　　　　　B.按存货价值计算的保险费

C.自有仓库折旧　　　　　　　　　　　D.存货的破损变质损失

5.无论在何种经济采购批量模型中，必须考虑的成本有（　　　）。

A.变动性订货成本　　　　　　　　　　B.变动性储存成本

C.采购成本　　　　　　　　　　　　　D.缺货成本

6.在有数量折扣的情况下，属于订货批量决策中的相关成本的有（　　　）。

A.变动订货成本　　　　　　　　　　　B.变动储存成本

C.采购成本　　　　　　　　　　　　　D.缺货成本

7.在允许缺货的条件下，计算经济订货批量需要考虑的相关成本有（　　　）。

A.变动性订货成本　　　　　　　　　　B.固定性订货成本

C.变动性储存成本　　　　　　　　　　D.缺货成本

8.计算经济订货批量时，不需要的项目有（　　　）。

A.全年需要量　　　　　　　　　　　　B.固定储存成本

C.每次订货成本　　　　　　　　　　　D.安全存量

9.当订货批量增加时，（　　　）。

A.变动储存成本增加　　　　　　　　　B.变动储存成本减少

C.变动订货成本增加　　　　　　　　　D.变动订货成本减少

10.按存货经济订货批量模型，当订货批量为经济批量时，（　　　）。

A.变动储存成本等于变动订货成本

B.变动储存成本等于最低相关总成本的一半

C.变动订货成本等于最低相关总成本的一半

D.存货相关总成本达到最低

11.在存货决策中，以下关于经济订货量的表述正确的有（　　　）。

A.经济订货量基本模型假设存货的价格稳定，不存在数量折扣，这是为了简化模型，方便计算经济订货量。实际中，若存在数量折扣，需分别计算不同折扣下的总成本来确定最佳订货量

B.在陆续供应和使用模型中，每日送货量和每日耗用量会影响经济订货量的计算结果。当每日送货量远大于每日耗用量时，经济订货量会相对较大

C.储存变动成本只与存货数量有关，与订货次数毫无关系。例如仓库照明、空调等能耗费用，仅随存货量的增加而增加，与订货次数没有直接联系

D.在允许缺货的情况下，缺货成本和储存成本、订货成本共同影响经济订货量的计算。缺货成本越高，经济订货量可能越低

12.存货过多，会导致（　　　）。

A.占用大量的流动资金　　　　　　　　B.增加仓储设施

C.增加储存成本　　　　　　　　　　　D.自然损耗额增加

13.某企业需要 A 材料 2 000 千克，单价 100 元，一次订货成本 40 元，年储存成本 1 元，则其（　　）。

A.经济订货量 400 千克 　　　　　B.经济订货金额 40 000 元

C.经济订货次数 5 次 　　　　　D.经济订货次数 6 次

14.在存货陆续供应和使用的情况下，导致经济批量增加的因素有（　　）。

A.存货年需要量增加 　　　　　B.一次订货成本增加

C.耗用量增加 　　　　　D.每日入库量增加

15.关于存货决策中的成本关联，下列判断准确的有（　　）。

A.订货成本与订货次数正相关。订货次数越多，订货成本越高

B.经济订货批量下，变动储存成本与变动订货成本达到一种平衡状态，使得总成本最低

C.企业扩大生产规模，存货年需要量上升，若其他条件不变，经济订货批量会相应增大

D.仓库的长期租赁费用不影响经济订货批量计算，但影响企业总成本

16.影响再订货点的因素有（　　）。

A.安全库存量 　　　　　B.采购间隔期

C.平均每日耗用量 　　　　　D.保质期

17.缺货问题的原因主要有（　　）。

A.需求量的变化 　　　　　B.交货期日需求量增大

C.延迟交货 　　　　　D.存货过量使用

18.存货 ABC 分类管理中，存货的分类标准包括（　　）。

A.单价　　　　B.金额　　　　C.品种　　　　D.品种数量

19.为降低材料的储存成本，需要对材料妥善保管，可采取的方法有（　　）。

A.分期分批采购 　　　　　B.采用 ABC 分类法

C.实行限额领料 　　　　　D.提高材料利用率

20.适时制的观点认为存货对企业的负面影响有（　　）。

A.企业持有存货，占用流动资金 　　　　　B.会发生仓储成本

C.可能掩盖生产质量问题 　　　　　D.掩盖生产的低效率

四、判断题

1.所有存货的采购成本都是决策无关成本。（　　）

2.固定订货成本和固定储存成本，属于存货决策中的相关成本。（　　）

3.经济订货批量的确定与再订货点无关。（　　）

4.如果运输费用采用固定收费标准（不考虑运输量），那么运输费用在存货决策中是决策无关成本。（　　）

5.仓库保管人员的工资与储存成本相关。（　　）

6.订货成本与订货批量成反比，储存成本与订货批量成正比。（　　）

7.缺货成本大多属于机会成本。由于单位缺货成本计算困难，因此在进行决策时，不

用估算单位缺货成本。 （　　）

8.在有数量折扣的决策中，订货成本、储存成本是订货批量决策中的相关成本，而采购成本则与决策无关。 （　　）

9.全年最优订购批次等于材料全年需用量除以经济订货批量得到的数值。 （　　）

10.陆续到货会使得材料年均储存量发生变动，进而会导致订货成本模型有所改变。 （　　）

11.在允许缺货时，全年经济订货批量的计算公式与简单条件下的相关公式相同。 （　　）

12.安全库存量的设定主要是为了应对需求的不确定性和交货期的波动，避免缺货情况的发生。 （　　）

13.安全库存量的上限实际是按照交货期最长和每日耗用量最大这两种不正常现象同时发生为基础计算的。 （　　）

14.一般来讲，当库存存货量降到采购间隔期的耗用量加上安全库存量的总和时，就应再次订购货物。 （　　）

15.购买者可以利用数量折扣，取得较低的商品价格、较低的运输费、较低的年订货费用，使得从大批量订购中得到的节约部分可能超过抵偿增支的储存成本。 （　　）

16.在存货陆续供应的情况下，订货提前期的变化会影响经济订货批量，因为它改变了库存补充的时间节点。 （　　）

17.计算按给予数量折扣的进货批量进货时的存货总成本时，如果给予数量折扣的进货批量是一个范围，一般应按给予数量折扣的最低进货批量计算存货总成本。 （　　）

18.ABC各类存货的划定皆由主管人员自己定。 （　　）

19.在适时制下，存货被认为对企业的经营存在负面影响。 （　　）

20.在卖方市场环境中，由于产品供应量小于产品需求量，市场结构性矛盾是生产不出来，企业应该采用推动式生产模式。 （　　）

五、计算分析题

1.某公司每年耗用B材料4 000千克，单位储存成本为4元，平均每次进货费用为80元。

要求：计算经济订货批量、经济订货批次及最低相关总成本。

2.某企业生产乙产品，全年需要B材料30 000千克，每日送货量为120千克，每日消耗量为100千克，每次订购费用为300元，每千克B材料的年储存成本为6元。

要求：计算经济订货批量和最低年成本合计。

3.某公司A材料的年需求量为3 600千克，每千克标准价为10元。销售企业规定：客户每批购买量不足1 000千克的，按照标准价格计算；每批购买量1 000千克以上、2 000千克以下的，价格优惠3%；每批购买量2 000千克以上的，价格优惠5%。已知每批订货费用为25元，单位材料的年储存成本为2元。

要求：计算实行数量折扣时的最佳经济订货批量。

4.某文具制造企业生产笔记本需要用到特种纸张。该纸张的年需求量为9 000千克。

每次向供应商采购纸张时的订货成本为400元，每千克纸张在仓库储存一年的储存成本为8元，特种纸张单价为每千克50元。供应商提出，若企业每次订货量达到2 000千克及以上，给予每千克1元的价格优惠。

要求：

（1）利用经济订货批量基本模型，计算该企业采购特种纸张的经济订货批量。

（2）分别算出在经济订货批量下以及接受供应商优惠政策（每次订货量为2 000千克）时的相关总成本，判断企业是否应接受该优惠政策。

5.某供应商销售A材料时，由于包装运输原因，只接受200件的整数倍批量的订单（如200件、400件、600件等），不接受有零数或非200件整数倍的订单（如500件）。某公司全年需用A材料5 000件，每次订货成本为100元，每件年储存成本为2元。

要求：计算订单批量受限时的最佳订货批量。

6.假设某公司今年B材料的用量为1 600吨，变动性订货成本为每次16元，变动性储存成本为每吨2元，材料单价为每吨16元，单位缺货损失为2元。

要求：计算允许缺货情况下的经济订货批量、允许的缺货量及最低存货总成本。

7.某工厂全年需用B材料36 000千克，按经验数据估算的每次订货的变动性订货成本为20元，单位材料年平均变动性储存成本为10元。

要求：

（1）计算经济订货批量、最低相关总成本和全年经济订货次数。

（2）如果供货方规定：当一次采购量小于400千克时，单价为12元；采购批量大于等于400千克、小于9 000千克时，单价为11元；采购批量大于或等于9 000千克时，单价为10元。计算此时的经济订货批量以及全年最低的相关总成本。

六、案例分析题

案例1　　　　　智风空调公司电子阀采购与存货决策

智风空调公司是一家集研发、生产、销售、服务于一体的空调企业，其畅销型号空调生产依赖一种特制电子阀，由专业供应商专供。已知年需求量为10 000件，每次订货成本包含采购人员差旅费、通信费等约2 000元，单位存货年储存成本含仓库租金、保管员工资等为8元/件。

（1）计算智风空调公司采购该电子阀的经济订货批量。

（2）因供应商工厂搬迁，订货成本涨至2 500元，同时智风空调公司优化仓储，降低储存成本至6元/件，再计算此时的经济订货批量，对比前后，分析两成本变化影响。

（3）考虑空调销售旺季、原材料供应波动，结合智风空调公司运营，存货决策还需考虑哪些因素？请给出建议。

案例2　　　　　戴尔的按订单生产与高效供应链管理

戴尔科技公司（简称"戴尔"）自1984年由迈克尔·戴尔（Michael Dell）在美国得克萨斯州创立以来，其凭借创新的直销模式和高效的存货管理策略，在竞争激烈的计算机市场中保持了长期的领先地位。

戴尔的核心业务包括设计、开发、制造、销售和支持个人电脑、服务器、数据存储设备、网络设备、软件及计算机外围设备等。其独特的按订单生产（Build-to-Order）模式，使公司能够直接获取客户的需求信息，从而快速响应市场变化。这种模式不仅减少了库存积压，还显著降低了运营成本。

在计算机行业，产品更新换代迅速，零部件价格波动频繁。为了应对这些挑战，戴尔与供应商建立了紧密的信息共享机制。通过实时掌握零部件的库存水平、生产进度和供应能力，戴尔能够灵活调整采购计划。例如，当英特尔推出新的高性能处理器时，戴尔可以依据自身的订单数据和市场需求预测，迅速调整采购策略，确保产品线的及时更新。同时，戴尔秉持"零库存"管理理念，将大部分库存成本转移给供应商，并要求供应商在短时间内响应供货需求。这种高效的供应链管理不仅提高了戴尔的运营效率，还增强了其在市场中的竞争力。

资料来源：姚楠.基于戴尔模式的供应链质量管理研究［D］.天津：天津大学，2014.

要求：

（1）戴尔的直销和按订单生产模式对其存货决策有何影响？

（2）戴尔与供应商的紧密信息共享机制如何帮助其优化存货管理？在实施过程中可能面临哪些挑战？

（3）戴尔的"零库存"管理理念在计算机行业是否具有普遍适用性？为什么？

第三部分 参考答案

一、名词解释

1.存货

存货是指企业在日常活动中持有以备出售的产成品或商品、处在生产过程中的在产品、在生产过程或提供劳务过程中耗用的材料和物料等。

2.采购成本

采购成本是指由购买存货而发生的买价（购买价格或发票价格）和运杂费（运输费用和装卸费用）构成的成本，其总额取决于采购数量和单位采购成本。

3.订货成本

订货成本是指为订购货物而发生的各种成本，包括采购人员的工资、采购部门的一般性费用（如办公费、水电费、折旧费、取暖费等）和采购业务费（如差旅费、邮电费、检验费等）。

4.储存成本

储存成本是指为储存存货而发生的各项费用，通常包括两大类：一是付现成本，包括支付给储运公司的仓储费、按存货价值计算的保险费、陈旧报废损失、年度检查费用以及企业自设仓库发生的水电费、库管人员工资等费用；二是资本成本，包括由于存货占用资金而形成的机会成本和购置存货的银行借款利息。

5.缺货成本

缺货成本是指由于存货数量不能及时满足生产和销售的需要而给企业带来的损失，

例如，因停工待料而发生的损失（如因无法按期交货而支付的罚款、停工期间的固定成本等）、由于商品存货不足而失去的盈利额、因采取应急措施补足存货而发生的超额费用等。

6.安全库存量

安全库存量，是指为避免延迟到货、生产速度加快及其他情况发生，满足生产、销售需要的存货量。

7.再订货点

再订货点，是指为保证生产和销售活动的连续性，企业应在存货用完或售完之前再一次订货，订购下一批货物的存货存量。

8.经济订货批量

经济订货批量是指在保证生产经营需要的前提下，能使企业在存货上花费的相关总成本最低的每次订货量。

9.库存耗竭成本

库存耗竭成本通常指备选供应来源的成本、失去顾客或商业信誉的成本、库存耗竭期内停产的成本等。

10.零存货管理

零存货管理，是指企业按需要引入存货，并通过不懈努力去减少存货，最终消灭存货，以达到总成本最低的管理模式。

二、单项选择题

1.D	2.D	3.B	4.C	5.B	6.D	7.D	8.C	9.B	10.B
11.A	12.A	13.C	14.A	15.C	16.A	17.B	18.D	19.A	20.B

难点解析：

1.在供货企业不提供数量折扣的情况下，采购成本为决策无关成本。影响经济订货量的因素有变动的订货成本和变动的储存成本。

2.采购成本是指由存货的买价和运杂费等构成的成本，其总额取决于采购数量和单位采购成本。

5.年储存成本 $=(Q/2) \times C$，在其他条件不变的情况下，订货批量越大，年储存成本越大。

7.该企业每年存货的订货成本=3 600÷600×400=2 400（元）。

9.经济订货批量 $Q^* = \sqrt{2AP/C} = \sqrt{2 \times 50\,000 \times 25 \div 10} = 500$（千克）。

10.经济订货批量 $Q^* = \sqrt{2AP/C} = \sqrt{2 \times 2\,400 \times 400 \div 12} = 400$（吨），每年最佳订货次数 $= \dfrac{A}{Q^*} = \dfrac{2\,400}{400} = 6$（次）。

12.再订货点 $=$（采购间隔日数 × 平均每日用量）+ 安全库存量，故选项中与再订货点无关的是经济订货量。

13.再订货点=（采购间隔日数×平均每日用量）+安全库存量=5.56×8+35.52=80（千克）。

14.再订货点 $= \dfrac{15\,000}{300} \times 8 + 180 = 580$（千克）。

15.安全库存用于应对需求的不确定性，防止缺货。

18.在适时制管理系统中，选项中，与供应商结成战略联盟是最为有效地降低采购费用的途径。

20.零库存策略旨在通过最小化库存成本来提高企业的盈利能力。

三、多项选择题

1.ABCD	2.ABCD	3.ABCD	4.ABD	5.AB	6.ABC	7.ACD	8.BD	9.AD	10.ABCD
11.ABD	12.ABCD	13.ABC	14.AB	15.ABCD	16.ABC	17.ABCD	18.BD	19.AB	20.ABCD

难点解析：

1.储存成本包括固定成本和变动成本：固定成本如仓库管理人员工资，变动成本如存货占用资金的机会成本、变质风险成本、能耗费用等。因此，选项A、B、C、D均正确。

3.存货成本中，通常需要考虑的成本有采购成本、储存成本、订货成本、缺货成本。

4.变动储存成本的大小取决于存货数量的多少及储存时间的长短，如存货资金的应计利息、存货残损和变质的损失、按存货价值计算的保险费等，因此选项A、B、D正确；选项C"自有仓库折旧"属于固定储存成本。

5.无论在何种经济采购批量模型中，必须考虑的成本有变动性订货成本和变动性储存成本。

6.在有数量折扣的情况下，属于订货批量决策中的相关成本有变动订货成本、变动储存成本、采购成本。

7.在允许缺货的条件下，计算经济订货批量需要考虑的相关成本有变动性订货成本、变动性储存成本、缺货成本。

8.计算经济订货批量时，公式中只涉及全年需要量、每次订货成本、单位储存成本，不需要固定储存成本和安全存量。

9.当订货批量增加时，变动储存成本增加，变动订货成本减少，故选项A、D正确。

10.从存货经济订货批量模型数学推导及图形中可知，当订货批量为经济批量时，变动储存成本等于变动订货成本，变动储存成本和变动订货成本分别等于最低相关总成本的一半，此时存货相关总成本达到最低。

11.选项A，经济订货量基本模型确实假设存货价格稳定、无数量折扣，实际有折扣时需按不同折扣计算总成本，确定最佳订货量，表述正确。选项B，在陆续供应和使用模型里，每日送货量和耗用量影响经济订货量，每日送货量远大于每日耗用量，经济订货量会较大，表述正确。选项C，储存变动成本主要与存货数量有关，但订货次数间接影响存货平均储存量，从而可能对储存变动成本产生影响，所以"与订货次数毫无关系"是错误的。选项D，在允许缺货时，缺货成本、储存成本和订货成本共同影响经济订货量计算。缺货成本越高，经济订货量可能越低，表述正确。

12.安全库存用于缓冲需求和交货的不确定因素，防止缺货，这是其核心作用，用于保障企业的正常运营。

13.经济订货量$Q^* = \sqrt{2AP/C} = \sqrt{2 \times 2\,000 \times 40 \div 1} = 400$（千克）

经济订货额=400×100=40 000（元）

经济订货次数=2 000÷400=5（次）

14.在存货陆续供应和使用的情况下：

$$Q^* = \sqrt{\frac{2AP}{C(1 - Y/X)}}$$

从公式可知，能导致经济批量增加的因素有存货年需要量增加、一次订货成本增加、单位储存成本减少、每日耗用量增加、每日入库量减少。因此，选项A、B正确。

15.订货次数多订货成本高；经济订货批量就是让两变动成本平衡降总成本；年需量增加，依公式，经济订货批量会变大；固定储存成本虽不涉及经济订货批量的计算，却影响总成本。本题全面考查对成本与订货批量间关系的理解。

17.需求量的变化、交货期日需求量增大、延迟交货、存货过量使用都可能引起缺货问题。

19.为降低材料的储存成本，需要对材料妥善保管，可分期分批采购、采用ABC分类法。选项C，实行限额领料主要是控制材料的领用数量，目的在于降低材料的使用成本，而非直接降低储存成本，所以该选项不符合要求。选项D，提高材料利用率是为了减少材料浪费，降低材料的采购成本，与降低储存成本没有直接关联，故该选项也不正确。

四、判断题

1.×	2.×	3.√	4.√	5.√	6.√	7.×	8.×	9.√	10.√
11.×	12.√	13.√	14.√	15.√	16.×	17.√	18.×	19.√	20.√

难点解析：

1.当存在数量折扣时，采购成本为决策相关成本。

2.固定订货成本和固定储存成本，属于存货决策中的无关成本。

4.由于不随存货数量变动的固定运输费不会影响存货的经济订货批量等决策，所以它是无关成本。

7.在进行决策时，需要估算单位缺货成本。

8.在有数量折扣的决策中，采购成本、订货成本、储存成本均是订货批量决策中的相关成本。

11.在允许缺货时，全年经济订货批量的计算公式与简单条件下的相关公式不同，需要考虑单位缺货成本。

16.订货提前期主要影响再订货点，不影响经济订货批量的计算，经济订货批量是基于成本平衡确定的，与提前期无关。

18.ABC各类存货的划定根据金额和数量比重来定。

五、计算分析题

1.解：

经济订货批量 $Q^* = \sqrt{2AP/C} = \sqrt{2 \times 4\,000 \times 80 \div 4} = 400$（千克）

经济订货批次 $= \dfrac{A}{Q^*} = \dfrac{4\,000}{400} = 10$（次）

$TC^* = \sqrt{2APC} = \sqrt{2 \times 4\,000 \times 80 \times 4} = 1\,600$（元）

2.解：

经济订货批量 $Q^* = \sqrt{\dfrac{2AP}{C(1-Y/X)}} = \sqrt{\dfrac{2 \times 30\,000 \times 300}{6 \times (1 - 100 \div 120)}} \approx 4\,243$（千克）

$TC^* = \sqrt{2APC\left(1 - \dfrac{Y}{X}\right)} = \sqrt{2 \times 30\,000 \times 300 \times 6 \times \left(1 - \dfrac{100}{120}\right)} \approx 4\,243$（元）

3.解：

①按经济订货批量基本模型确定的经济订货批量为：

$Q^* = \sqrt{2AP/C} = \sqrt{2 \times 3\,600 \times 25 \div 2} = 300$（千克）

②每次进货300千克时的存货总成本为：

存货总成本 $= 3\,600 \times 10 + 3\,600 \div 300 \times 25 + 300 \div 2 \times 2 = 36\,600$（元）

③每次进货1 000千克时的存货总成本为：

存货总成本 $= 3\,600 \times 10 \times (1 - 3\%) + 3\,600 \div 1\,000 \times 25 + 1\,000 \div 2 \times 2 = 36\,010$（元）

④每次进货2 000千克时的存货总成本为：

存货总成本 $= 3\,600 \times 10 \times (1 - 5\%) + 3\,600 \div 2\,000 \times 25 + 2\,000 \div 2 \times 2 = 36\,245$（元）

通过比较发现，每次进货为1 000千克时的存货总成本最低，所以最佳经济订货批量为1 000千克。

4.解：

（1）按经济订货批量基本模型确定的经济订货批量为：

$Q^* = \sqrt{2AP/C} = \sqrt{2 \times 9\,000 \times 400 \div 8} \approx 948.68$（千克）

（2）①当经济订货批量 $Q^* = 948.68$ 千克时：

采购成本 $= 9\,000 \times 50 = 450\,000$（元）

储存成本 $= \dfrac{948.68}{2} \times 8 = 3\,794.72$（元）

订货成本 $= \dfrac{9\,000}{948.68} \times 400 \approx 3\,794.75$（元）

相关总成本 $TC_1 = 450\,000 + 3\,794.72 + 3\,794.75 = 457\,589.47$（元）

②当每次订货量为2 000千克时：

年订货次数 $= \dfrac{A}{Q} = \dfrac{9\,000}{2\,000} = 4.5$（次）

采购成本 $= 9\,000 \times 49 = 441\,000$（元）

储存成本 $= \dfrac{2\,000}{2} \times 8 = 8\,000$（元）

订货成本 $= 4.5 \times 400 = 1\,800$（元）

相关总成本 $TC_2 = 441\,000 + 8\,000 + 1\,800 = 450\,800$（元）

因为$TC_1 > TC_2$，所以企业应该接受优惠政策。

5.解：

（1）计算不考虑订单限制时的经济订货批量。

$$Q^* = \sqrt{2AP/C} = \sqrt{2 \times 5\,000 \times 100 \div 2} \approx 708 （件）$$

经济订货批量为708件，不是供应商所要求的200件的整数倍批量，因而只能在708件的左右选择600件和800件，通过比较这两个批量的年度总成本来确定最佳订货批量。

（2）①计算订购600件时的年度总成本。

$$储存成本 = \frac{Q}{2} \times C = \frac{600}{2} \times 2 = 600 （元）$$

$$订货成本 = \frac{A}{Q} \times P = \frac{5\,000}{600} \times 100 = 833.33 （元）$$

$$年成本合计 = 600 + 833.333 = 1\,433.33 （元）$$

②计算订购800件时的年度总成本。

$$储存成本 = \frac{Q}{2} \times C = \frac{800}{2} \times 2 = 800 （元）$$

$$订货成本 = \frac{A}{Q} \times P = \frac{5\,000}{800} \times 100 = 625 （元）$$

$$年成本合计 = 800 + 625 = 1\,425 （元）$$

可见，订货批量为800件时总成本更低。订货批量受限时，最佳决策是每次订购800件。

6.解：

$$Q^* = \sqrt{\frac{2AP}{C} \times \frac{C+K}{K}} = \sqrt{\frac{2 \times 1\,600 \times 16}{2} \times \frac{2+2}{2}} \approx 226.27 （吨）$$

允许的缺货量为：

$$U = Q \times \frac{C}{C+K} = 226.27 \times \frac{2}{2+2} \approx 113.14 （吨）$$

最低存货总成本为：

$$TC^* = \sqrt{2APC \frac{K}{C+K}} = \sqrt{2 \times 1\,600 \times 16 \times 2 \times \frac{2}{2+2}} \approx 226.27 （元）$$

计算结果表明，该企业在目前允许缺货的条件下，经济订货批量为226.27吨，允许缺货量为113.14吨，这样可使其相关总成本最低，为226.27元。

7.解：

（1）$Q^* = \sqrt{2AP/C} = \sqrt{2 \times 36\,000 \times 20 \div 10} \approx 379.47 （千克）$

$$TC^* = \sqrt{2APC} = \sqrt{2 \times 36\,000 \times 20 \times 10} \approx 3\,794.73 （元）$$

$$经济订货批次 = \frac{A}{Q^*} = \frac{36\,000}{379.47} \approx 95 （次）$$

（2）基本模型下，经济订货批量为379.47千克，单价为12元，此时的存货总成本为：

$$采购成本 = 36\,000 \times 12 = 432\,000 （元）$$

$$储存成本 = \frac{Q}{2} \times C = \frac{379.47}{2} \times 10 = 1\,897.35 （元）$$

订货成本 $= \dfrac{A}{Q} \times P = \dfrac{36\,000}{379.47} \times 20 \approx 1\,897.38$（元）

总成本 $= 432\,000 + 1\,897.35 + 1\,897.38 = 435\,794.73$（元）

经济订货批量为400千克，单价为11元，此时的存货总成本为：

采购成本 $= 36\,000 \times 11 = 396\,000$（元）

储存成本 $= \dfrac{Q}{2} \times C = \dfrac{400}{2} \times 10 = 2\,000$（元）

订货成本 $= \dfrac{A}{Q} \times P = \dfrac{36\,000}{400} \times 20 = 1\,800$（元）

总成本 $= 396\,000 + 1\,800 + 2\,000 = 399\,800$（元）

经济订货批量为9\,000千克，单价为10元，此时的存货总成本为：

采购成本 $= 36\,000 \times 10 = 360\,000$（元）

储存成本 $= \dfrac{Q}{2} \times C = \dfrac{9\,000}{2} \times 10 = 45\,000$（元）

订货成本 $= \dfrac{A}{Q} \times P = \dfrac{36\,000}{9\,000} \times 20 = 80$（元）

总成本 $= 360\,000 + 45\,000 + 80 = 405\,080$（元）

比较可得，当经济订货批量为400千克时，全年相关总成本最低。

六、案例分析题

案例1答题要点：

（1）经济订货批量 $Q^{*} = \sqrt{2AP/C} = \sqrt{2 \times 10\,000 \times 2\,000 \div 8} \approx 2\,236$（件）

（2）当 A=2\,500元，C=6元/件时：

经济订货批量 $Q^{*} = \sqrt{2AP/C} = \sqrt{2 \times 10\,000 \times 2\,500 \div 6} \approx 2\,887$（件）

对比可知，订货成本增加，企业为分摊单次高成本，倾向于增大订货批量；储存成本降低，持有存货压力减小，也促使企业愿意多订货，所以经济订货批量增大。

（3）还需要考虑的因素及建议：

①季节性因素。空调旺季需求猛增，需依据过往销售数据、市场趋势预测旺季销量，提前按比例增加安全库存，如旺季前多备30%~50%的电子阀，以防止缺货的情况发生。

②供应稳定性。原材料供应不稳或供应商问题会断货，智风空调公司应与供应商签订长期协议，保障供货，实时监控，必要时开发备用供应商；当遇到供应风险时，需要提前囤货。

案例2答题要点：

（1）直销和按订单生产模式使戴尔能够精准把握客户需求，减少了因预测不准确导致的库存积压。存货决策更注重快速响应订单，根据订单数量和交货时间安排零部件采购和产品生产，降低了库存持有成本和产品过时风险。但是，这种模式对供应链的响应速度要求极高。一旦某个环节出现问题，可能影响订单交付。

（2）紧密信息共享机制让戴尔能实时获取供应商的库存和生产信息，并根据市场变化及时调整采购计划，避免了零部件积压或缺货。通过共享需求预测数据，供应商也能提前做好生产准备，提高供应的及时性。实施过程中可能面临信息安全问题，如企业核心数据泄露风险；不同企业信息系统不兼容，导致数据传输和共享困难；供应商可能因自身利益而隐瞒部分信息，进而影响戴尔决策的准确性。

（3）在计算机行业，"零库存"管理理念有一定的局限性，并非普遍适用。戴尔的成功得益于其强大的供应链整合能力、高效的信息系统和品牌影响力。对于一些规模较小、供应链管理能力较弱的企业，难以要求供应商承担库存成本并快速响应供货。同时，计算机行业虽然产品更新快，但部分零部件仍存在供应不稳定的情况，完全"零库存"可能面临缺货风险，影响企业生产和销售。

第七章

长期投资决策

一、长期投资决策的基础

长期投资是指企业需要投入大量资金，以增加生产经营能力，并期望在未来获取收益的经济活动。长期投资决策是指对各种长期投资方案的投资支出和投资收入进行比较、分析、判断和评价后作出的决定和选择，即从若干备选方案中选择最优方案的过程。

（一）货币时间价值

1.货币时间价值的概念

所谓货币时间价值，是指货币经过一定时间的投资与再投资后所增加的价值。

货币的时间价值从量的规定性上说，就是在没有通货膨胀和风险的条件下的社会平均资本利润率。在日常生活中，由于政府债券的风险很小（接近于零），因此，当通货膨胀率很低时，人们为方便起见，也常常习惯于将政府债券利率视同为货币的时间价值。

2.货币时间价值的计算

货币时间价值的计量形式主要有：复利终值、复利现值、年金终值、年金现值。

1）复利终值

复利终值指的是某特定资金经过一段时间后，按复利计算的最终价值（本利和）。其计算公式为：

$$FV = PV \cdot (1 + i)^n = PV \cdot FVIF_{i,\,n}$$

2）复利现值

复利现值是指为取得将来某一时点上的本利和，现在所需要的本金是多少，即未来一定时间的特定资金按复利计算的现在价值。

可见，复利现值计算实际上是复利终值计算的逆运算，计算公式为：

$$PV = \frac{FV}{(1 + i)^n} = FV \cdot (1 + i)^{-n} = FV \cdot PVIF_{i,\,n}$$

3）名义利率与实际利率

前面提到复利的计息期不一定是1年，也可以是季、月或者是日，即在1年内可以复利若干次，此时给出的年利率就叫作名义利率。实际利率则是指复利期为1年时的复利率。

实际利率与名义利率的关系是：

$$1 + i = (1 + \frac{r}{M})^M$$

式中，i 为实际利率；M 为每年复利次数；r 为名义利率。

4）年金

年金指的是等额、定期的系列收入或支出。各类年金终值及现值计算见表 7-1。

表 7-1　　　　　　　　　　　　　　　　　年金类型

类型	定义	终值	现值
普通年金	普通年金是在每期期末收入或支出的年金，所以又叫后付年金	$FVA = A \cdot \sum_{t=0}^{n-1} (1+i)^t = A \cdot \dfrac{(1+i)^n - 1}{i}$ $= A \cdot FVIFA_{i,\,n}$　　年偿债基金 $A = FVA \cdot \dfrac{i}{(1+i)^n - 1}$ $= FVA \cdot (A/F,\ i,\ n)$	$PVA = A \cdot \sum_{t=1}^{n} \dfrac{1}{(1+i)^t}$ $= A \cdot \dfrac{1 - (1+i)^{-n}}{i} = A \cdot PVIFA_{i,\,n}$　　投资回收额 $A = PVA \cdot \dfrac{i}{1 - (1+i)^{-n}}$ $= PVA \cdot (A/P,\ i,\ n)$
预付年金	预付年金是指每期期初支付的年金，也叫先付年金	$FVA = A \cdot \sum_{t=1}^{n} (1+i)^t = A \cdot FVIFA_{i,\,n} \cdot (1+i)$ $= A \cdot \left[\dfrac{(1+i)^{n+1} - 1}{i} - 1 \right]$ $= A \cdot (FVIFA_{i,\,n+1} - 1)$	$PVA = A \cdot \sum_{t=0}^{n-1} \dfrac{1}{(1+i)^t} = A \cdot PVIFA_{i,\,n} \cdot (1+i)$ $= A \cdot \left[\dfrac{1 - (1+i)^{-(n-1)}}{i} + 1 \right]$ $= A \cdot (PVIFA_{i,\,n-1} + 1)$
递延年金	递延年金是指首期支付发生在第 2 期或以后某期的年金	$FVA = A \cdot \sum_{t=0}^{n-1} (1+i)^t = A \cdot FVIFA_{i,\,n}$	$PVA = A \cdot PVIFA_{i,\,m+n} - A \cdot PVIFA_{i,\,m}$ $PVA = A \cdot PVIFA_{i,\,n} \cdot PVIF_{i,\,m}$ $PVA = A \cdot FVIFA_{i,\,n} \cdot PVIF_{i,\,m+n}$
永续年金	永续年金指的是无限期支付的年金	无终值	$PVA = \dfrac{A}{i}$

（二）现金流量

1.现金流量的概念

现金流量是指与长期投资决策有关的现金流入和流出的数量。它是评价投资方案是否可行时的基础数据。绝大部分投资决策指标的计算都以投资项目的现金流量为基础。

2.现金流量的具体内容

根据现金流动的方向，现金流量具体分为现金流入量、现金流出量和现金净流量。

（1）现金流入量是指由于投资项目实施而引起的现金收入的增加额，简称现金流入，主要包括营业收入、固定资产的残值收入、垫支流动资金回收。

（2）现金流出量是指由于投资项目实施引起的现金支出的增加额，简称现金流出，主要包括建设投资、垫支的流动资金、付现成本、所得税额。

（3）现金净流量是指投资项目在整个计算期（包括建设期和经营期）内现金流入量和

现金流出量的差额，记为 NCF。

现金净流量的计算公式如下：

年现金净流量(NCF) = 年现金流入量 – 年现金流出量

3.现金净流量的计算

由于一个项目从准备投资到项目结束，经历了项目准备及建设期、生产经营期及项目终结期三个阶段，所以需计算初始现金净流量、经营现金净流量和终结现金净流量。

（1）初始现金净流量。初始现金净流量是指建设期投资时产生的现金净流量，包括投资在固定资产上的资金和投资在流动资产上的资金两部分。

如果是新建项目，所得税对初始现金净流量没有影响。

初始现金净流量 = –该年原始投资额

如果是以企业原有的旧设备进行投资的，在计算初始现金净流量时，一般以设备的变现价值作为其现金流出量（但是该设备的变现价值通常并不与其折余价值相等）。另外，还必须注意将这个投资项目作为一个独立的方案进行考虑，即假设企业将该设备出售可能得到的收入（设备的变现价值），以及企业由此而可能将支付或减免的所得税，即：

$$初始现金净流量 = -\left[垫支的流动资金 + 设备的变现价值 - \left(设备的变现价值 - 折余价值 \right) \times 所得税税率 \right]$$

（2）经营现金净流量。经营现金净流量一般以年为单位计算。经营现金流入量是指经营现金收入，经营现金流出量是指经营现金支出（付现成本）和缴纳的税金。计算公式为：

经营现金净流量 = 营业收入 – 付现成本 – 所得税

或

经营现金净流量 = 税后净利润 + 折旧、摊销
= （营业收入 – 总成本）×（1 – 所得税率）+ 折旧、摊销
= （营业收入 – 付现成本）×（1 – 所得税率）+ 折旧、摊销 × 所得税率

（3）终结现金净流量。终结现金净流量是指投资项目终结时即经营期最后一年年末所产生的现金净流量。计算公式为：

终结现金净流量 = 该年营业现金净流量 + 固定资产残值收入 + 垫支的流动资金

（三）资本成本

资本成本指的是企业筹集和使用资金必须支付的各种费用。资本成本包括用资费用和筹资费用。

（1）用资费用。用资费用是指企业在使用资金中支付的费用，如股利、利息等。其金额与使用资金的数额多少及时间长短成正比，它是资本成本的主要内容。

（2）筹资费用。筹资费用是指企业在筹集资金中支付的费用，如借款手续费、证券发行费等。其金额与资金筹措方式有关，而与使用资金的数额多少及时间长短无关。

如果不考虑所得税因素，资本成本应按下列公式计算：

$$资本成本 = \frac{每年的用资费用}{筹资金额 - 筹资费用} = \frac{每年的用资费用}{筹资金额 \times (1 - 筹资费用率)}$$

1.个别资本成本

个别资本成本就是各种长期资本的使用成本，在数额上等于每种长期资金的年实际占用费与其筹资净额的比值。

通用的计算公式是：

$$K = \frac{D}{P - F} = \frac{D}{P(1 - f)}$$

个别资本成本的计算公式见表7-2。

表7-2　　　　　　　　　　　　　　个别资本成本类型

项目	公式
长期借款	$K_l = \frac{I_l(1 - T)}{L - F_l} = \frac{I_l(1 - T)}{L(1 - f_l)}$ 或　$K_l = i_l(1 - T)$
公司债券	$K_b = \frac{I_b(1 - T)}{B(1 - f_b)}$
普通股	股利折现模型： $P_c = \sum_{t=1}^{\infty} \frac{D_t}{(1 + K_c)^t}$ ① 固定股利政策： $K_c = \frac{D}{P_c}$ ② 固定增长股利政策： $K_c = \frac{D_0(1 + g)}{P_c} + g = \frac{D_1}{P_c} + g$ 资本资产定价模型： $K_c = R_f + \beta_i(R_m - R_f)$
优先股	$K_p = \frac{D_P}{P_P}$
留存收益	留存收益资本成本，表现为股东追加投资要求的报酬率，其计算与普通股资本成本基本相同，不同点在于留存收益资本成本不考虑筹资费用

2.综合资本成本

综合资本成本是指多元化筹资方式下的平均资本成本，反映了企业资本成本整体水平的高低。其计算公式为：

$$K_w = \sum_{j=1}^{n} K_j W_j$$

二、长期投资决策指标

长期投资决策指标包括非贴现现金流量指标和贴现现金流量指标。非贴现现金流量指标主要有投资回收期、平均报酬率等。贴现现金流量指标主要有净现值、获利指数、内部报酬率等。具体计算方式见表7-3。

表7-3   长期投资决策指标的类型

项目	具体指标	定义	公式
非贴现现金流量指标	静态投资回收期	静态投资回收期是指回收初始投资所需要的时间，一般以年为单位，是一种使用很久、很广的投资决策指标	①如果每年的营业现金净流量（NCF）相等，则静态投资回收期可按下式计算： 静态投资回收期 $= \dfrac{\text{初始投资额}}{\text{年营业现净金流量}}$ ②如果每年 NCF 不相等，静态投资回收期的计算要考虑各年年末的累计现金净流量
	平均报酬率	平均报酬率是投资项目寿命周期内平均的年投资报酬率，也称平均投资报酬率	平均报酬率 $= \dfrac{\text{年平均现金净流量}}{\text{初始投资额}} \times 100\%$
贴现现金流量指标	净现值	净现值是指在项目计算期内，按行业基准收益率或投资者设定的贴现率计算的各年现金净流量现值的代数和	①经营期内各年的现金净流量相等时，计算公式为： 净现值 $=\dbinom{\text{经营期每年相等的}}{\text{现金净流量}} \times \dbinom{\text{年金}}{\text{现值系数}} - \dbinom{\text{初始总}}{\text{投资现值}}$ ②经营期内各年的现金净流量不相等时，计算公式为： 净现值 $=\sum\left(\dfrac{\text{经营期各年}}{\text{现金净流量}} \times \dfrac{\text{各年复利}}{\text{现值系数}}\right) - \dbinom{\text{初始总}}{\text{投资现值}}$
	获利指数	获利指数又称利润指数，是投资项目未来报酬的总现值与初始投资额的现值之比	PI = 经营期现金净流量的总现值 ÷ 初始投资额的总现值
	内部报酬率	内部报酬率又称内含报酬率，是使投资项目的净现值等于零的贴现率	①如果建设期为0，全部投资均于建设起点一次投入，每年的 NCF 相等，则： 第一步，计算年金现值系数。 第二步，查年金现值系数表，在相同的期数内，找出与上述年金现值系数相邻的较大和较小的两个贴现率。 第三步，根据上述两个相邻的贴现率和已求得的年金现值系数，采用插值法计算出该投资方案的内部报酬率。 ②如果建设期不为0，初始投资分次投入或经营期每年的 NCF 不相等，则需要采用逐次测算法，并结合插值法计算

三、长期投资决策的应用

以固定资产修理或更新的决策、固定资产购买或租赁的决策为例，说明长期投资决策分析方法的具体应用。

（一）固定资产修理或更新的决策

固定资产修理或更新的决策是在假定维持现有生产能力不变的情况下，决定是继续使用旧设备还是购买新设备。

假设固定资产的生产能力相同，并且未来尚可使用年限相同，因此，可以通过比较其现金流出总现值来判断投资方案的优劣。如果未来尚可使用年限不同，则需要计算固定资产平均年成本，然后进行比较，选择平均年成本较低的方案。考虑到货币的时间价值，固定资产平均年成本是未来使用年限内现金流出总现值与年金现值系数的比值，即平均每年的现金流出。

（二）固定资产购买或租赁的决策

固定资产购买或租赁的决策是在假定满足生产能力要求的情况下，决定是购买设备还是租赁设备。

四、敏感性分析在长期投资决策中的应用

一般用敏感系数作为反映敏感程度的指标。敏感系数是目标值的变动百分比与变量值的变动百分比的比值。其计算公式为：

$$敏感系数 = \frac{目标值的变动百分比}{变量值的变动百分比}$$

敏感系数大，表明该变量对目标值的影响程度大；反之，敏感系数小，表明该变量对目标值的影响程度小。

（一）以净现值为基础进行敏感性分析

以净现值为基础的敏感性分析就是现金净流量或固定资产使用年限的变动对净现值的敏感性分析。

净现值大于零，说明项目的投资报酬率大于预定的折现率，项目可行。但是，如果项目的年现金净流量或使用年限发生了变化，项目的可行性就将随之发生变化。敏感性分析就是用来解决项目的年现金净流量或使用年限可以在多大范围内变化，而该项目的投资报酬率仍然大于预定的折现率10%的问题的。

（二）以内部报酬率为基础进行敏感性分析

进一步通过计算敏感系数来分析年现金净流量或固定资产使用年限对内部报酬率影响程度的大小。

第二部分　练习题

一、名词解释

1.复利终值

2.复利现值

3.普通年金

4.预付年金

5.递延年金

6.永续年金

7.现金流量

8.现金流入量

9.现金流出量

10.资本成本

11.投资回收期

12.平均报酬率

13.净现值

14.内部报酬率

15.获利指数

二、单项选择题

1.下列关于不同年金的说法，正确的是（　　　）。

A.预付年金的终值系数与普通年金终值系数相比，期数加1，系数减1

B.永续年金是没有期限的年金，其现值等于年金金额除以折现率，终值无穷大

C.递延年金是指第一次收付发生在第二期或以后的年金，递延期越长，现值越大

D.普通年金是一定时期每期期末等额收付的款项，其现值系数和终值系数互为倒数

2.下列各项中，不会对投资项目内含报酬率指标产生影响的因素是（　　　）。

A.原始投资　　　　B.现金流量　　　　C.项目计算期　　　　D.设定折现率

3.下列评价指标中，属于贴现评价指标的是（　　　）。

A.获利指数　　　　B.平均报酬率　　　　C.投资回收期　　　　D.现金净流量

4.投资项目的建设起点与终结点之间的时间间隔被称为（　　　）。

A.建设期　　　　B.试产期　　　　C.经营期　　　　D.项目计算期

5.某完整工业投资项目的固定资产投资为200 000元，无形资产投资为40 000元，生产准备费投资为20 000元，开办费投资为10 000元，流动资金投资为30 000元，则建设投资为（　　　）。

A.20 000元　　　　B.30 000元　　　　C.270 000元　　　　D.300 000元

6.某完整工业投资项目的固定资产投资为200 000元，无形资产投资为40 000元，生产准备费投资为20 000元，开办费投资为10 000元，流动资金投资为30 000元，则原始投资为（　　　）。

A.20 000元　　　　B.30 000元　　　　C.270 000元　　　　D.300 000元

7.某公司将10 000元存入银行，银行年利率为8%，每年复利一次，该公司5年后可取出多少（　　　）元。

A.14 639　　　　B.14 775　　　　C.15 866　　　　D.17 833

8.某公司准备在5年后用10 000元购买一台设备，银行年利率为8%，每年复利一次，该公司现在需要一次存入银行多少（　　　）元。

A.6 806　　　　B.9 897.5　　　　C.7 693　　　　D.6 904

9.某投资项目在经营期年营业收入为100万元，付现成本为60万元，其中折旧费用10万元，所得税税率为25%，则年营业现金流量为（　　　）万元。

A.32.5　　　　B.12.5　　　　C.40　　　　D.50

10.某投资项目在经营期年营业收入为100万元，年总成本为60万元，其中折旧费用10万元，所得税税率为25%，则年营业现金净流量为（　　　）万元。

A.32.5　　　　　　　B.37.5　　　　　　　C.40　　　　　　　D.26

11.下列各项中，属于长期投资决策静态评价指标的是（　　）。

A.获利指数　　　　B.平均报酬率　　　　C.净现值　　　　D.内部报酬率

12.下列各项中，既属于静态指标，又属于反指标的是（　　）。

A.平均报酬率　　　　　　　　　　　B.原始投资回收率

C.内部报酬率　　　　　　　　　　　D.静态投资回收期

13.已知某投资项目的原始投资为100万元，建设期为2年，投产后每年NCF为25万元，则该项目包括建设期的静态投资回收期为（　　）。

A.4年　　　　　　　B.5年　　　　　　　C.6年　　　　　　　D.7年

14.使投资方案净现值等于零的折现率为（　　）。

A.获利指数　　　　B.平均报酬率　　　　C.净现值　　　　D.内部报酬率

15.在只有一个投资项目可供选择的条件下，如果该项目不具有财务可行性，则必然会存在的一种情况是（　　）。

A.净现值NPV>0　　　　　　　　　　B.获利指数PI>1

C.净现值率NPVR<0　　　　　　　　D.内部报酬率IRR>ic

16.递延年金的特点是（　　）。

A.没有终值　　　　　　　　　　　　B.没有第一期的支付额

C.没有现值　　　　　　　　　　　　D.上述说法都对

17.获利指数（　　）就表明该项目具有正的净现值，对企业有利。

A.大于0　　　　　　B.小于0　　　　　　C.大于1　　　　　　D.小于1

18.某企业有一个投资项目，初始投资为100万元，预计每年现金净流量为30万元，若不考虑其他因素，以下关于该项目投资回收期的说法正确的是（　　）。

A.如果不考虑货币时间价值，投资回收期为3.33年，年现金流量是计算投资回收期的关键因素

B.如果考虑货币时间价值，贴现率为10%，投资回收期会变长，此时使用寿命对投资回收期的影响更大

C.如果每年现金净流量变为40万元，不考虑货币时间价值，投资回收期会缩短，说明资本成本对投资回收期没有影响

D.在计算投资回收期时，无论是否考虑货币时间价值，都不需要考虑项目的残值

19.下列关于净现值的说法，错误的是（　　）。

A.某一投资方案的净现值大于零，说明它是可行的

B.当两个原始投资额相同的方案进行比较时，净现值大的方案较优

C.当两个原始投资额相同的方案进行比较时，净现值小的方案较优

D.计算净现值需要有关现金流量和折现率的数据信息

20.下列关于长期投资决策特点的叙述，错误的是（　　）。

A.投资额大　　　　　　　　　　　　B.资金占用时间长

C.一次投资，分次收回　　　　　　　D.风险较小

三、多项选择题

1.下列关于投资回收期法的说法，正确的有（　　）。

A.计算简便、容易理解　　　　　　　　B.不能说明某项投资能获得多大经济效益

C.通常与其他方法结合使用　　　　　　D.不利于评价投资项目风险

2.下列关于货币时间价值的说法，正确的有（　　）。

A.按放弃使用货币时间长短来计算的

B.放弃使用货币的机会而换取的报酬

C.资金使用者支付给资金所有者形成资本成本的一部分资金增值额

D.资金的增值

3.下列各项中，属于投资项目的现金流出的有（　　）。

A.建设投资　　　　　　　　　　　　　B.付现成本

C.垫支的流动资金　　　　　　　　　　D.残值

4.永续年金具有（　　）等特点。

A.没有现值　　　　　　　　　　　　　B.没有终值

C.每期等额支付　　　　　　　　　　　D.每期支付额不定

5.长期投资决策分析使用的动态投资指标主要有（　　）。

A.投资回收期　　　B.内部报酬率　　　C.获利指数　　　　D.净现值

6.个别资本成本受（　　）影响。

A.资金实际年用资费用　　　　　　　　B.资金的筹资总额

C.同期银行利率　　　　　　　　　　　D.资金筹集费

7.某制造企业正在评估一个投资项目对每年经营现金流量的影响。以下业务场景中，会使该项目每年经营现金流量增加的有（　　）。

A.企业与供应商重新谈判，原材料采购价格下降，使产品的单位付现成本降低

B.企业采用新的生产技术，提高了生产效率，导致产品产量增加，产品售价不变

C.政府出台税收优惠政策，企业所得税税率降低，其他条件不变

D.企业加大了营销投入，使产品销量增加，但同时销售费用也等额增加

8.下列各项中，属于建设投资范畴的有（　　）。

A.固定资产投资　　　　　　　　　　　B.无形资产投资

C.开办费投资　　　　　　　　　　　　D.生产准备费投资

9.在单一的独立投资项目中，当一项投资方案的净现值小于0时，表明该方案（　　）。

A.获利指数小于1　　　　　　　　　　B.不具备财务可行性

C.净现值率小于0　　　　　　　　　　D.内部报酬率小于行业基准收益率

10.下列项目中，属于年金的有（　　）。

A.按直线法计提的折旧　　　　　　　　B.按产量法计提的折旧

C.定期支付的租金　　　　　　　　　　D.定期上交的保险费

四、判断题

1.当建设期等于零时，单纯固定资产投资项目的投资只能采取一次投入方式。（　　）

2.如果固定资产投资是分次投入的，则意味着该项目的建设期一定大于或等于一年。

（　　）

3.当回收额不等于0时，终结点的净现金流量一定大于该年的运营净现金流量。

（　　）

4.在终结点回收的流动资金应当在数额上等于流动资金投资合计。（　　）

5.建设投资在经营期有关年度的年初发生。（　　）

6.敏感系数是变量值的变动百分比与目标值的变动百分比的比值。（　　）

7.敏感系数大，表明该变量对目标值的影响程度大；反之，敏感系数小，表明该变量对目标值的影响程度小。（　　）

8.年现金净流量和使用年限都会影响投资项目的净现值，从而影响投资决策。（　　）

9.某变量在较大幅度内发生变动会影响决策结果，表明该变量的敏感性强。（　　）

10.当通货膨胀率很低时，人们常常习惯于将银行利率视为货币的时间价值。（　　）

11.货币时间价值的计算方法与银行复利的计算方法一致。（　　）

12.对于信用等级高的企业发行债券，由于其筹资容易，在计算资本成本时，用资费用是主要考虑因素，筹资费用可以忽略不计。（　　）

13.递延年金最后一期没有收支额。（　　）

14.实际利率则是指复利期为1年时的复利率。（　　）

15.在年金计算中，预付年金与普通年金的区别仅仅在于支付时间。预付年金是在每期期初支付，普通年金是在每期期末支付，因此在涉及相同金额、相同期数和相同利率的年金现值或终值计算时，两者的计算结果相差一期利息。（　　）

16.永续年金没有终止支付的时间，没有终值。（　　）

17.用净现值、获利指数、内部报酬率指标对同一个独立项目进行评价，会得到完全相同的结论。（　　）

18.在长期投资决策中，只要投资项目的投资利润大于零，该方案就可行。（　　）

19.经营现金流入量是指经营现金收入，经营现金流出量是指经营现金支出（付现成本）和缴纳的税金。（　　）

20.将国家作为投资主体时，企业所得税也应列入现金流出量项目。（　　）

五、计算分析题

1.某投资项目在未来6年内每年可取得8 000元的收益，假设投资报酬率为6%。
要求：计算该项目的现值。

2.某企业正在筹备一个生产项目，一开始通过借款80万元来购买固定资产用于项目建设，建设周期是2年，第2年年末项目完成可投入使用，项目投入使用后的第1年年末，企业用自有资金15万元作为流动资金投入，项目能正常运营8年，结束时固定资产还有残值18万元。运营期间，前3年每年税前利润是6万元，后5年每年税前利润是15万元。

要求：

（1）计算项目总投资和年折旧额。

（2）计算项目从开始建设到运营结束全过程的净现金流量（不考虑所得税）。

3.某建设项目的净现金流量如下：$NCF_0 = -100$万元，$NCF_{1-10} = 25$万元，行业基准贴现率为10%。

要求：

（1）计算该项目的静态投资回收期。

（2）计算该项目的净现值。

（3）评价该项目的财务可行性。

4.公司准备购入一台设备以扩充生产能力。现有甲、乙两个方案可供选择。甲方案需要投资10 000元，使用寿命为5年，采用直线法计提折旧；5年后设备无残值；5年中每年的销售收入为6 000元，每年的付现成本为2 000元。乙方案需投资12 000元，采用直线法计提折旧，使用寿命也为5年；5年后有残值收入2 000元；5年中每年的销售收入为8 000元，付现成本第1年为3 000元，以后随着设备陈旧，逐年将增加修理费400元；另需垫付营运资金3 000元。假设所得税税率为25%。

要求：

（1）计算两个方案各年的营业现金流量。

（2）假定要求的报酬率为10%，计算净现值、获利指数和内部报酬率。

5.设某企业有一台旧设备，重置成本为12 000元，年运行成本为8 000元，6年后报废无残值。如果用40 000元购买一台新设备，年运行成本为6 000元，使用寿命为8年，8年后残值为2 000元。新旧设备的产量及产品销售价格相同。企业计提折旧的方法为直线法，资本成本率为10%，所得税税率为25%。

要求：通过计算，对企业是继续使用旧设备还是将其更新为新设备进行决策。

6.假设某企业生产中需要一种设备。如果企业自己购买，需支付设备买入价120 000元。该设备使用寿命为10年，预计残值率为5%。如果企业采用租赁的方式进行生产，每年将支付20 000元的租赁费用，租赁期为10年。假设贴现率为10%，所得税税率25%。

要求：作出应购买还是租赁该设备的决策。

六、案例分析题

华达陶瓷的光伏转型之路：从高耗能到绿色发展

陕西华达陶瓷有限公司，在陶瓷行业深耕十四余载，年产值超5亿元。然而，随着环保和可持续发展理念的推进，企业面临着节能减排的巨大压力。同时，其高耗能的生产模式带来了高额成本，每月电费近500万元，且每年需停工两个月检修设备，这使得生产成本不断攀升。

在这样的背景下，2022年，华达陶瓷对多家光伏企业进行考察调研后，决定与天合蓝天合作，在自有厂房屋顶建设分布式光伏项目。项目一期建设规模为1.74MW，采用"自发自用余电上网"模式，全款投资700万元，并于2022年8月20日开工建设。

该项目于2022年10月22日正式并网。预计年均发电量为174万度，每年可节省电费113万元。截至并网后45天，已完成发电24万度，节省电费15.6万元。该项目不仅为企业节省了大量电费成本，降低了生产成本，还成为陕西省渭南市庄里工业园区内的能源转型标杆案例，助力构建绿色工业生态圈，推动企业走绿色生态优先、长期可持续发展道路。

资料来源：天合光能股份有限公司. 年均收益117万！这项投资你可能还不知道［EB/OL］.（2023-01-09）［2025-02-08］. http://mgr.trinasolar.com/cn/resources/newsroom/mon-01092023-1930.

要求：

（1）在投资决策过程中，华达陶瓷开展了哪些决策准备工作？这体现了投资决策的什么特点？

（2）从投资成果来看，该项目为华达陶瓷带来了哪些直接和间接效益？

（3）假设你是华达陶瓷的财务经理，在项目实施前，你会如何对该项目进行财务可行性分析？

第三部分　参考答案

一、名词解释

1.复利终值

复利终值指的是某特定资金经过一段时间后，按复利计算的最终价值（本利和）。

2.复利现值

复利现值是指为取得将来某一时点上的本利和，现在所需要的本金是多少，即未来一定时间的特定资金按复利计算的现在价值。

3.普通年金

普通年金是在每期期末收入或支出的年金，所以又叫后付年金。

4.预付年金

预付年金是指每期期初支付的年金，也叫先付年金。它与普通年金的区别在于其支付期比普通年金提前了一期。

5.递延年金

递延年金是指首期支付发生在第2期或以后某期的年金。

6.永续年金

永续年金指的是无限期支付的年金。

7.现金流量

现金流量是指与长期投资决策有关的现金流入和流出的数量。

8.现金流入量

现金流入量是指由于投资项目实施而引起的现金收入的增加额，简称现金流入。

9.现金流出量

现金流出量是指由于投资项目实施引起的现金支出的增加额，简称现金流出。

10.资本成本

资本成本指的是企业筹集和使用资金必须支付的各种费用。资本成本包括用资费用和筹资费用。

11.投资回收期

投资回收期是指回收初始投资所需要的时间，一般以年为单位，是一种使用很久很广的投资决策指标。

12.平均报酬率

平均报酬率是投资项目寿命周期内平均的年投资报酬率，也称平均投资报酬率。

13.净现值

净现值是指在项目计算期内，按行业基准收益率或投资者设定的贴现率计算的各年现金净流量现值的代数和。

14.内部报酬率

内部报酬率又称内含报酬率，是使投资项目的净现值等于零的贴现率。

15.获利指数

获利指数又称利润指数，是投资项目未来报酬的总现值与初始投资额的现值之比。

二、单项选择题

1.B	2.D	3.A	4.D	5.C	6.D	7.A	8.A	9.A	10.C
11.B	12.D	13.C	14.D	15.C	16.B	17.C	18.A	19.C	20.D

难点解析：

1.不同年金的特点及年金系数的关系，需准确理解预付年金、永续年金、递延年金和普通年金的概念及计算规则。

3.非贴现现金流量指标主要有投资回收期、平均报酬率等。贴现现金流量指标主要有净现值、获利指数、内部报酬率等。选项B和C都属于非贴现现金流量指标，选项D不属于长期投资的评价指标。

4.项目计算期是指投资项目从投资建设开始到最终清理结束整个过程的全部时间，包括建设期和经营期。

5.建设投资包括固定资产投资、无形资产投资、开办费投资等，因此建设投资为270 000元（200 000+40 000+20 000+10 000）。

6.原始投资包括建设投资和垫付的流动资金，因此原始投资为300 000元（270 000+30 000）。

7.$F = 10\,000 \times (F/P,\ 8\%,\ 5) = 10\,000 \times 1.469\,3 = 14\,693$（元）

8.$P = 10\,000 \times (P/F,\ 8\%,\ 5) = 10\,000 \times 0.680\,6 = 6\,806$（元）

9.每年的营业现金流量 $= (100 - 60) \times (1 - 25\%) + 10 \times 25\% = 32.5$（万元）

10.每年的营业现金流量 $= (100 - 60) \times (1 - 25\%) + 10 = 40$（万元）

11.获利指数、净现值、内部报酬率都属于动态指标。

12.平均报酬率虽然属于静态指标，但是为正指标。

13.投资回收期=100÷25+2=6（年）

14.内部报酬率又称内含报酬率，是使投资项目的净现值等于零的贴现率。

15.净现值率>0，项目才具有财务可行性。

16.递延年金是指首期支付发生在第2期或以后某期的年金。

17.净现值大于0时，获利指数大于1，这时方案才具有可行性。

18.不考虑货币时间价值时，年现金流量是确定投资回收期的关键因素，回收期为初始投资除以年现金净流量。

19.净现值是一个正指标，在有多个备选方案的互斥选择决策中，应选用净现值是正值中的最大者。

20.长期投资项目的使用期长，面临的不确定因素较多，因此面临的风险较大。

三、多项选择题

1.ABCD	2.ABCD	3.ABC	4.BC	5.BCD
6.ABD	7.ABC	8.ABCD	9.ABCD	10.ACD

难点解析：

3.固定资产的残值属于现金流入量。

4.年金指的是等额、定期的系列收入或支出，而永续年金指的是无限期支付的年金，由于它没有终止支付的时间，因此也就没有终值。因此，选项B、C正确。

5.投资回收期属于静态指标。

6.资本成本=用资费用额/（筹资总额−筹资费用）

7.选项A，原材料采购价格下降，降低付现成本；选项B，产量增加且售价不变增加收入；选项C，税收优惠，减少所得税支出，会增加经营现金流量；选项D，销量增加但销售费用等额增加，现金流量不变。因此，正确答案为A、B、C。

10.年金指的是等额、定期的系列收入或支出，而按产量法计提的折旧大小与产量有关，是在变化的，并不是等额的。

四、判断题

1.√	2.√	3.√	4.√	5.×	6.×	7.√	8.√	9.×	10.×
11.√	12.×	13.×	14.√	15.√	16.√	17.√	18.×	19.√	20.×

难点解析：

5.建设投资一般在建设期内有关年度的年初发生。

6.敏感系数是目标值的变动百分比与变量值的变动百分比的比值。

9.变量在很小幅度内发生变动就会影响决策结果，表明该变量的敏感性强；反之，若变量在较大幅度内发生变动才会影响决策结果，则表明该变量的敏感性弱。

10.由于政府债券的风险很小（接近于零），因此，当通货膨胀率很低时，人们为方便起见，也常常习惯于将政府债券利率视同为货币的时间价值。

12.信用等级高的企业发行债券时，筹资容易，因此在计算资本成本时，用资费用是主要考虑因素，筹资费用影响较小，但通常不可完全忽略。

13.递延年金是指首期支付发生在第2期或以后某期的年金，所以最后一期有收支额，但第一期没有支付额。

15.预付年金与普通年金的主要区别在于支付时间。预付年金在每期期初支付，而普通年金在每期期末支付。因此，在相同金额、期数和利率下，两者的现值或终值计算结果相差一个计息周期。

18.采用平均报酬率这一指标时，应事先确定一家企业要求达到的平均报酬率，或称必要平均报酬率。在进行决策时，只有高于必要平均报酬率的方案才能入选。

20.只有将企业作为投资主体时才应把所得税列入现金流出量项目。如果将国家作为投资主体就不应把企业所得税列入现金流出量项目。

五、计算分析题

1.解：

$P = A \times (P/A, i, n)$

这里，A=8 000，i=6%，n=6。查年金系数表：

$(P/A, 6\%, 6) = 4.9173$

$P = A \times (P/A, i, n) = 8\,000 \times 4.9173 = 39\,338.40$（元）

2.解：

（1）项目总投资 = 80 + 15 = 95（万元）

固定资产年折旧额 = (80 − 18) ÷ 8 = 7.75（万元）

（2）第1年：建设起点借款用于固定资产投资，所以净现金流量：

$NCF_1 = -80$万元

第2年：项目建设中，没有运营收入和流动资金投入，所以净现金流量：

$NCF_2 = 0$万元

第3~5年：每年的净现金流量=税前利润+折旧（折旧是非付现成本，需要加回来）。每年税前利润6万元，折旧7.75万元，这3年每年的净现金流量为：

$NCF_{3-5} = 6 + 7.75 = 13.75$（万元）

第6~10年：每年税前利润是15万元，折旧不变，还是7.75万元，所以这5年每年的净现金流量为：

$NCF_{6-10} = 15 + 7.75 = 22.75$（万元）

第10年：终结点，除了当年的经营净现金流量外，还需要加上残值回收和流动资金回收。当年经营净现金流量是22.75万元，残值回收18万元，流动资金回收15万元，所以终结点净现金流量为：

$NCF_{10} = 22.75 + 18 + 15 = 55.75$（万元）

3.解：

（1）该项目的投资回收期 = 100 ÷ 25 = 4（年）

（2）该项目的净现值 = −100 + 25 × (P/A, 10%, 10) = −100 + 25 × 6.1446 ≈ 53.62（万元）

（3）因为该项目的净现值为53.62万元，大于零，静态投资回收期为4年，小于基准回收期5年（10÷2），所以该项目完全具备财务可行性。

4.解：

（1）甲方案折旧 = 10 000 ÷ 5 = 2 000（元）

$NCF_0 = -10\,000$ 元

$NCF_{1-5} = (6\,000 - 2\,000) \times (1 - 25\%) + 2\,000 \times 25\% = 3\,500$（元）

乙方案折旧 $= (12\,000 - 2\,000) \div 5 = 2\,000$（元）

$NCF_0 = -12\,000 - 3\,000 = -15\,000$（元）

$NCF_1 = (8\,000 - 3\,000) \times (1 - 25\%) + 2\,000 \times 25\% = 4\,250$（元）

$NCF_2 = (8\,000 - 3\,000 - 400) \times (1 - 25\%) + 2\,000 \times 25\% = 3\,950$（元）

$NCF_3 = (8\,000 - 3\,000 - 800) \times (1 - 25\%) + 2\,000 \times 25\% = 3\,650$（元）

$NCF_4 = (8\,000 - 3\,000 - 1\,200) \times (1 - 25\%) + 2\,000 \times 25\% = 3\,350$（元）

$NCF_5 = (8\,000 - 3\,000 - 1\,600) \times (1 - 25\%) + 2\,000 \times 25\% + 2\,000 + 3\,000 = 8\,050$（元）

（2）净现值：

$NPV_甲 = 3\,500 \times (P/A, 10\%, 5) - 10\,000 = 3\,267.8$（元）

$NPV_乙 = 4\,250 \times (P/F, 10\%, 1) + 3\,950 \times (P/F, 10\%, 2) + 3\,650 \times (P/F, 10\%, 3) + 3\,350 \times$
$(P/F, 10\%, 4) + 8\,050 \times (P/F, 10\%, 5) - 15\,000 \approx 2\,156.50$（元）

获利指数：

$PI_甲 = 13\,267.7 \div 10\,000 \approx 1.33$

$PI_乙 = 17\,156.5 \div 15\,000 \approx 1.14$

内部报酬率：

甲方案：年金现值系数 $= 10\,000 \div 3\,500 = 2.8571$

内部报酬率 $= 20\% + (25\% - 20\%) \times \dfrac{2.8571 - 2.9906}{2.6893 - 2.9906}$
$\approx 22.22\%$

乙方案：当折现率 $= 15\%$ 时，

$NPV = 4\,250 \times (P/F, 15\%, 1) + 3\,950 \times (P/F, 15\%, 2) + 3\,650 \times (P/F, 15\%, 3) + 3\,350 \times (P/F, 15\%, 4) + 8\,050 \times (P/F, 15\%, 5) - 15\,000 = 3\,695.80 + 2\,986.595 + 2\,399.875 + 1\,915.53 + 4\,002.46 - 15\,000 \approx 0$

内部报酬率 $= 15\%$

5.（1）继续使用设备：

设备重置成本 $= 12\,000$ 元

年折旧抵税 $= 12\,000 \div 6 \times 25\% = 500$（元）

年税后运行成本 $= 8\,000 \times (1 - 25\%) = 6\,000$（元）

年平均成本 $= 12\,000 \div (P/A, 10\%, 6) + 6\,000 - 500$
$= 12\,000 \div 4.3553 + 6\,000 - 500 \approx 8\,255.26$（元）

（2）改用新设备：

新设备采购成本 $= 40\,000$ 元

残值回收现值 $= 2\,000 \times (P/F, 10\%, 8) = 2\,000 \times 0.4665 = 933$（元）

年折旧抵税 $= (40\,000 - 2\,000) \div 8 \times 25\% = 1\,187.50$（元）

年税后运行成本 $= 6\,000 \times (1 - 25\%) = 4\,500$（元）

年平均成本 $= (40\,000 - 933) \div (P/A, 10\%, 8) + 4\,500 - 1\,187.50$
$= 39\,067 \div 5.3349 + 4\,500 - 1\,187.50 \approx 10\,635.41$（元）

由上述结果可知，更新设备的年平均成本高于继续使用旧设备，因此不应当

更新。

6. （1）购买设备：

设备折余价值 = 120 000 × 5% = 6 000（元）

年折旧额 =（120 000 − 6 000）÷ 10 = 11 400（元）

购买设备支出 = 120 000元

因计提折旧节税现值 = 11 400 ×（P/A，10%，10）= 11 400 × 25% × 6.1446

$$= 17 512.11（元）$$

设备折余价值变现现值 = 6 000 ×（P/F，10%，10）= 6 000 × 0.3855 = 2 313（元）

购买设备现金流出总现值 = 120 000 − 17 512.11 − 2 313 = 100 174.89（元）

（2）租赁设备：

租赁费支出 = 20 000 ×（P/A，10%，10）= 20 000 × 6.1446 = 122 892（元）

因支付租赁费节税现值 = 20 000 × 25% ×（P/A，10%，10）

$$= 20 000 × 25% × 6.1446 = 30 723（元）$$

租赁设备现金流出总现值 = 122 892 − 30 723 = 92 169（元）

上述结果表明，租赁设备的现金流出总现值小于购买设备的现金流出总现值，因此企业应采取租赁的方式。

六、案例分析题

答题要点：

（1）工作内容：对多家光伏企业进行考察调研，最终决定与天合蓝天合作，确定项目的建设规模为1.74MW，采用"自发自用余电上网"模式，并完成700万元的全款投资安排，确定开工建设时间。

决策特点：体现了决策的谨慎性和科学性。通过对多家企业的考察调研，充分收集信息，评估不同合作方的优劣，以作出最优决策；对项目模式、规模和投资金额等的确定，是基于对企业自身需求和实际情况的分析，确保投资决策符合企业发展战略。

（2）该项目为华达陶瓷带来的直接效益是电费节省，预计年均发电量为174万度，每年可节省电费113万元。截至并网后45天，已节省电费15.6万元，直接降低了企业的运营成本。

该项目为华达陶瓷带来的间接效益有：

第一，成为能源转型标杆案例。这提升了企业在行业内和当地的形象与声誉，有助于扩大企业的品牌影响力，为企业带来潜在的市场机会和合作机遇。

第二，助力绿色工业生态圈构建。推动企业走绿色生态优先、长期可持续发展道路，符合行业发展趋势，有利于企业长期稳定发展。

（3）作为华达陶瓷的财务经理，在项目实施前可从以下方面进行财务可行性分析：

第一，成本效益分析。计算项目的总投资成本为700万元，对比预计每年节省的电费113万元，分析项目在运营期内能否实现盈利，并计算投资回收期。例如，假设项目运营期为20年，总收益为2 260万元（113×20），远超过投资成本700万元，初步判断项目在成本效益上可行。

第二，现金流分析。考虑项目建设期间的现金流出，如设备采购、安装费用等一次性支出，以及运营期间的电费节省流入和可能的余电上网收入流入。确保项目在整个生命周期内现金流量充足，不会出现资金链断裂风险。例如，分析项目建设初期700万元投资的资金来源，以及运营期内每月电费节省资金的到账情况。

第三，风险分析。评估项目可能面临的风险，如光伏设备的质量风险、发电效率受天气等因素影响的风险、政策变动影响余电上网价格的风险等。针对这些风险，制定相应的应对措施，如选择质量可靠的设备供应商、购买保险以应对设备故障风险等，综合判断项目的风险承受能力和财务可行性。

第八章

标准成本法

一、标准成本法概述

（一）标准成本的概述

1.标准成本的概念

标准成本是指在正常和高效率的运转情况下制造产品的成本，而不是指实际发生的成本，是有效经营条件下发生的一种目标成本。它是根据企业目前的生产技术水平，在有效的经营条件下可能达到的成本。

2.标准成本的特点

标准成本是一种预先制定的成本目标，制定后一般不做调整和改变。实际生产费用与标准成本的偏差通过成本差异来反映，具有科学性和客观性、正常性、稳定性、尺度性和目标性的特点。

3.标准成本的作用

建立和运用标准成本具有以下作用：①有利于预算的编制和执行；②可以为企业的例外管理提供数据；③有利于成本控制、正确评价业绩；④有利于进行决策；⑤可以简化存货的计价以及成本核算工作。

4.标准成本的分类

按照制定标准成本所依据的生产技术和经营水平分类，分为理想标准成本、正常标准成本和现实标准成本，具体见表8-1。

表8-1　　　　　　　　　　　　　　　标准成本的分类

标准成本的分类	含义
理想标准成本	在最优条件下，利用现有的规模和设备能够达到的最低成本
正常标准成本	根据正常的工作效率，正常的生产能力利用程度和正常价格等条件制定的标准成本，一般只用来估计未来的成本变动趋势
现实标准成本	在现有生产技术条件下进行有效经营的基础上，根据下一期最可能发生的各种生产要素的耗用量、预计价格和预计的生产经营能力利用程度而制定的标准成本

（二）标准成本法的制定

1.标准成本法的概念

标准成本法是指以预先制定的标准成本为基础，用标准成本与实际成本进行比较，核算和分析成本差异的一种产品成本计算方法，也是加强成本控制、评价经济业绩的一种成本控制制度。标准成本法的主要包括标准成本的制定、成本差异的计算和分析、成本差异的账务处理三部分。

2.标准成本法的特点

（1）根据企业的生产技术、经营管理和人员素质条件为每一个成本项目制定标准成本。

（2）标准成本加上成本差异构成产品的实际生产成本。

（3）与成本核算有关的材料、生产成本、产成品和销售成本账户可按标准成本直接入账，简化了账务处理工作。

（4）标准成本的制定和分析过程也是企业内部各部门管理水平的检查过程、员工积极性的激励过程和企业业绩的评价过程。成本计算、成本管理和成本控制实现了有机结合。

（5）标准成本法也要根据生产特点和管理要求来处理各生产流程的成本累积过程，所以也要结合使用几种主要的成本核算方法。因此，标准成本法下的成本计算对象、成本计算期和是否计算半成品成本也依所采用的这些方法而决定。

一、标准成本的制定

（一）标准成本的构成

标准成本的成本项目与会计日常核算所使用的成本项目应当一致，由于产品成本是由直接材料、直接人工和制造费用三个成本项目构成的，因而也应根据这些项目的特点分别制定其标准成本。

（二）标准成本的制定方法

制定成本标准，主要包括两个方面的内容：一是数量标准，如原材料、工时的消耗量标准；二是价格标准，如原材料的标准价格、人工标准工资率等。标准成本构成见表8-2。

表8-2　　　　　　　　　　　标准成本的构成

成本项目	数量标准	价格标准
直接材料	材料的消耗量	材料的价格
直接人工	直接人工工时	工资率
制造费用	直接人工工时或机器小时	制造费用分配率

1.直接材料标准成本的制定

直接材料的标准成本是由材料的价格标准和数量标准来确定的。其计算公式是：

直接材料标准成本 = 直接材料价格标准 × 直接材料标准消耗量

直接材料的价格标准通常采用企业编制的计划价格；直接材料的数量标准，是指单位产品耗用原料及主要材料的数量，通常也称为材料消耗定额。

2.直接人工标准成本的制定

直接人工标准成本是由直接人工的价格和直接人工数量两项标准决定的，也就是指直接人工的工资率标准和工时用量标准。可按照下面的公式来计算：

直接人工标准成本 = 标准工时 × 标准工资率

直接人工的数量标准就是工时用量标准，是指在现有的生产技术条件、工艺方法和技术水平的基础上，生产单位产品所耗用的必要的工作时间；直接人工的价格标准就是标准工资率，它通常由劳动工资部门根据用工情况制定。标准工资率计算公式如下：

$$标准工资率 = \frac{标准工资总额}{标准总工时}$$

3.制造费用标准成本的制定

制造费用标准成本是在企业正常生产经营条件下，生产单位产品所发生的制造费用成本。制造费用的标准成本包括制造费用价格标准和制造费用数量标准两方面，其计算公式为：

制造费用标准成本 = 制造费用分配率 × 标准工时

制造费用的数量标准，即工时用量标准，其含义与直接人工用量标准相同。

制造费用价格标准，即制造费用的分配率标准，其计算公式为：

$$制造费用标准分配率 = \frac{制造费用预算总额}{标准总工时}$$

制造费用的标准成本通常分为变动制造费用标准成本和固定制造费用标准成本两部分。

1）变动制造费用标准成本的制定

变动制造费用标准成本由工时标准和变动制造费用标准分配率两个因素决定的。其计算公式为：

变动制造费用标准成本 = 标准工时 × 变动制造费用表分配率

其中，工时标准的含义与直接人工工时标准相同；变动制造费用标准分配率计算公式如下：

$$变动制造费用标准分配率 = \frac{变动制造费用预算总额}{标准总工时}$$

2）固定制造费用标准成本的制定

固定制造费用标准成本的制定，包括工时标准的制定和固定制造费用标准分配率的制定两个方面。其计算公式为：

固定制造费用标准成本 = 标准工时 × 固定制造费用表分配率

其中，标准工时的含义与直接人工标准工时相同；固定制造费用标准分配率计算公式如下：

$$固定制造费用标准分配率 = \frac{固定制造费用预算总额}{标准总工时}$$

（三）标准成本卡

标准成本一经确定就应编制标准成本卡，标准成本卡的内容与核算方法有关。在变动成本法下，标准成本卡只包括直接材料、直接人工和变动制造费用三项内容。在全部成本法下，标准成本卡还要包括固定制造费用。企业通常需要为每一产品设置一张标准成本卡，并在该卡中分别列明各项成本的价格标准和数量标准。

三、成本差异计算与分析

成本差异是在标准成本控制系统中，实际成本与标准成本之间的差额。实际成本高于标准成本而形成的超支差异称为不利差异；实际成本低于标准成本而形成的节约差异称为有利差异。成本差异包括直接材料成本差异、直接人工成本差异和制造费用差异三个部分。制造费用差异又可分为变动制造费用差异和固定制造费用差异两部分。

1.直接材料的差异计算与分析

直接材料成本差异是指为完成实际产量所消耗的直接材料按实际成本计算与按标准成本计算之间的差额。直接材料成本差异按其形成原因可分为价格差异和数量差异两种。

直接材料成本差异的计算公式如下：

直接材料成本差异 = 直接材料实际成本 - 直接材料标准成本

直接材料成本差异计算与分析见表8-3。

表8-3　　　　　　　　直接材料成本差异计算与分析

直接材料成本差异	计算公式	负责部门
数量差异	数量差异=（实际用量-标准用量）×标准价格	生产部门
价格差异	价格差异=（实际价格-标准价格）×实际用量	采购部门

2.直接人工的差异计算与分析

直接人工成本差异是指在实际产量下直接人工实际成本与实际产量下标准成本之间的差异。可分解为直接人工工资率差异和效率差异。

直接人工的成本差异公式如下：

直接人工成本差异 = 直接人工实际成本 - 直接人工标准成本

直接人工成本差异计算与分析见表8-4。

表8-4　　　　　　　　直接人工成本差异计算与分析

直接人工成本差异	计算公式	负责部门
效率差异（量差）	效率差异=（实际工时-标准工时）×标准工资率	生产部门
工资率差异（价差）	工资率差异=（实际工资率-标准工资率）×实际工时	人事劳动部门

3.变动制造费用差异的计算与分析

变动制造费用的差异是指实际产量下实际发生的变动制造费用与标准变动制造费用的差异，可以分解为耗费差异和效率差异两部分。

变动制造费用差异的公式如下：

变动制造费用差异 = 实际变动制造费用 - 标准变动制造费用

变动制造费用差异计算与分析见表8-5。

表8-5 变动制造费用差异计算与分析

变动制造费用差异	计算公式	负责部门
效率差异（量差）	效率差异=（实际工时－标准工时）×标准分配率	生产部门
耗费差异（价差）	耗费差异=（实际分配率－标准分配率）×实际工时	各部门主管

4.固定制造费用差异的计算与分析

固定制造费用差异是指实际固定制造费用与实际产量下的标准固定制造费用之间的差额。其计算公式为：

固定制造费用差异 = 实际固定制造费用 － 标准固定制造费用

固定制造费用差异计算与分析见表8-6。

表8-6 固定制造费用差异计算与分析

两因素差异分析法		三因素差异分析法	
耗费差异	耗费差异=实际固定制造费用－预算产量下标准固定制造费用	耗费差异	耗费差异=实际固定制造费用－预算产量下标准固定制造费用
能量差异	能量差异=（预算产量下标准工时－实际产量下标准工时）×标准分配率	产量差异	产量差异=（预算产量下标准工时－实际产量下实际工时）×标准分配率
		效率差异	效率差异=（实际产量下实际工时－实际产量下标准工时）×标准分配率

第二部分 练习题

一、名词解释

1.标准成本
2.理想标准成本
3.正常标准成本
4.现实标准成本
5.标准成本法
6.成本差异
7.两因素差异分析法
8.三因素差异分析法
9.变动制造费用耗费差异
10.变动制造费用效率差异

二、单项选择题

1.根据现有的生产技术条件和经营管理所能达到的最优情况来制定的标准成本是（ ）。

A.平均标准成本　　　B.理想标准成本　　　C.正常标准成本　　　D.现实标准成本

2.计算直接材料价格差异要以（　　　）为基础。

A.标准价格　　　　　B.实际价格　　　　　C.实际用量　　　　　D.标准用量

3.直接价格数量差异一般主要应由（　　　）负责。

A.采购部门　　　　　B.生产部门　　　　　C.人事部门　　　　　D.质量控制部门

4.固定制造费用预算与固定制造费用标准成本之间的差额称为（　　　）。

A.耗费差异　　　　　B.能量差异　　　　　C.效率差异　　　　　D.产量差异

5.在下列选项中，属于标准成本控制系统前提和关键的是（　　　）。

A.标准成本的制定　　　　　　　　　　　B.成本差异的分析

C.成本差异的计算　　　　　　　　　　　D.成本差异账务处理

6.正常生产经营条件下应该达到的成本水平，称为（　　　）。

A.理想标准成本　　　　　　　　　　　　B.正常标准成本

C.现实标准成本　　　　　　　　　　　　D.可达到标准成本

7.在标准成本控制系统中，成本差异是指（　　　）。

A.预算成本与标准成本的差异　　　　　　B.实际成本与计划成本的差异

C.实际成本与标准成本的差异　　　　　　D.实际成本与预算成本的差异

8.在成本差异分析中，变动制造费用耗费差异类似于（　　　）。

A.直接材料价格差异　　　　　　　　　　B.直接材料用量差异

C.直接人工效率差异　　　　　　　　　　D.直接人工成本差异

9.下列属于用量标准的是（　　　）。

A.材料消耗量　　　　　　　　　　　　　B.小时工资率

C.原材料价格　　　　　　　　　　　　　D.小时制造费用

10.使用三因素分析法分析固定资产差异时，固定制造费用效率差异反映（　　　）。

A.实际耗费与预算金额的差异

B.实际工时脱离生产能力形成的差异

C.实际工时脱离实际产量标准工时形成的差异

D.实际产量标准工时脱离生产能量形成的差异

11.变动制造费用的价格差异即（　　　）。

A.效率差异　　　　B.开支差异　　　　C.耗费差异　　　　D.能量差异

12.不可以套用"用量差异"和"价格差异"模式的成本项目是（　　　）。

A.直接材料　　　B.直接人工　　　C.固定制造费用　　　D.变动制造费用

13.若企业的生产部门、采购部门都是成本中心，那么，由于材料质量不合格造成的生产车间超过消耗标准成本差异部分应由（　　　）负担。

A.生产车间　　　　　　　　　　　　　　B.采购部门

C.生产车间与采购部门共同承担　　　　　D.企业总部

14.直接人工工时耗用量差异是指单位（　　　）耗用量脱离单位标准人工工时耗用量所产生的差异。

A.实际人工工时   B.定额人工工时   C.正常人工工时   D.预算人工工时

15.直接人工的小时工资率标准,在采用计时工资制下就是( )。

A.实际工资率   B.标准工资率   C.定额工资率   D.正常的工资率

16.以下关于标准成本法下变动制造费用差异分析的说法,错误的是( )。

A.变动制造费用效率差异和人工工时利用效率有关

B.变动制造费用耗费差异反映的是每小时费用支出的差异

C.若实际工时和标准工时相同,就不会产生变动制造费用效率差异

D.变动制造费用耗费差异只和变动制造费用的价格因素有关

17.某企业4月份发生的预算差异为700元(不利差异),能量差异为500元(有利差异),实际发生的固定制造费用为18 000元,则实际产量的标准固定制造费用为( )。

A.18 700元   B.17 800元   C.17 300元   D.17 500元

18.某公司采用标准成本法进行成本控制。某种产品的变动制造费用标准分配率为3元/小时,每件产品的标准工时为2小时。2025年5月,该产品的实际产量是100件,实际工时为250小时,实际发生变动制造费用1 000元,则变动制造费用耗费差异为( )。

A.150元   B.200元   C.250元   D.400元

19.某企业实际生产100件甲产品共耗用直接材料500千克,单位产品直接材料标准耗用量为4.5千克,材料标准价格为10元/千克,实际价格为11元/千克,则该产品直接材料的用量差异为( )。

A.550元   B.500元   C.42元   D.5 500元

20.某企业在标准成本法下核算,当实际成本低于标准成本时,以下关于差异的表述正确的是( )。

A.一定是有利差异,会增加企业利润

B.可能是因为标准成本制定过高导致的

C.企业应该立即调整标准成本,以符合实际情况

D.这种差异不会对企业的成本控制产生任何影响

三、多项选择题

1.标准成本法的重点有( ),借此可以促成成本控制目标的实现,并据以进行经济业绩考评。

A.标准成本的制定   B.成本差异的分析

C.成本差异的计算   D.成本差异账务处理

2.正常标准成本是在正常生产经营条件下应该达到的成本水平,它是根据( )制定的标准成本。

A.现实的耗用水平   B.正常的价格

C.正常的生产经营能力利用程度   D.现实的价格

3.在制定标准成本时,根据要求达到效率的不同,应采取的标准有( )。

A.理想标准成本   B.正常标准成本

C.现实标准成本   D.历史成本

4.构成直接材料成本差异的基本因素有（　　　）。

A.效率差异　　　　B.时间差异　　　　C.数量差异　　　　D.价格差异

5.固定制造费用的三种成本差异是指（　　　）。

A.效率差异　　　　　　　　　　　B.开支差异

C.生产能力利用差异　　　　　　　D.价格差异

6.影响材料采购价格的各种因素有（　　　）。

A.采购批量　　　　B.运输工具　　　　C.交货方式　　　　D.材料质量

7.影响人工效率的因素是多方面的，包括（　　　）。

A.生产工人的技术水平　　　　　　B.生产工艺过程

C.原材料的质量　　　　　　　　　D.设备的状况

8.正常标准成本是在正常生产条件下应该达到的成本水平。这种标准成本通常反映了过去一段时期的（　　　）。

A.实际成本水平的平均值　　　　　B.该行业价格的平均水平

C.平均生产能力　　　　　　　　　D.平均技术水平

9.造成差异的原因中，应由生产部门负责的有（　　　）。

A.材料质量　　　　　　　　　　　B.生产安排不当

C.生产工人技术水平低　　　　　　D.调度失误

10.造成差异的原因中，应由米购部门负责的有（　　　）。

A.材料质量　　　　　　　　　　　B.材料价格

C.生产设备状况　　　　　　　　　D.供应商选择

11.变动制造费用成本差异计算包括（　　　）。

A.（实际工时-标准工时）×实际分配率

B.（实际工时-标准工时）×标准分配率

C.（实际分配率-标准分配率）×实际工时

D.（实际分配率-标准分配率）×标准工时

12.在直接人工成本差异分析中，（　　　）。

A.价格差异的大小是由实际小时工资率脱离标准的程度以及实际工时高低所决定的

B.价格差异的大小是由实际小时工资率脱离标准的程度以及标准工时高低所决定的

C.数量差异的大小是由人工工时脱离标准的程度以及标准工资率高低所决定的

D.数量差异的大小是由人工工时脱离标准的程度以及实际工资率高低所决定的

13.下列各项中，属于数量差异的有（　　　）。

A.直接人工效率差异　　　　　　　B.直接人工工资率差异

C.变动制造费用耗费差异　　　　　D.变动制造费用效率差异

14.下列关于标准成本法下制造费用差异分析的说法中，正确的有（　　　）。

A.变动制造费用效率差异的产生原因与直接人工效率差异类似

B.固定制造费用预算差异是由于实际固定制造费用与预算固定制造费用不同造成的

C.固定制造费用产量差异反映了未能充分利用生产能力而造成的损失

D.二因素分析法下，固定制造费用能量差异等于产量差异与效率差异之和

15.在变动成本法下，标准成本卡中包括的内容有（   ）。

A.直接材料   B.直接人工   C.变动制造费用   D.固定制造费用

四、判断题

1.当生产部门的实际产量超过（或低于）正常生产能力时，其折旧费的相对节约（或超支）差异表现为生产部门对折旧费承担的责任，即生产部门不负责折旧费的预算差异，但对其产量差异负责。   （   ）

2.标准成本是在正常生产经营下应该实现的，可以作为控制成本开支、评价实际成本、衡量工作效率的依据和尺度的一种目标成本。   （   ）

3.在标准成本法下，变动制造费用差异按其形成原因可分为效率差异和耗费差异。这两种差异的计算都与实际工时有关。   （   ）

4.材料成本脱离标准的差异、人工成本脱离标准的差异、变动制造费用脱离标准的差异，都可以分为"量差"和"价差"两部分。   （   ）

5.计算数量差异要以标准价格为基础。   （   ）

6.在制定标准成本时，理想标准成本因为要求高而成为最合适的一种标准成本。
                                                                 （   ）

7.固定制造费用标准分配率=预算固定制造费用/实际工时。   （   ）

8.一般而言，直接材料的价格差异应由采购部门负责，直接材料的用量差异应由生产部门负责。   （   ）

9.实际成本超过标准成本所形成的差异称为不利差异。   （   ）

10.两因素差异分析法将固定制造费用差异分解为固定制造费用耗费差异和固定制造费用产量差异。   （   ）

五、计算分析题

1.某工厂生产乙产品需用到直接材料B。本期计划生产乙产品1 200件，实际生产了1 200件，耗用材料为10 800千克，B材料的实际价格为每千克180元。已知B材料的标准价格为每千克190元，单位乙产品的标准用量为9千克。

要求：

（1）分别计算B材料的价格差异和数量差异，并指出是有利差异还是不利差异。

（2）计算B材料的成本差异总额。

2.某公司生产一种电子元件，每盒的直接人工的标准成本如下：直接人工的价格标准为30元/小时，用量标准为每盒8小时。本期该电子元件的实际产量为1 200盒，实际耗用直接人工9 800小时，实际支付人工成本294 000元。

要求：

（1）分别计算本期的工资率差异和效率差异，并指出是有利差异还是不利差异。

（2）计算本期直接人工成本差异总额。

3.已知某企业生产甲产品，其标准成本资料见表8-7。

表8-7　　　　　　　　　　　　　甲产品标准成本资料

项目	价格标准	数量标准	金额
直接材料	9元/千克	50千克/件	450元/件
直接人工	4元/小时	45小时/件	180元/件

甲产品的正常生产工时为1 000小时。本月的实际产量为20件，实际耗用材料为900千克，实际人工工时为950小时，直接材料的实际成本为9 000元，直接人工的实际成本为3 325元。

要求：

（1）计算直接材料成本总差异，分别计算材料的用量差异和价格差异，并注明有利还是不利差异。

（2）计算直接人工成本总差异，分别计算人工的效率差异和工资率差异，并注明有利还是不利差异。

4.某公司本月有关预算资料及执行结果见表8-8。

表8-8　　　　　　　　　　　　预算资料及执行结果

项目	预算资料	执行结果
变动制造费用（元）	500	510
总工时（小时）	2 500	2 200

已知标准工时为2 000小时，变动制造费用标准分配率为0.25元/小时。

要求：

（1）分别计算变动制造费用效率差异和耗费差异，并指出是有利差异还是不利差异。

（2）计算变动制造费用的成本差异总额。

5.某企业生产丙产品，其标准成本资料如下：

直接材料：标准用量为5千克/件，标准价格为30元/千克；

直接人工：标准工时为4小时/件，标准小时工资率为25元/小时；

制造费用：标准分配率为20元/小时。

本期实际生产丙产品200件，实际消耗材料1 100千克，材料的实际价格为28元/千克；实际耗用工时850小时，实际小时工资率为26元/小时；实际发生制造费用18 000元。

要求：分别计算直接材料、直接人工和制造费用的成本差异。

6.某智能科技企业采用标准成本法管控成本，其固定制造费用预算主要涵盖生产车间的设备折旧、厂房租金以及固定的技术维护费，预算总额为500 000元，预计每月正常生产产能工时为100 000小时，每生产一个智能手环的标准工时设定为2小时。在刚过去的这个月，企业接到大量紧急订单，实际共生产智能手环48 000个。为了赶工，实际耗用工时达到95 000小时，实际发生的固定制造费用总计480 000元。

要求：计算固定制造费用耗费差异和固定制造费用能量差异。

7.某工厂固定制造费用及有关资料见表8-9所示。

表8-9 固定制造费用资料表

项目	资料
固定制造费用实际支出总额	61 700元
实际产量标准工时	16 000小时
固定制造费用预算总额	60 000元
预算产量标准工时	20 000小时
本年度实际耗用总工时	17 500小时

要求：

（1）计算固定制造费用成本差异总额。

（2）用两差异法分解成本差异。

（3）用三差异法分解成本差异。

8.某公司采用标准成本法控制并计算产品成本。该公司生产的甲产品标准成本资料见表8-10。

表8-10 甲产品标准成本

成本项目	用量标准	价格标准	标准成本
直接材料	2千克/件	9元/千克	18元/件
直接人工	3小时/件	8元/小时	24元/件
变动制造费用	3小时/件	4元/小时	12元/件
固定制造费用	3小时/件	3元/小时	9元/件

该公司本期预算产量为9 000件，实际产量为8 000件，实际发生的成本数据见表8-11。

表8-11 甲产品实际成本数据表

成本项目	实际用量	实际价格	实际成本
直接材料	15 000千克	10元/千克	150 000元
直接人工	22 000小时	9元/小时	198 000元
变动制造费用	—		83 600元
固定制造费用	—		85 800元

要求：

（1）计算直接材料成本项目的用量差异和价格差异。

（2）计算直接人工工资率差异和效率差异。

（3）计算变动制造费用耗费差异和效率差异。

（4）计算固定制造费用耗费差异、产量差异和效率差异。

六、案例分析题

案例1　　　　　　　　　畅饮可乐公司标准成本法的应用

畅饮可乐公司作为某地饮料行业巨头，旗下产品种类繁多，畅销200多个国家和地区。在庞大的生产运营体系下，为有效控制成本、保障利润，畅饮可乐公司在其灌装厂广泛应用标准成本法进行成本管理。

一、标准成本的制定

1.直接材料成本

以经典款畅饮可乐为例，生产一瓶500毫升的饮料，根据配方和工艺要求，糖浆的标准用量为100毫升，由于采购部门通过长期合同锁定优质糖浆供应商，经核算，糖浆标准采购价格为每毫升0.05元；瓶子标准用量为1个，采购价格为每个0.5元；瓶盖标准用量1个，采购价每个0.05元。因此，一瓶可乐的标准直接材料成本为5.55元（100×0.05+0.5+0.05）。

2.直接人工成本

灌装厂通过对生产线各环节进行动作研究，确定灌装、贴标、包装等工序生产一瓶可乐的标准工时为0.05小时。结合当地劳动力市场工资水平以及公司薪酬政策，确定直接人工的标准小时工资率为20元/小时，则一瓶可乐的标准直接人工成本为1元（0.05×20）。

3.制造费用

采用作业成本法分配制造费用，将设备折旧、水电费、生产线维护等费用按机器工时分配到产品。经测算，分摊到一瓶可乐的制造费用标准成本为0.45元。

二、成本差异分析与控制

1.直接材料成本差异

（1）在某批次生产中，发现糖浆的实际采购价格为每毫升0.052元，高于标准价格0.002元。调查得知，糖浆原料产地遭遇极端天气，影响产量，供应减少，导致价格上升。畅饮可乐公司一方面与供应商协商，依据长期合作协议要求其稳定价格；另一方面，加速开发新的糖浆供应源，以防单一供应商风险。

（2）同时，生产线上反馈该批次瓶子的实际用量为1.02个，超出标准用量0.02个。经分析，是由于新模具调试初期，瓶子成型精度不够，废品率略有上升。公司立即组织技术人员对模具进行优化，同时加强生产过程中的质量抽检，确保瓶子质量，降低废品损失。

2.直接人工成本差异

（1）某时段，生产一瓶可乐的实际工时达到0.055小时，高于标准工时0.05小时。经调查，由于新员工入职较多，岗前培训时间较短，对操作熟练度不够。公司迅速调整培训方案，延长新员工培训时间，安排老员工一对一指导，提升操作技能。

（2）此外，生产线临时升级部分设备，员工对新设备的操作不熟悉，也造成一定的工时浪费。公司及时组织设备供应商来厂培训，编写详细的设备操作手册，让员工尽快熟悉新设备。

要求：

（1）计算该批次生产中一瓶可乐的直接材料成本差异总额，并分析是有利差异还是不利差异。

（2）结合畅饮可乐公司案例，阐述标准成本法对企业成本管理的重要性体现在哪些方面，以及在实施过程中可能面临的挑战。

案例2　　　　　　　　海锐公司标准成本法的应用

海锐是某地一家知名的家电企业，产品种类丰富，涵盖冰箱、洗衣机、空调等各类家电产品。在激烈的市场竞争环境下，成本控制成为海锐保持竞争力的关键因素之一。海锐引入标准成本法，对生产过程中的各项成本进行精细化管理。以海锐某款畅销冰箱为例，在生产过程中，涉及原材料采购、零部件加工、产品组装等多个环节。海锐为每个环节设定了详细的标准成本，包括标准的原材料用量、标准的人工工时以及标准的制造费用分配率等。通过对比实际成本与标准成本，海锐能够及时发现成本差异，并深入分析原因，采取针对性措施进行成本控制。

要求：

（1）假设海锐在生产某款冰箱时，标准的压缩机采购价格为1 000元/台，标准用量为1台/冰箱。在某一生产周期内，实际生产冰箱1 000台，实际采购压缩机1 050台，实际采购价格为950元/台。请计算该生产周期内压缩机采购的价格差异和用量差异，并分析可能导致这些差异的原因。

（2）假设海锐某车间生产洗衣机，标准人工工时为2小时/台，标准人工工资率为20元/小时。某周，该车间实际生产洗衣机500台，实际人工工时为1 100小时，实际人工总成本为23 100元。计算人工效率差异和工资率差异，并探讨海锐应如何利用这些差异进行成本控制。

（3）在采用标准成本法的过程中，海锐发现部分产品的制造费用差异较大。制造费用主要包括设备折旧、水电费等。请分析可能导致制造费用差异的因素，以及海锐应采取哪些措施来优化制造费用的控制。

第三部分　参考答案

一、名词解释

1.标准成本

标准成本是指在正常和高效率的运转情况下制造产品的成本，而不是指实际发生的成本，是有效经营条件下发生的一种目标成本。它是根据企业目前的生产技术水平，在有效的经营条件下可能达到的成本。

2.理想标准成本

理想标准成本是指在最优条件下，利用现有的规模和设备能够达到的最低成本。

3.正常标准成本

正常标准成本是根据正常的工作效率、正常的生产能力利用程度和正常价格等条件制定的标准成本。它一般只用来估计未来的成本变动趋势。

4. 现实标准成本

现实标准成本亦称可达到标准成本，是在现有生产技术条件下进行有效经营的基础上，根据下一期最可能发生的各种生产要素的耗用量、预计价格和预计的生产经营能力利用程度而制定的标准成本。

5. 标准成本法

标准成本法是指以预先制定的标准成本为基础，用标准成本与实际成本进行比较，核算和分析成本差异的一种产品成本计算方法，也是加强成本控制、评价经济业绩的一种成本控制制度。

6. 成本差异

成本差异是在标准成本控制系统中，实际成本与标准成本之间的差额。通过实际发生额与标准成本相比较，分析差异的形成和发生差异的原因，采取相应的措施，实现对成本的控制。

7. 两因素差异分析法

两因素差异分析法将固定制造费用差异分解为固定制造费用耗费差异和固定制造费用能量差异。

8. 三因素差异分析法

三因素差异分析法是指将固定制造费用的成本差异区分为耗费差异、产量差异和效率差异三部分。

9. 变动制造费用耗费差异

变动制造费用耗费差异即变动制造费用的价格差异，它是因变动制造费用的实际分配率脱离标准而导致的成本差异，也称变动制造费用分配率差异。

10. 变动制造费用效率差异

变动制造费用效率差异即变动制造费用的数量差异，它是因实际耗用工时脱离标准而导致的成本差异。

二、单项选择题

1.B	2.C	3.A	4.B	5.A	6.B	7.C	8.A	9.A	10.C
11.C	12.C	13.B	14.A	15.B	16.D	17.B	18.C	19.B	20.B

难点解析：

1. 理想标准成本是指在最优条件下，利用现有的规模和设备能够达到的最低成本。

2. 直接材料价格差异是指在实际产量下，由材料的实际价格与标准价格的不同而导致的差异，其计算公式为：

直接材料价格差异 =（实际价格 － 标准价格）× 实际用量

3. 直接材料价格差异的形成受各种主客观因素的影响，较为复杂。但是，由于它与采购部门的关系更为密切，所以其主要责任部门是采购部门。

4. 固定制造费用能量差异是指固定制造费用预算与固定制造费用标准成本的差额，或者说是实际业务量的标准工时与生产能量的差额用标准分配率计算的金额。

5.标准成本的制定是采用标准成本法的前提和关键，据此可以达到成本事前控制的目的。

7.成本差异是在标准成本控制系统中，实际成本与标准成本之间的差额。

8.变动制造费用耗费差异即变动制造费用的价格差异。它是因变动制造费用实际分配率脱离标准而导致的成本差异，也称变动制造费用分配率差异。因此，选项A正确。

9.小时工资率、原材料价格、小时制造费用均属于价格标准，因此选项B、C、D错误。

10.固定制造费用效率差异是实际工时脱离标准工时而形成的效率差异，可体现单位产品的生产效率是否改变。

11.变动制造费用耗费差异即变动制造费用的价格差异。它是因变动制造费用实际分配率脱离标准而导致的成本差异，也称变动制造费用分配率差异。

12.固定制造费用是固定成本，在一定业务量范围内不随业务量的变动而变动。因此，固定制造费用差异不能简单地分为价格差异和数量差异两种类型。

13.属采购工作所引起的差异应由采购部门负责，因此购进了质量较差的材料引起耗用量的增加，由此形成的不利差异应由采购部门负责，不能归咎于生产部门，选项B正确。

14.直接人工工时耗用差异即直接人工效率差异，是指由于实际使用的人工工时脱离预定标准而形成的差异。

15.直接人工的价格标准就是标准工资率，通常由劳动工资部门根据用工情况制定。当采用计时工资制时，标准工资率就是单位标准工资率。

16.变动制造费用耗费差异不仅和价格有关，还可能受费用分配等其他因素影响，A、B、C选项说法正确。

17.固定制造费用差异=预算差异+能量差异=700+（-500）=200（元）

标准固定制造费用=实际固定制造费用-固定制造费用差异=18 000-200=17 800（元）

18.实际分配率=1 000÷250=4（元/小时）

变动制造费用耗费差异=（4-3）×250=250（元）

19.直接材料用量差异=（材料实际耗用量-标准耗用量）×标准价格

=（500-4.5×100）×10=500（元）

20.实际成本低于标准成本可能是有利差异，但也可能是标准成本定高了；不能马上调整标准成本，且这种差异会对成本控制有影响。

三、多项选择题

1.BC	2.BC	3.ABC	4.CD	5.ABC	6.ABCD	7.ABCD	8.ABCD	9.BCD	10.ABD
11.BC	12.AC	13.AD	14.ABC	15.ABC					

难点解析：

1.标准成本的制定是采用标准成本法的前提和关键，据此可以达到成本事前控制的目的；成本差异计算和分析是标准成本法的重点，借此可以促成成本控制目标的实现，并据以进行经济业绩考评。因此，选项B、C正确。

2.正常标准成本是根据正常的工作效率、正常的生产能力利用程度和正常价格等条件制定的标准成本，因此选项B、C正确。

3.按照制定标准成本所依据的生产技术和经营水平，将标准成本分为理想标准成本、正常标准成本和现实标准成本。

4.直接材料成本差异是指为完成实际产量所消耗的直接材料按实际成本计算与按标准成本计算之间的差额。直接材料成本差异按其形成原因可分为价格差异和数量差异两种。

5.三因素差异分析法是指将固定制造费用的成本差异区分为耗费差异、产量差异和效率差异三部分。其中，耗费差异又称为固定制造费用开支差异，产量差异又称为生产能力利用差异。

9.材料质量属于采购过程的把控，属于采购部门负责。因此，选项A错误。

10.生产设备状况属于生产过程中的问题，应该由生产部门负责。因此，选项C错误。

11."（实际工时－标准工时）×标准分配率"为变动制造费用效率差异的计算方式；"（实际分配率－标准分配率）×实际工时"为变动制造费用耗费差异的计算方式。

12.直接人工的价格差异，是指由于实际小时工资率脱离预定标准而形成的差异；直接人工的数量差异，是指由于实际使用的人工工时脱离预定标准而形成的差异。

13.直接人工工资率差异和变动制造费用耗费差异属于价格差异。

14.变动制造费用效率差异和直接人工效率差异都与工时利用有关；预算差异就是实际和预算的固定制造费用之差；产量差异体现生产能力利用情况；在二因素分析法下，能量差异和产量差异是相同的概念，不是产量差异与效率差异之和。

15.固定制造费用是在完全成本法下需要列示在标准成本卡中的内容。

四、判断题

1.√	2.√	3.√	4.√	5.√	6.×	7.×	8.√	9.√	10.×

难点解析：

3.变动制造费用效率差异是因工时利用效率不同而产生的，与实际工时和标准工时有关；耗费差异是实际工时下费用支出与标准的差异，都涉及实际工时。

6.理想标准很难成为现实，即使暂时出现也不可能持久。它的主要用途是提供一个完美的目标，揭示实际成本下降的潜力。因其提出的要求太高，不能作为考核的依据。

7.固定制造费用标准分配率=预算固定制造费用/标准工时。

10.两因素差异分析法将固定制造费用差异分解为固定制造费用耗费差异和固定制造费用能量差异。

五、计算分析题

1.解：

（1）材料价格差异 = $(180 - 190) \times 10\,800 = -108\,000$（元）（有利差异）

材料数量差异 = $190 \times (10\,800 - 1\,200 \times 9) = 0$

（2）材料成本差异总额 = 180 × 10 800 − 190 × 1 200 × 9 = −108 000（元）

　　　　　　　　　　　　= −108 000 + 0 = −108 000（元）（有利差异）

2. 解：

（1）实际工资率 = 294 000 ÷ 9 800 = 30（元/小时）

工资率差异 = 9 800 × （30 − 30） = 0（没有差异）

标准工时 = 1 200 × 8 = 9 600(小时)

效率差异 = 30 × （9 800 − 9 600） = 6 000（元）（不利差异）

（2）直接人工成本差异 = 294 000 − 30 × 8 × 1 200 = 0 + 6 000 = 6 000（元）（不利差异）

3. 解：

（1）成本差异 = 9 000 − 450 × 20 = 0

用量差异 = 9 × （900 − 50 × 20） = −900（元）（有利差异）

价格差异 = （9 000 ÷ 900 − 9） × 900 = 900（元）（不利差异）

（2）成本差异 = 3 325 − 180 × 20 = −275（元）（有利差异）

人工工资率差异 = （3 325 ÷ 950 − 4） × 950 = −475（元）（有利差异）

人工效率差异 = 4 × （950 − 45 × 20） = 200（元）（不利差异）

4. 解：

（1）变动制造费用效率差异 = 0.25 × （2 200 − 2 000） = 50（元）（不利差异）

变动制造费用耗费差异 = $\left(\dfrac{510}{2\,200} - 0.25\right) \times 2\,200 = -40$（元）（有利差异）

（2）变动制造费用总差异 = 510 − （2 000 × 0.25） = 50 + （−40） = 10（元）（不利差异）

5. 解：

（1）直接材料成本差异：

材料价格差异 = （28 − 30） × 1 100 = −2 200（元）（有利差异）

材料数量差异 = 30 × （1 100 − 200 × 5） = 3 000（元）（不利差异）

直接材料成本差异总额 = −2 200 + 3 000 = 800（元）（不利差异）

（2）直接人工成本差异：

工资率差异 = （26 − 25） × 850 = 850（元）（不利差异）

效率差异 = 25 × （850 − 200 × 4） = 1 250（元）（不利差异）

直接人工成本差异总额 = 850 + 1 250 = 2 100（元）（不利差异）

（3）制造费用成本差异：

制造费用效率差异 = 20 × （850 − 200 × 4） = 1 000（元）（不利差异）

制造费用耗费差异 = 18 000 − （850 × 20） = 1 000（元）（不利差异）

制造费用总额 = 1 000 + 1 000 = 2 000（元）（不利差异）

6. 解：

固定制造费用耗费差异：

固定制造费用耗费差异 = 480 000 − 500 000 = −20 000（元）（有利差异）

固定制造费用能量差异：

固定制造费用标准分配率 = 500 000 ÷ 100 000 = 5（元/小时）

实际产量标准工时 = 480 000 × 2 = 960 000（小时）

固定制造费用能量差异 = (100 000 - 96 000) × 5 = 20 000（元）（不利差异）

7.解：

（1）标准固定制造费用分配率 = 60 000 ÷ 20 000 = 3（元/小时）

实际产量标准固定制造费用 = 16 000 × 3 = 48 000（元）

固定制造费用差异总额 = 61 700 - 48 000 = 13 700（元）

（2）两差异法：

耗费差异 = 61 700 - 20 000 × 3 = 1 700（元）（不利差异）

能量差异 = 20 000 × 3 - 48 000 = 12 000（元）（不利差异）

（3）三差异法：

耗费差异 = 61 700 - 20 000 × 3 = 1 700（元）（不利差异）

产量差异 = (20 000 - 17 500) × 3 = 7 500（元）（不利差异）

效率差异 = (17 500 - 16 000) × 3 = 4 500（元）（不利差异）

8.解：

（1）材料用量差异 = 9 × (15 000 - 8 000 × 2) = -9 000（元）（有利差异）

材料价格差异 = 15 000 × (10 - 9) = 15 000（元）（不利差异）

（2）人工工资率差异 = (9 - 8) × 22 000 = 22 000（元）（不利差异）

人工效率差异 = 8 × (22 000 - 8 000 × 3) = -16 000（元）（有利差异）

（3）变动制造费用耗费差异 = (83 600 ÷ 22 000 - 4) × 22 000 = -4 400（元）（有利差异）

变动制造费用效率差异 = 4 × (22 000 - 8 000 × 3) = -8 000（元）（有利差异）

（4）固定制造费用效率差异 = 85 800 - 9 000 × 9 = 4 800（元）（不利差异）

固定制造费用产量差异 = (9 000 × 3 - 22 000) × 3 = 15 000（元）（不利差异）

固定制造费用效率差异 = (22 000 - 8 000 × 3) × 3 = -6 000（元）（有利差异）

六、案例分析题

案例1答题要点：

（1）糖浆的价格差异 = (0.052 - 0.05) × 100 = 0.2（元）（不利差异）

由于采购价格升高，增加了材料成本。

瓶子用量差异 = (1.02 - 1) × 0.5 = 0.01（元）（不利差异）

超出标准成本，企业成本控制面临压力。

直接材料成本差异总额=0.2+0.01+0=0.21（元）（不利差异）

（2）标准成本法的重要性体现在以下三个方面：

①精准规划。制定标准成本能提前精细规划各项资源投入，如准确知道生产一瓶可乐在材料、人工、制造费用上的耗费，便于预算编制与资源筹备。

②差异洞察。成本差异分析能及时揭示生产环节问题。无论是材料价格波动、用量异常，还是人工效率低下，管理者可以迅速定位成本失控点。

③改进导向。依据发现的问题，针对性地采取措施优化成本，比如畅饮可乐公司与供应商协商、优化模具、强化培训等，可以持续降低成本，提升竞争力。

在实施过程中可能面临的挑战有以下三点：

①标准动态性。市场变化快，原材料价格、劳动力成本、生产工艺更新等，使得标准成本需频繁调整，否则易脱离实际。

②数据准确性。成本差异计算依赖大量数据，来自采购、生产、财务等多部门。若数据不准确、传递不及时，会导致错误决策。

③全员参与。成本管控需全体员工落实，新措施推行可能遇员工抵触，如增加培训时长、改变操作习惯等，需有效激励推动。

案例2答题要点：

（1）价格差异 = (950 - 1 000) × 1 050 = -52 500（元）

价格差异为节约52 500元，可能原因是海锐与供应商谈判能力增强，获得了更优惠的采购价格，或者市场上压缩机供应充足，价格下降。

用量差异 = (1 050 - 1 000 × 1) × 1 000 = 50 000（元）

用量差异为超支50 000元，可能原因是生产过程中存在浪费现象，如安装不当导致压缩机损坏，需要更换，或者产品设计变更，使得实际生产中对压缩机的需求增加。

（2）人工效率差异 = (1 100 - 500 × 2) × 20 = 2 000（元）

人工效率差异为超支2 000元。

工资率差异 = (23 100 ÷ 1 100 - 20) × 1 100 = 1 100（元）

工资率差异为超支1 100元。

对于人工效率差异，海锐可以加强员工培训，提高员工操作技能，优化生产流程，减少不必要的工时消耗。对于工资率差异，海锐可以重新评估薪酬体系，合理调整工资结构，或者加强对加班等额外工资支出的管理。

（3）导致制造费用差异的因素可能有设备故障导致的维修费用增加；生产规模扩大，但设备折旧等固定制造费用未及时调整；能源价格波动导致的水电费增加；生产效率下降，使得单位产品分摊的制造费用增加等。

海锐可以加强设备维护保养，建立设备故障预警机制，降低设备维修成本；根据生产规模变化，合理调整制造费用预算；加强能源管理，采用节能技术和设备，降低能源消耗；优化生产流程，提高生产效率，降低单位产品制造费用。

第九章

作业成本法

一、作业成本法概述

（一）作业成本法的产生

作业成本法的产生与其他新生事物一样，是生产力发展与作用的直接结果，也是传统成本核算的局限性要求的，其产生原因有如下两点：①生产力发展导致企业内外部环境变化；②传统间接费用分配方法存在缺陷。

（二）作业成本法的发展

作业成本法产生于20世纪80年代中后期的西方，之后不断发展完善，成为现今炙手可热的一种新兴的产品成本核算方法。其产生和发展可以划分为以下四个阶段：萌芽阶段、创建阶段、发展阶段和稳定阶段。各发展阶段的时间范围及代表人物或事件见表9-1。

表9-1 作业成本法发展阶段

发展阶段	时间范围	代表人物
萌芽阶段	20世纪30年代末至20世纪80年代中期	科勒、斯托布斯
创建阶段	20世纪80年代中期至20世纪90年代初期	罗宾·库珀、罗伯特·卡普兰
发展阶段	20世纪90年代初期至21世纪初	Raffish和Tourney、卡普兰和安德森
稳定阶段	21世纪初至今	财政部印发《企业产品成本核算制度（试行）》

（三）作业成本法的含义

作业成本法（Activity-based Costing，ABC）是一种以作业为基础，通过对所有作业活动进行动态追踪，根据各项作业费用的消耗情况，将间接成本和辅助费用更准确地分配到产品和服务的一种成本计算方法。

（四）作业成本法的相关概念

作业成本法的相关概念主要涉及资源、作业和成本动因，具体含义见表9-2。

表9-2 作业成本法的相关概念

相关概念	含义
资源	资源是指在企业生产经营过程中，初始形态上的各种劳动耗费
作业	从技术或管理角度来看，作业是指企业生产过程中的各工序和环节，但从管理角度来看，作业是基于一定的目的、以人为主体、消耗一定资源的特定范围内的工作

续表

相关概念		含义
作业链和价值链		现代企业实质上就是一个为了满足顾客需要而建立的一系列前后有序的作业集合体。这个有序的集合体就是作业链概念。各项作业之间彼此成为顾客，将作业链上的所有作业汇总起来，即可为外部顾客提供有价值的服务
成本动因	资源成本动因	资源成本动因是引起作业成本增加的驱动因素，用来衡量一项作业的资源消耗量
	作业成本动因	作业成本动因是衡量一个成本对象（产品、服务或顾客）需要的作业量，是产品成本增加的驱动因素

二、作业成本计算

（一）作业中心与制造中心

作业中心是负责完成一项特定产品制造功能的一系列作业的集合。

制造中心是指能够独立完成一种产品或一个系族多种产品生产的中心，由一系列作业中心集合而成。

在作业成本计算法下，资源耗费的价值通过作业、作业中心、制造中心归集到产品上，最终形成产品成本。

（二）作业成本法计算程序

作业成本法是把企业消耗的资源按资源动因分配到作业，再把作业归集的作业成本按作业动因分配到成本对象的核算与管理方法。因此，作业成本法计算的基本程序分为两大阶段。第一阶段是将各种资源耗费形成的费用分配到相同性质的作业成本库中，计算每一个成本库的分配率（单位作业成本）；第二阶段是按作业成本库的分配率，把费用分摊到成本计算对象（如产品、责任中心）中，计算成本计算对象的成本。其具体计算过程如下：

1.确认作业中心，将资源耗费价值归集到各作业中心；

2.确认作业，将作业中心汇集的各资源耗费价值予以分解，并按照资源动因分配到各作业成本库中；

3.将各作业成本库价值按照作业动因分配计入最终产品成本计算单，计算完工产品成本。

（三）作业成本法计算举例

从作业成本法的计算程序可以看出，作业成本法最终计算的是产品成本。直接成本直接计入产品成本，而间接成本则按照"资源—作业—产品"这一顺序进行确认、计量和分配。

三、作业成本管理

（一）作业管理与作业成本管理的含义

作业管理是将企业看作由顾客需求驱动的一系列作业组合而成的作业集合体，在管理中努力提高增加顾客价值的作业效率，消除或遏制不增加顾客价值的作业，实现企业生产经营的持续改善。作业管理的基本管理思想是：以顾客链为导向，以作业链（价值链）为中心，对企业的作业流程进行彻底的改造。

作业成本管理是应用作业成本计算提供的信息，从成本的角度，合理安排产品或劳务的销售组合，寻找改变作业和生产流程、改善和提高生产效率的机会。作业成本管理主要从成本方面来优化企业的作业链和价值链，是作业管理的中介，是作业管理的核心方面。

（二）增值作业和非增值作业的划分

增值作业与非增值作业是站在顾客角度划分的。最终增加顾客价值的作业是增值作业，否则就是非增值作业。在一家企业中，区别增值作业和非增值作业的标准就是看这个作业的发生是否有利于增加顾客的价值，或者说增加顾客的效用。

（三）作业成本法的评价

1.作业成本法较传统成本计算法的优势

（1）作业成本法是一种先进的成本方法。

（2）作业成本法实现了成本计算与成本管理的结合。

2.作业成本法的局限性

（1）开发和维护费用较高。

（2）作业成本法不符合对外财务报告的需要。

（3）确定成本动因比较困难。

（4）不利于管理控制。

3.作业成本法的适用条件

（1）从成本结构看，这些公司的制造费用在产品成本中占有较大比重。它们若使用单一的分配率，成本信息的扭曲会比较严重。

（2）从产品品种看，这些公司的产品多样性程度高，包括产品产量的多样性、规模的多样性、产品制造或服务复杂程度的多样性、原材料的多样性和产品组装的多样性。产品的多样性是引起传统成本系统在计算产品成本时发生信息扭曲的原因之一。

（3）从外部环境看，这些公司面临的竞争激烈。传统的成本计算方法是在竞争较弱、产品多样性较低的背景下设计的。当竞争变得激烈、产品的多样性增加时，传统成本计算方法的缺点被放大，增加了决策失误，这种情况下实施作业成本就变得有利。

（4）从公司规模看，这些公司的规模比较大。由于大公司拥有更为强大的信息沟通渠道和完善的信息管理基础设施，并且对信息的需求更为强烈，所以它们比小公司对作业成本法更感兴趣。

第二部分　练习题

一、名词解释

1.资源

2.作业

3.资源成本动因

4.作业成本动因

5.作业中心

6.制造中心

7.作业成本法

8.作业成本管理

9.增值作业

10.非增值作业

二、单项选择题

1.在我国，作业成本法取得法律地位的年份是（　　　）。

A.1992年　　　　　B.1996年　　　　　C.2013年　　　　　D.2016年

2.下列各项中，标志着作业成本法真正诞生的年份是（　　　）。

A.1900年　　　　　B.1988年　　　　　C.1990年　　　　　D.2004年

3.在企业生产经营过程中，初始形态上的各种劳动耗费指的是（　　　）。

A.资源　　　　　B.作业　　　　　C.成本　　　　　D.成本动因

4.企业生产经营过程中各项独立并相互联系的具体活动是指（　　　）。

A.作业管理　　　　　B.作业　　　　　C.作业链　　　　　D.价值链

5.按照作业成本法的理论观点，产品消耗的是（　　　）。

A.成本　　　　　B.资源　　　　　C.费用　　　　　D.作业

6.作业消耗一定的（　　　）。

A.资源　　　　　B.时间　　　　　C.成本　　　　　D.费用

7.当企业的生产流程复杂，存在多种资源和作业相互关联时，选择合适的资源动因来分配成本就显得尤为重要。以下关于资源动因选择的说法，错误的是（　　　）。

A.如果资源的消耗与作业的执行时间直接相关，那么时间可以作为资源动因

B.对于按批量购买的原材料，以采购批次作为资源动因分配成本较为合适

C.机器设备的折旧费用，若与机器的运转小时数密切相关，应以机器小时作为资源动因

D.无论何种资源，都应优先选择作业量作为资源动因来分配成本

8.在下列各项中，能够反映作业量与产品之间因果关系的是（　　　）。

A.资源动因　　　　　B.作业动因　　　　　C.产品动因　　　　　D.成本动因

9.下列各项中，应列为作业成本法成本计算对象的是（　　　）。

A.产品和作业中心　　　　　　　　　B.车间

C.产品　　　　　　　　　　　　　　D.作业中心

10.在作业成本法与传统成本法对比中，关于间接费用分配的说法，正确的是（　　　）。

A.传统成本法以单一的业务量为基础分配间接费用，作业成本法以多种作业动因分配间接费用

B.作业成本法分配间接费用比传统成本法更简单、快捷

C.传统成本法下，间接费用分配更准确，而作业成本法容易产生误差

D.在生产单一产品的企业中，作业成本法和传统成本法分配间接费用的结果完全相同

11.企业管理深入到作业层次后，企业成为为满足顾客需要而设计的一系列作业的集合体，从而形成了一个由此及彼、由内向外的（　　　）。

A.供应链　　　　　B.作业链　　　　　C.产品链　　　　　D.采购链

12.某企业采用作业成本法计算产品成本，每批产品生产前需要进行机器调试。在对调试作业中心进行成本分配时，最适合采用的作业成本动因是（　　　）。

A.产品品种　　　　B.产品数量　　　　C.产品批次　　　　D.每批产品数量

13.下列各项中，属于作业成本法最终核算内容的是（　　　）。

A.产品成本　　　　B.作业成本　　　　C.资源成本　　　　D.责任成本

14.在下列各项中，属于满足客户需求所必需的作业是（　　　）。

A.成本动因　　　　B.增值作业　　　　C.非增值作业　　　　D.价值链

15.可以从公司成本中去除或降低且不影响产品质量的成本是（　　　）。

A.增值作业成本　　B.可变成本　　　　C.非增值作业成本　　D.间接费用

16.在下列各项中，能够从价值上反映企业作业链的指标是（　　　）。

A.产品　　　　　　B.作业量　　　　　C.价值链　　　　　D.作业

17.现代企业为了满足顾客需要而设立的一系列前后有序的作业的集合体是指（　　　）。

A.价值链　　　　　B.作业链　　　　　C.生产过程　　　　D.作业

18.（　　　）是负责完成某一项特定产品制造功能的一系列作业的集合。

A.作业中心　　　　B.制造中心　　　　C.企业　　　　　　D.车间

19.（　　　）是指能够独立完成一种产品或一个系族多种产品生产的中心，由一系列作业中心集合而成。

A.作业中心　　　　B.制造中心　　　　C.企业　　　　　　D.作业

20.某食品有限公司生产甲、乙两种产品，发生制造费用840 000元，将其分到3项作业中，相应成本信息与成本动因有关资料见表9-3。

表9-3　　　　　　　　　　成本信息与成本动因有关资料

产品	甲产品	乙产品	作业成本（元）
机器运行（小时）	1 000	3 000	400 000
机器调整（次）	80	20	200 000
包装（箱）	3 000	5 000	240 000

（1）假设企业采用传统成本法按照机器小时分配制造费用，则单位机器小时应分配的制造费用是（　　　）元。

A.210　　　　　　　B.8 400　　　　　　C.73.36　　　　　　D.35

（2）假设企业采用传统成本法按照机器小时分配制造费用，则甲产品应分配的制造费用是（　　　）元。

A.672 000　　　　　B.210 000　　　　　C.420 000　　　　　D.640 000

（3）假设企业按照作业成本法进行核算，该企业机器调整费用作业分配率是（　　　）元/次。

A.2 000　　　　　B.3 000　　　　　C.1 500　　　　　D.2 500

（4）假设企业按照作业成本法进行核算，乙产品应分配的机器调整费用是（　　　）元。

A.140 000　　　　　B.10 000　　　　　C.40 000　　　　　D.168 000

三、多项选择题

1.下列各项中，属于作业成本法产生环境背景的有（　　　）。

A.社会生产力的提高　　　　　　　　B.顾客多样化的产品需求

C.制造费用比重急剧增长　　　　　　D.直接人工比重急剧增长

2.下列各项中，属于作业成本法发展阶段的有（　　　）。

A.萌芽阶段　　　　B.创建阶段　　　　C.发展阶段　　　　D.稳定阶段

3.资源实质上是指为了产出作业或产品而进行的费用支出，它包括（　　　）。

A.货币资源　　　　B.材料资源　　　　C.人力资源　　　　D.动力资源

4.成本动因按其在作业成本中体现的分配性质不同进行分类，其结果包括（　　　）。

A.资源动因　　　　B.作业动因　　　　C.产品动因　　　　D.需求动因

5.下列各项中，可以归属于作业动因的有（　　　）。

A.机器小时　　　　B.订单份数　　　　C.检验件数　　　　D.产品批次

6.以下关于资源和作业的关系以及成本分配的说法正确的有（　　　）。

A.资源是成本的源泉，作业是资源消耗的活动；先确定资源成本，再分配到作业

B.资源成本分配到作业时，需要根据资源动因确定分配比例

C.作业成本分配到产品时，依据作业动因来衡量产品对作业的消耗程度

D.同一资源可能因为不同的作业有不同的资源动因，同一作业也可能因不同产品有
不同作业动因

7.下列有关"资源动因"表述正确的有（　　　）。

A.它是引起作业成本变动的因素

B.它是引起产品成本变动的因素

C.它被用来衡量一项作业对资源的消耗量，运用它可以将资源成本分配给各有关作业

D.它是计量各种产品对作业耗用的情况，并被用来作为作业成本的分配基础

8.作业成本计算法的成本计算对象包括（　　　）层次。

A.资源　　　　B.作业　　　　C.作业中心　　　　D.制造中心

9.作业成本法和完全成本法在成本分配过程中，以下正确的有（　　　）。

A.两者都要将成本在不同产品之间进行分配，但作业成本法分配更精细

B.完全成本法主要以产量等单一因素分配间接成本，作业成本法有多种分配依据

C.分配制造费用时，作业成本法先分配到作业，再到产品，而完全成本法直接分配到
产品

D.对于直接成本，两种方法的分配方式基本相同，但对于间接成本差异较大

10.下列各项中，反映作业成本计算与传统成本计算明显区别的有（　　　）。

A.成本计算的理论依据不同　　　　　　　　B.成本计算的对象不同

C.间接费用的分配标准不同　　　　　　　　D.产品成本的计算结果不同

11.在理想的状态下，企业生产经营过程中属于增值作业的有（　　　）。

A.产品设计　　　　　B.存货储存　　　　　C.产品加工　　　　　D.产品交付

12.与传统成本法相比，作业成本法的特点主要有（　　　）。

A.对产品间接费用的分配更为合理

B."作业"是作业成本法的基本成本计算对象

C.作业成本法的成本计算比完全成本法更具体

D.所有成本均是变动的

13.传统成本法错误地反映成本，其原因有（　　　）。

A.制造费用和辅助费用等间接成本很难追溯到产品

B.直接材料等直接成本很容易追溯到产品或服务

C.传统成本分摊方法多以数量为基准，有可能造成成本的交叉补贴

D.直接人工等直接成本很难追溯到产品或服务

14.下列关于作业成本法的叙述，正确的有（　　　）。

A.作业成本法中，导致成本发生的原因有成本动因和作业动因

B.作业成本法下的成本计算过程可以概括为"资源→作业→产品"

C.在作业成本法下，直接成本可以直接计入有关产品，而其他间接成本则首先分配到
有关作业，计算作业成本，然后再将作业成本分配到有关产品

D.在作业成本法下，运用资源动因可以将作业成本分配给有关产品

15.作业成本法的局限性有（　　　）。

A.开发和维护费用较高

B.作业成本法不符合对外财务报告的需要

C.确定成本动因比较困难

D.不利于管理控制

四、判断题

1.作业成本法是指以作业为中间桥梁，以作业动因作为间接费用的归集对象的一种成本核算方法。　　　　　　　　　　　　　　　　　　　　　　　　　　（　　　）

2.在变化的制造环境下，传统成本计算方法计算的产品成本将会歪曲成本信息，甚至使成本信息完全丧失决策相关性。　　　　　　　　　　　　　　　（　　　）

3.资源即使被消耗，也不一定都是对形成最终产出有意义的消耗。　（　　　）

4.作业成本法的理论依据是：产品消耗资源，产品消耗作业。　　　（　　　）

5.作业成本法是以产品为基础的成本计算方法。　　　　　　　　　（　　　）

6.作业成本法对间接制造费用的分配往往采用人工小时、机器小时等这些与产量密切

相关的单一分配基础。　　　　　　　　　　　　　　　　　　（　　）

7.对于工艺较为复杂的产品的单位产品成本，作业成本法下的计算结果一定高于完全成本法下的计算结果。　　　　　　　　　　　　　　　　　　　　　　　　（　　）

8.在传统的生产环境下，由于生产工艺流程较为简单，间接制造费用所占的比例不大；采用传统成本法，所提供的成本信息是相对准确的。　　　　　　　　　　　　（　　）

9.作业成本法下的产品成本计算结果比完全成本法下的计算结果精确。　（　　）

10.作业成本法不仅要计算作业成本，还要计算产品成本；不仅要考虑直接成本，还要考虑间接成本。　　　　　　　　　　　　　　　　　　　　　　　　　　（　　）

11.作业成本法的重点是解决间接制造费用的正确归集和合理分配问题。（　　）

12.企业生产经营过程中相互联系的每个环节或每道工序都可被视为一项作业。
　　　　　　　　　　　　　　　　　　　　　　　　　　　　　　　（　　）

13.作业管理是运用作业成本法所提供的信息对作业链进行持续改进和优化，从而降低成本、提升价值的成本管理方式，而非传统成本法。　　　　　　　　　　　（　　）

14.作业成本系统比传统成本系统更复杂、价格更贵，适合所有公司采用。（　　）

15.在实际工作中，对作业划分越细，对企业越有利。　　　　　　　　（　　）

16.能增加股东回报的作业称为增值作业。　　　　　　　　　　　　　（　　）

17.增值作业与非增值作业是站在产品角度划分的。　　　　　　　　　（　　）

18.生产废品的作业是一项不增值作业。　　　　　　　　　　　　　　（　　）

19.因质量问题出现的返修、重复检测等工作属于增值作业。　　　　　（　　）

20.作业中心既是成本汇集中心，又是责任考核中心。　　　　　　　　（　　）

五、计算分析题

1.东方公司生产甲、乙两种产品，其中甲产品900件，乙产品300件，其作业情况数据见表9-4。

表9-4　　　　　　　　　　　　作业情况数据表

作业成本库	耗用资源（元）	作业动因	作业动因量		
			甲产品	乙产品	合计
材料处理	1 800	移动次数（次）	40	20	60
材料采购	2 500	订单件数（件）	35	15	50
使用机器	3 500	机器小时（小时）	120	80	200
设备维修	2 200	维修小时（小时）	70	40	110
质量控制	2 000	质检次数（次）	25	15	40
产品运输	1 600	运输次数（次）	5	3	8
合计	13 600	—			

要求：按作业成本法计算甲、乙两种产品的成本。

2.某公司生产和销售甲、乙两种产品，两种产品的财务和成本数据见表9-5。

表9-5　　　　　　　　　　　　　　　成本数据表

项目	甲产品	乙产品
产量（台）	5 000	15 000
单价（元）	4 000	2 000
直接材料和人工成本（元）	2 000	800
直接人工工时（小时）	25 000	75 000

公司管理会计师划分了表9-6所列的作业、间接成本费用及成本动因：

表9-6　　　　　　　　　　　　　　　资料表　　　　　　　　　　　　　　单位：元

作业	间接成本费用	作业动因
调整	3 000 000	调整次数
机器运行	16 250 000	机器小时
包装	750 000	包装单数量
合计	20 000 000	—

两种产品的实际作业量见表9-7。

表9-7　　　　　　　　　　　　　　　实际作业量

作业动因	甲产品作业动因量	乙产品作业动因量	合计
调整次数（次）	200	100	300
机器小时（小时）	55 000	107 500	162 500
包装单数量（单）	5 000	10 000	15 000

要求：

（1）采用作业成本法计算两种产品的单位间接成本。

（2）按作业成本法计算甲、乙产品的单位成本。

3.某公司生产A、B两款产品，采用作业成本法核算成本。A产品产量为400件，直接材料成本为每件30元，直接人工工时为每件3小时，每小时人工成本为20元；B产品产量为300件，直接材料成本为每件25元，直接人工工时为每件2小时，每小时人工成本为20元。该公司有三个作业中心：机器维修成本12 000元，以维修工时为动因，A产品维修工时为600小时，B产品维修工时为400小时；订单处理成本9 000元，以订单数量为动因，A产品订单为50份，B产品订单为40份；质量检测成本8 000元，以检测次数为动因，A产品检测80次，B产品检测60次。

要求：计算A和B两种产品的单位成本。

4.某企业的乙部门生产C、D两种产品。C产品工艺较复杂，机器调整、质量检验次数多，批量小，订单多；D产品工艺简单，批量大。每年能提供总工时30 000小时，其中C产品耗用6 000小时，D产品耗用24 000小时。该车间2024年发生制造费用450 000元，生产C产品3 000个、D产品15 000个。C和D产品的单位材料成本分别为20元、12元，单位直接人工成本都是8元。应用作业成本法的相关资料见表9-8。

表9-8   相关资料

成本动因	追踪成本（元）	成本动因数		
		C耗用	D耗用	合计
机器调整次数（次）	120 000	1 500	1 000	2 500
质量检验次数（次）	80 000	3 000	2 000	5 000
生产订单数（个）	45 000	100	300	400
直接工时（小时）	205 000	6 000	24 000	30 000
合计	450 000	—	—	—

要求：

（1）按传统成本法计算A产品和B产品的单位产品成本。

（2）按作业成本法计算A产品和B产品的单位产品成本。

六、案例分析题

案例1   **顺丰控股作业成本法革新**

顺丰控股股份有限公司（简称"顺丰控股"）作为国内领先的快递物流综合服务商，业务覆盖快递、快运、冷链、仓储等领域。起初，顺丰采用传统成本核算方法，直接材料如快递运单、包装材料等，按业务类型直接计入成本，而快递业务的运单成本直接归属于快递业务成本，快运业务的包装材料计入快运业务成本；直接人工根据各业务耗费人工工时分配，比如快递揽收员一天工作8小时，其中5小时用于快递揽收、3小时用于快运揽收，以此工时比例分配人工成本；制造费用（如运输设备折旧、场地租赁等）以业务量或人工工时为基础分摊，假设快递业务量占总业务量的80%，则按此比例分配制造费用。

但是，随着业务规模的扩张、服务多元化以及运营精细化，传统方法难以精准核算各业务成本，无法满足企业成本管控和服务定价需求，顺丰引入作业成本法。实施作业成本法后，直接材料依旧借助信息化手段准确计入成本核算对象；深入梳理运营流程，识别出如订单处理、快件揽收、运输调度、中转操作、末端派送、设备维护等作业；为各作业确定成本动因，订单处理作业以订单数量为成本动因，快件揽收作业以揽收次数为成本动因，运输调度作业以运输里程为成本动因，中转操作作业以中转件数为成本动因，末端派送作业以派送次数为成本动因，设备维护作业以维护时长为成本动因；计算各作业成本分配率后，依据各业务消耗作业量分配成本，如不同区域的快递业务根据在各作业中的实际消耗分配成本。

资料来源：根据资料"吴灵洁，黄胜男.作业成本法在顺丰速运的应用研究［J］.中国储运，2022（6）：170-171"改编。

要求：

（1）阐述作业成本法相较于传统成本核算方法，在成本核算准确性和企业管理决策支持方面有哪些优势？

（2）假设你是顺丰控股的成本管理负责人，在推广作业成本法的过程中，可能会遇到哪些挑战？如何应对这些挑战？

案例2　　　　　　　　锐耀公司作业成本法的应用

锐耀作为一家知名的家电制造企业，在发展过程中面临着成本管理的挑战。早期，锐耀采用传统成本核算方法。这种方法以产量为基础分配间接成本，对于产品种类繁多、生产流程复杂的锐耀来说，难以准确反映不同产品和客户订单的真实成本。随着市场竞争的加剧和客户需求的个性化，传统方法逐渐无法满足锐耀精细化成本管理和决策的需求。于是，锐耀踏上了作业成本法赋能之路。锐耀深入分析生产经营流程，识别出了诸如订单处理、原材料采购、生产准备、零部件加工、产品装配、质量检验、包装运输等一系列作业。针对每个作业，确定了相应的成本动因，例如订单处理作业以订单数量为成本动因、原材料采购作业以采购次数为成本动因、生产准备作业以生产批次为成本动因等。

通过作业成本法，锐耀能够更精准地核算不同产品和客户订单的成本。例如，对于一些小批量、定制化的产品订单，传统方法可能会低估其成本，而作业成本法能反映这类订单在订单处理、生产准备等作业环节消耗的更多资源，从而准确计算出成本。这有助于锐耀优化产品定价策略，避免低价承接亏损订单。

此外，作业成本法还帮助锐耀发现了一些隐藏的成本问题。在分析运输作业时，发现某些地区的运输成本过高，进一步调查后发现是运输路线规划不合理和运输方式选择不当导致的。锐耀据此优化了运输方案，降低了运输成本。同时，通过对各作业环节成本的分析，锐耀还能评估作业的增值性，消除非增值作业，提高生产效率。

要求：

（1）对比传统成本法与作业成本法在锐耀应用中的差异，分析作业成本法的核心优势。

（2）作业成本法为锐耀带来了哪些管理效益？请从成本核算、定价策略、资源优化三个角度阐述。

第三部分　参考答案

一、名词解释

1.资源

资源是指企业生产经营过程中，初始形态上的各种劳动耗费。它是作业成本、费用的来源，也可以视为一定期间内为了生产产品或提供服务而发生的各类成本、费用的具体项目耗费，或者是作业执行过程中需要花费的代价。

2.作业

从技术或管理角度来看，作业是指企业生产过程中的各工序和环节，但从管理角度来看，作业是基于一定的目的、以人为主体、消耗一定资源的特定范围内的工作。

3.资源成本动因

资源成本动因是引起作业成本增加的驱动因素，用来衡量一项作业的资源消耗量。依据资源成本动因可以将资源成本分配给各有关作业。

4.作业成本动因

作业成本动因是衡量一个成本对象（产品、服务或顾客）需要的作业量，是产品成本增加的驱动因素。

5.作业中心

作业中心是负责完成一项特定产品制造功能的一系列作业的集合。

6.制造中心

制造中心是指能够独立完成一种产品或一个系族多种产品生产的中心，由一系列作业中心集合而成。

7.作业成本法

作业成本法（简称"ABC法"）是一种以作业为基础，通过对所有作业活动进行动态追踪，根据各项作业费用的消耗情况，将间接成本和辅助费用更准确地分配到产品和服务的一种成本计算方法。

8.作业成本管理

作业成本管理是应用作业成本计算提供的信息，从成本的角度，合理安排产品或劳务的销售组合，寻找改变作业和生产流程、改善和提高生产效率的机会。

9.增值作业

最终增加顾客价值的作业是增值作业。

10.非增值作业

非增值作业是指那些虽然消耗资源，但其消耗并不产生效益，对制造产品并没有作出贡献的作业。

二、单项选择题

1.C	2.B	3.A	4.B	5.D	6.A	7.D	8.B	9.A	10.A
11.B	12.C	13.A	14.B	15.C	16.C	17.B	18.A	19.B	20.（1）A
（2）B	（3）A	（4）C							

难点解析：

1.在我国，作业成本法取得法律地位的年份是2013年。2013年8月16日，财政部印发《企业产品成本核算制度（试行）》，并于2014年1月1日起在除金融保险业以外的大中型企业范围内施行，同时鼓励其他企业执行。这标志着作业成本法在我国已有明确的法律地位。

2.标志着作业成本法真正诞生的年份是1988年。库珀发表了一系列研究成果。这些研究成果奠定了作业成本法研究的基石，标志着作业成本法的真正诞生。

3.在企业生产经营过程中，初始形态上的各种劳动耗费指的是资源。

4.在企业生产经营过程中，各项独立并相互联系的具体活动是指作业。

5.按照作业成本法的理论观点，产品消耗作业，作业消耗资源，故选项D正确。

7.不是所有资源都适合以作业量作为资源动因。要根据资源消耗与作业的实际关联来选择，如时间、批次、机器小时等也可能是合适的资源动因。

8.作业动因能够反映作业量与产品之间因果关系。

10.传统成本法通常用单一业务量分配间接费用。作业成本法按多种作业动因分配，能更精准地反映成本因果关系。作业成本法更复杂但更准确。生产单一产品时，两种方法的结果可能不同。

14.在下列各项中，属于满足客户需求所必需的作业是增值作业。

15.非增值作业成本可以从公司成本中去除或降低且不影响产品质量。

18.作业中心是负责完成某一项特定产品制造功能的一系列作业的集合。

19.制造中心是指能够独立完成一种产品或一个系族多种产品生产的中心，由一系列作业中心集合而成。

20.（1）单位机器小时应分配的制造费用=840 000÷4 000=210（元）

选项A正确。

（2）甲产品应分配的制造费用=210×1 000=210 000（元）

选项B正确。

（3）机器调整费用作业分配率=200 000÷（80+20）=2 000（元/次）

选项A正确。

（4）乙产品应分配的机器调整费用=2 000×20=40 000（元）

选项C正确。

三、多项选择题

1.ABC	2.ABCD	3.ABCD	4.AB	5.ABCD	6.ABCD	7.AC	8.ABCD	9.ABCD	10.ABCD
11.ACD	12.ABCD	13.AC	14.BC	15.ABCD					

难点解析：

1.作业成本法产生的环境背景：20世纪70年代以后，世界经济形势发生了比较大的变化，从企业的外部环境看，以计算机技术为代表的高科技广泛应用于企业；从企业内部环境看，产品成本中的制造费用比重急剧增长，而直接人工比重则相对下降。与此同时，为了适应顾客的多样化需求，企业的生产组织体系更多地出现了单件小批式的生产，进而导致常规式生产与柔性制造的有机结合。因此，选项A、B、C正确。

2.作业成本法的发展阶段分为萌芽阶段、创建阶段、发展阶段和稳定阶段。

3.资源是指企业生产经营过程中，初始形态上的各种劳动耗费。它包括货币资源、材料资源、人力资源、动力资源等。

4.成本动因按其在作业成本中体现的分配性质不同进行分类，其结果包括资源动因、作业动因。

5.选项 A、B、C、D 均可以归属于作业动因。

6.资源是成本源头，先归集资源成本再分配到作业，分配依据是资源动因，作业分配到产品靠作业动因，且资源和作业的动因，因情况而异。

7.选项 A、C 为"资源动因"的正确表述，而选项 B、D 为"作业动因"的正确表述。

8.作业成本计算法的成本计算对象包括资源、作业、作业中心和制造中心四个层次。

9.两种方法都要分配成本，作业成本法更精细，完全成本法的间接成本分配较简单。作业成本法制造费用分配有两步。两种方法对直接成本的分配类似，间接成本差异明显。

10.作业成本计算与传统成本计算的明显区别有成本计算的理论依据不同、成本计算的对象不同、间接费用的分配标准不同、产品成本的计算结果不同，故选项 A、B、C、D 均正确。

11.存货储存属于非增值作业。

13.传统成本法错误地反映成本，其原因有制造费用和辅助费用等间接成本很难追溯到产品，传统成本分摊方法多以数量为基准，有可能造成成本的交叉补贴，故选项 A、C 正确。

14.作业成本法中，导致成本发生的原因有资源动因和作业动因。在作业成本法下，运用作业动因可以将作业成本分配给有关产品中。因此，选项 B、C 正确。

四、判断题

1.×	2.√	3.√	4.×	5.×	6.×	7.√	8.√	9.√	10.√
11.√	12.√	13.√	14.×	15.×	16.×	17.×	18.√	19.×	20.√

难点解析：

1.作业成本法是指以作业为中间桥梁，以成本动因作为间接费用的归集对象的一种成本核算方法。

3.资源即使被消耗，也不一定都是对形成最终产出有意义的消耗，也就形成不增值作业。

4.作业成本法的理论依据是：产品消耗作业，作业消耗资源。

5.作业成本法是以作业为基础的成本计算方法。

6.传统成本法对间接制造费用的分配往往采用人工小时、机器小时等这些与产量密切相关的单一分配基础，而作业成本法是一种以作业为基础，将间接成本和辅助费用更准确地分配到产品和服务的一种成本计算方法。

13.作业管理依赖作业成本法的信息来优化作业链，而传统成本法无法提供作业层面的精准信息用于这种管理。

14.作业成本系统比传统成本系统更复杂、价格更贵，但仍存在局限性，适用于制造费用在产品成本中占比较大、产品多样性程度高、竞争激烈、公司的规模比较大的公司。

15.在实际工作中，作业划分并非越细对企业越有利。

16.增值作业与非增值作业是站在顾客角度划分的。最终增加顾客价值的作业是增值作业。

17 增值作业与非增值作业是站在顾客角度划分的。

19.在一个制造企业中，非增值作业包括：等待加工作业、材料或者在产品堆积作业、产品或者在产品在企业内部迂回运送作业、产品废品清理作业、次品处理作业、返工作业、无效率重复某工序作业、由于订单信息不准确造成没有准确送达需要再次送达的无效率作业等。因此，因质量问题出现的返修、重复检测等工作属于非增值作业。

五、计算分析题

1.解：

①计算作业成本库的分配率：

材料处理分配率=1 800÷60=30（元/次）

材料采购分配率=2 500÷50=50（元/件）

使用机器分配率=3 500÷200=17.5（元/小时）

设备维修分配率=2 200÷110=20（元/小时）

质量控制分配率=2 000÷40=50（元/次）

产品运输分配率=1 600÷8=200（元/次）

②计算甲、乙产品分配的作业成本：

甲产品：

材料处理成本=30×40=1 200（元）

材料采购成本=50×35=1 750（元）

使用机器成本=17.5×120=2 100（元）

设备维修成本=20×70=1 400（元）

质量控制成本=50×25=1 250（元）

产品运输成本=200×5=1 000（元）

甲产品总成本=1 200+1 750+2 100+1 400+1 250+1 000=8 700（元）

甲产品的单位成本=8 700÷900≈9.67（元）

乙产品：

材料处理成本=30×20=600（元）

材料采购成本=50×15=750（元）

使用机器成本=17.5×80=1 400（元）

设备维修成本=20×40=800（元）

质量控制成本=50×15=750（元）

产品运输成本=200×3=600（元）

乙产品总成本=600+750+1 400+800+750+600=4 900（元）

乙产品的单位成本=4 900÷300≈16.33（元）

2.解：

（1）各作业的作业分配率见表9-9。

表9-9　　　　　　　　　　　　　作业分配率计算表　　　　　　　　　金额单位：元

作业动因	耗用资源	作业消耗	分配率
调整次数	3 000 000	300次	10 000元/次
机器小时	16 250 000	162 500小时	100元/小时
包装数量	750 000	15 000单	50元/单

（2）甲产品（5 000台）。

甲产品间接成本计算表见表9-10。

表9-10　　　　　　　　　　　甲产品间接成本计算表　　　　　　　　金额单位：元

作业动因	分配率	作业量	间接成本合计	单位间接成本
调整次数	10 000元/次	200次	2 000 000	400
机器小时	100元/小时	55 000小时	5 500 000	1 100
包装数量	50元/单	5 000单	250 000	50
合计	—	—	7 750 000	1 550

（3）乙产品（15 000台）。

乙产品间接成本计算表见表9-11。

表9-11　　　　　　　　　　　乙产品间接成本计算表　　　　　　　　金额单位：元

作业动因	分配率	作业量	间接成本合计	单位间接成本
调整次数	10 000元/次	100次	1 000 000	66.67
机器小时	100元/小时	107 500小时	10 750 000	716.67
包装数量	50元/单	10 000单	500 000	33.33
合计	—	—	12 250 000	816.67

3.解：

制造费用分配率：

机器维修费用分配率 = 12 000 ÷ (600 + 400) = 12（元/小时）

订单处理分配率 = 9 000 ÷ (50 + 40) = 100（元/份）

质量检测分配率 = 8 000 ÷ (80 + 60) ≈ 57.14（元/次）

A产品分摊的制造费用 = 12 × 600 + 100 × 50 + 57.14 × 80 = 16 771.2（元）

B产品分摊的制造费用 = 12 × 400 + 100 × 40 + 57.14 × 60 = 12 228.4（元）

A、B两种产品的单位产品成本：

A产品的单位产品成本 = 30 + 3 × 20 + 16 771.2 ÷ 400 ≈ 131.93（元）

B产品的单位产品成本 = 25 + 2 × 20 + 12 228.4 ÷ 300 ≈ 105.76（元）

4.解：

（1）传统成本法：

分配率 = 450 000 ÷（6 000 + 24 000）= 15（元/小时）

C产品应分配的制造费用 = 15 × 6 000 = 90 000（元）

D产品应分配的制造费用 = 15 × 24 000 = 360 000（元）

C产品的单位制造费用 = 90 000 ÷ 3 000 = 30（元）

D产品的单位制造费用 = 360 000 ÷ 15 000 = 24（元）

C产品的单位产品成本 = 20 + 8 + 30 = 58（元）

D产品的单位产品成本 = 12 + 8 + 24 = 44（元）

（2）作业成本法：

①机器调整次数：

分配率 = 120 000 ÷ 2 500 = 48（元/次）

C产品分摊的制造费用 = 48 × 1 500 = 72 000（元）

D产品分摊的制造费用 = 48 × 1 000 = 48 000（元）

②质量检验次数：

分配率 = 80 000 ÷ 5 000 = 16（元/次）

C产品分摊的制造费用 = 16 × 3 000 = 48 000（元）

D产品分摊的制造费用 = 16 × 2 000 = 32 000（元）

③生产订单数：

分配率 = 45 000 ÷ 400 = 112.5（元/个）

C产品分摊的制造费用 = 112.5 × 100 = 11 250（元）

D产品分摊的制造费用 = 112.5 × 300 = 33 750（元）

④直接工时：

分配率 = 205 000 ÷ 30 000 = 6.83（元/小时）

C产品分摊的制造费用 = 6.83 × 6 000 = 40 980（元）

D产品分摊的制造费用 = 6.83 × 24 000 = 163 920（元）

⑤合计：

C产品分摊的制造费用 = 72 000 + 48 000 + 11 250 + 40 980 = 172 230（元）

D产品分摊的制造费用 = 48 000 + 32 000 + 33 750 + 163 920 = 277 670（元）

⑥单位产品制造费用：

C产品 = 172 230 ÷ 3 000 = 57.41（元）

D产品 = 277 670 ÷ 15 000 = 18.51（元）

⑦单位产品成本：

C产品 = 20 + 8 + 57.41 = 85.41（元）

D产品 = 12 + 8 + 18.51 = 38.51（元）

六、案例分析题

案例1答题要点：

（1）第一，成本核算准确性更高。作业成本法通过识别作业和确定成本动因，能够更准确地反映成本的发生过程和各业务对成本的实际消耗。每个作业都有与之对应的成本动因，如订单处理作业以订单数量为成本动因。这样可以将成本更精准地分配到各个业务中。相比传统方法，作业成本法能够更细致地核算不同业务、不同环节的成本，避免了成本的高估或低估。第二，为企业管理决策提供更有力支持。准确的成本信息有助于企业进行更科学的管理决策。在成本管控方面，企业可以根据各作业的成本情况，分析成本的构成和变动原因，采取有针对性的措施进行成本控制。例如，通过分析运输调度作业的成本，企业可以优化运输路线，降低运输成本。在服务定价方面，作业成本法提供的准确成本信息可以帮助企业制定更合理的价格策略，提高企业的经济效益和市场竞争力。

（2）可能遇到的挑战主要有以下三点：

第一，数据收集和管理难度大。作业成本法需要大量的数据支持，包括作业信息、成本动因数据、各业务消耗作业量等。数据的收集和整理工作烦琐，且对数据的准确性和及时性要求较高。此外，企业现有的信息系统可能无法满足作业成本法的数据处理需求。

第二，员工理解和接受程度低。作业成本法与传统成本核算方法有较大差异，员工可能对新方法的概念、原理和操作流程不熟悉，存在理解和接受上的困难。这可能导致员工在实际工作中不积极配合，影响作业成本法的推广和实施效果。

第三，实施成本高。引入作业成本法需要企业进行流程改造、系统升级、员工培训等。这些都需要投入大量的人力、物力和财力。此外，作业成本法的核算过程相对复杂，会增加企业的管理成本。

应对措施主要有：

第一，加强数据管理。建立完善的数据收集和管理制度，明确各部门在数据收集和提供方面的职责。同时，对现有的信息系统进行升级改造，引入先进的数据分析工具，提高数据处理和分析的效率和准确性。

第二，加强员工培训和沟通。组织专门的培训课程，向员工详细介绍作业成本法的概念、原理和操作方法，提高员工对新方法的理解和认识。加强与员工的沟通，让员工了解作业成本法对企业发展的重要性，鼓励员工积极参与和配合新方法的实施。

第三，合理控制实施成本。在实施作业成本法前，进行详细的成本效益分析，制定合理的实施计划和预算。在实施过程中，合理安排资源，避免浪费。同时，逐步推进作业成本法的实施，先在部分业务或部门进行试点，总结经验后再全面推广，降低实施风险和成本。

案例2答题要点：

（1）作业成本法的核心优势主要有：第一，成本核算精准性高。通过识别作业和确定成本动因，作业成本法能够将间接成本更合理地分配到产品和订单上，避免了传统成本法因单一产量基础分配导致的成本扭曲，可以为企业提供更准确的成本信息。第二，反映成本驱动因素。明确了成本产生的原因，即成本动因，这有助于锐耀深入了解哪些作业和因素导致了成本的发生，从而可以有针对性地进行成本控制和管理。第三，支持精细化管理。适应了锐耀产品多元化和客户需求个性化的特点，能够为不同产品和订单提供详细的成本信息，满足企业精细化成本管理和决策的需求。

（2）成本核算角度：第一，准确反映成本。作业成本法能够精准核算不同产品和客户订单的成本。对于小批量、定制化产品订单，它能反映在订单处理、生产准备等作业环节消耗的更多资源，避免了传统方法下的成本低估问题。例如，原本被传统方法低估成本的定制化产品，通过作业成本法核算出真实成本，使锐耀对各类产品的成本有了更清晰的认识。第二，成本透明度提高。通过对各项作业成本的分析和核算，锐耀能够清楚地了解每个作业环节的成本构成和消耗情况，成本信息更加透明。这有助于企业发现成本控制的关键点，为成本管理提供有力支持。

定价策略角度：第一，优化产品定价。准确的成本核算为锐耀优化产品定价策略提供了依据。企业可以根据作业成本法核算出的真实成本，为不同产品和订单制定合理的价格，避免了因成本核算不准确而低价承接亏损订单的情况，提高了产品定价的科学性和合理性。第二，增强市场竞争力。合理的定价策略使锐耀的产品价格更能反映其真实价值，在市场竞争中更具优势。既能保证企业的利润空间，又能满足客户对产品价值的认知，从而提高产品的市场竞争力。

资源优化角度：第一，发现隐藏成本问题。作业成本法帮助锐耀发现了一些隐藏的成本问题。例如，在分析运输作业时，发现某些地区运输成本过高是由运输路线规划不合理和运输方式选择不当导致的，通过优化运输方案，降低了运输成本，实现了资源的优化配置。第二，消除非增值作业。通过对各作业环节成本的分析，锐耀能够评估作业的增值性，识别并消除非增值作业。

第十章

预算管理

第一部分 内容概要

一、预算管理概述

（一）预算与预算管理

预算是以经营目标和经营计划为指引，沿着业务流程和组织体系，对未来一定时期制定的资源获取与使用规划，是资源配置过程与预计配置结果的完整反映。

预算管理是指企业以战略目标为导向，通过对未来一定期间内的经营活动和相应的财务结果进行全面预测和筹划，科学、合理配置企业各项财务和非财务资源，并对执行过程进行监督和分析，对执行结果进行评价和反馈，指导经营活动的改善和调整，进而推动实现企业战略目标的管理活动。

（二）预算管理与其他管理手段的关系

1.预算管理与战略规划

战略规划是在战略决策的基础上，为实现战略目标所拟定的行动路线和资源配置计划，是在企业长期经营方向的指导下配置及约束相关经营资源。预算则是对战略目标和战略规划的分解，它服务于战略规划，并以战略规划为起点。

2.预算管理与预测

预测是运用一定的科学预测方法，对市场趋势和企业未来经济活动可能产生的经济效益和发展趋势进行预计与推测，它是计划的基础。预算管理则是在预测的基础上，对企业未来发展所提出的对策性方案和计划的数量表述。它是以货币的形式对企业未来的收入、现金流量和财务状况进行的量化。

3.预算管理与经营计划

预算管理与经营计划关系密切。从预算与经营计划的关系来看，预算编制的过程就是依据经营计划，基于资源配置制定企业的各项预算，最后形成预计报表。可以说，预算是在计划量化基础上所作的价值量的表述和安排。

（三）预算管理的组织体系

预算管理的组织体系包括决策机构、工作机构和执行单位三个层次。

二、全面预算管理体系

（一）全面预算的含义

全面预算是指在预测与决策的基础上，按照企业既定的经营目标和程序，规划与反映企业未来的销售、生产、成本、现金收支等各方面活动，以便对企业特定计划期内全部生产经营活动有效地作出具体组织与协调，最终以货币为主要计量单位，通过一系列预计的财务报表及附表展示其资源配置情况的有关企业总体计划的数量说明。

（二）全面预算的作用

全面预算作为企业管理层对未来生产经营活动的总体规划，其作用主要表现在四个方面：明确工作目标、协调各部门之间的关系、控制经济活动、评价工作业绩。

（三）全面预算的内容

一个完整的全面预算一般包括经营预算（也称业务预算）、专门决策预算和财务预算三个组成部分，具体见表10-1。

表10-1　　　　　　　　　　　全面预算内容

全面预算内容	含义	构成内容
经营预算	也称业务预算，是指企业预算期日常发生的基本业务活动的预算	销售预算、生产预算、直接材料预算、直接人工预算、制造费用预算、期末存货预算、产品成本预算、销售与管理费用预算等
专门决策预算	指企业为不经常发生的非基本业务活动所编制的预算	根据长期投资决策编制的资本支出预算，根据融资决策编制的筹资预算等
财务预算	指反映企业预算期现金收支、经营成果和财务状况的预算	现金预算和预计财务报表（预计利润表、预计资产负债表、预计现金流量表）

（四）全面预算的编制程序

全面预算编制的一般程序为：

（1）在预测与决策的基础上，由预算委员会拟定企业预算总方针，包括经营方针、各项政策以及企业总目标和分目标，如利润目标、销售目标、成本目标等，并下发到各有关部门。

（2）组织各生产业务部门按具体目标要求编制本部门预算草案。

（3）由预算委员会平衡、协商、调整各部门的预算草案，并进行预算的汇总与分析。

（4）审议预算并上报董事会审议企业的综合预算和部门预算。

（5）将批准后的预算下达各级各部门执行。

三、全面预算的编制

（一）经营预算的编制

经营预算各部分的编制基础及预算公式见表10-2。

表10-2　　　　　　　　　经营预算编制基础及预算公式

经营预算构成内容	编制基础	预算公式
销售预算	编制的起点	预计销售收入=预计销售量×预计单价
生产预算	销售预算	预计生产量=预计销售量+预计期末产品库存量−预计期初产品库存量

经营预算构成内容	编制基础	预算公式
直接材料预算	生产预算	预计直接材料采购量=预计产量×单位产品材料耗用量+期末材料存货量−期初材料存货量
直接人工预算	生产预算	直接人工预算=预计生产量×单位产品直接人工工时×小时工资率
变动制造费用预算	生产预算	变动制造费用预算=预计生产量×单位产品预定分配率
固定制造费用预算	上年实际水平	根据上年的实际水平，经过适当的调整而得
产品成本和期末存货成本预算	生产预算	根据直接材料预算、直接人工预算和制造费用预算编制
销售费用预算	销售预算	运用本量利分析等方法合理安排销售费用
管理费用预算	过去发生的实际支出	以过去发生的实际支出为参考，结合分析企业的业务情况，使费用支出更合理、更有效

（二）专门决策预算的编制

专门决策预算主要包括长期投资预算（资本支出预算）和筹资预算，它往往涉及长期建设项目的资金投放与筹集，并经常跨越多个年度。专门决策预算的要点是准确反映项目资金投资支出与筹资计划，是编制现金预算和预计资产负债表的依据。

（三）财务预算的编制

财务预算各组成部分的编制基础及编制要求见表10-3。

表10-3　　　　　　　　　　　　**财务预算编制基础及编制要求**

财务预算构成内容		编制基础及编制要求
现金预算	现金收入	包括销售现金收入、收回的应收账款和应收票据贴现收入等
	现金支出	包括预算期内现金支付的材料采购、直接人工费用、制造费用、销售及管理费用、税金、股利、偿还到期借款本息和购置固定资产、长期投资等
	现金余缺	将各期现金收入与现金支出比较计算现金收支差额
	资金筹集与融通	如果现金不足，可通过向银行借款、发行短期企业债券等方式来弥补；如果有多余的现金，可用于偿还银行借款的本金和利息，或者用于短期投资等
预计利润表预算		以各项经营预算和财务预算为编制基础
预计资产负债表预算		以各项经营预算、专门决策预算、现金预算和预计利润为编制基础

四、预算编制的方法及应用

常见的预算编制的方法主要有固定预算与弹性预算、增量预算与零基预算、定期预算与滚动预算、概率预算等。各种编制方法的分类依据、含义及优缺点见表10-4。

表10-4   预算编制方法比较

分类依据	编制方法	含义
按其是否可按业务量调整	固定预算	又称静态预算，是指根据预算期内正常的可能实现的某一固定业务量水平而编制的预算
	弹性预算	是以业务量、成本和利润之间的依存关系为依据，按照预算期可预见的各种业务量水平为基础，编制适用于一系列业务量变化的预算
按其编制的出发点不同	增量预算	又称调整预算方法，是以基期的费用水平为基础，结合预算期业务量水平及有关影响因素的未来变动情况，通过调整有关原有费用项目而编制预算的一种方法
	零基预算	在编制预算时，完全不考虑以往费用支出的实际水平，一切从零开始，根据预算期的实际需要和可能，逐项审定各预算项目开支的必要性及其数额，再根据成本效益原则对各预算项目进行成本效益分析比较、排序，确定预算支出数额
按其预算期的时间特征不同	定期预算	是指以不变的会计期间（如日历年度）作为预算期的一种编制预算的方法
	滚动预算	又称永续预算或连续预算，是指企业根据上一期预算执行情况和新的预测结果，按既定的预算编制周期和滚动频率，对原有的预算方案进行调整和补充，逐期向后滚动，持续推进的预算编制方法
概率预算		在市场供求、产销变动比较大的情况下，业务量、价格、成本等变量有时甚至是难以确定的。这时企业就需要根据客观条件，对有关变量进行分析，估计它们可能变动的范围及其在该范围内出现的概率，然后结合概率对各变量进行调整，计算期望值，编制预算。这种运用概率编制预算的方法称为概率预算

第二部分 练习题

一、名词解释

1. 预算管理
2. 全面预算
3. 经营预算
4. 专门决策预算
5. 财务预算
6. 固定预算
7. 弹性预算
8. 增量预算
9. 零基预算

10.定期预算

11.滚动预算

12.概率预算

二、单项选择题

1.最能揭示全面预算本质的说法是：全面预算是关于未来期间内（　　　）。

A.企业的成本计划　　　　　　　　B.事业单位的收支计划

C.企业总体计划的数量说明　　　　D.企业总体计划的文字说明

2.下列各项中，属于编制全面预算的关键和起点的是（　　　）。

A.销售预算　　　　　　　　　　　B.生产预算

C.直接材料预算　　　　　　　　　D.直接人工预算

3.在管理会计中，用于概括与企业日常业务直接相关、具有实质性的基本活动的一系列预算的概念是（　　　）。

A.专门决策预算　　B.经营预算　　C.财务预算　　D.销售预算

4.在下列各项中，属于业务预算的是（　　　）。

A.预计资产负债表　　　　　　　　B.预计利润表

C.现金预算　　　　　　　　　　　D.销售预算

5.现金预算属于（　　　）。

A.经营预算　　　　B.生产预算　　C.专门决策预算　　D.财务预算

6.编制经营预算与财务预算的期间通常是（　　　）。

A.1个月　　　　　　B.1个季度　　C.半年　　　　　　D.1年

7.下列与生产预算编制没有直接联系的预算是（　　　）。

A.直接材料预算　　　　　　　　　B.变动制造费用预算

C.销售及管理费用预算　　　　　　D.直接人工预算

8.下列各项中，只涉及实物计量单位而不涉及价值计量单位的预算是（　　　）。

A.销售预算　　　　　　　　　　　B.生产预算

C.财务预算　　　　　　　　　　　D.专门决策预算

9.某企业编制第三季度"生产预算"，第一季度销售量为1 800件，第二季度销售量为2 000件，预计本年第三季度销售量为1 900件，第四季度销售量为2 100件，期末存货为下一季度销售量的10%，则第三季度预计生产量为（　　　）件。

A.1 890　　　　　　B.1 910　　　　C.1 880　　　　　　D.1 920

10.某企业第一季度产品生产量预算为1 500件，单位产品材料用量为5千克/件，季初材料库存量为1 000千克，第一季度还要根据第二季度生产耗用材料的10%安排季末存量，预计第二季度生产耗用7 800千克材料。材料采购价格预计为12元/千克，则该企业第一季度材料采购的金额为（　　　）元。

A.78 000　　　　　　B.87 360　　　　C.92 640　　　　　　D.99 360

11.某企业编制2024年度"直接材料采购预算"，预计第四季度期初甲材料存货量为420千克，本季度生产需用量为2 200千克，预计期末甲材料存货量为540千克，甲材料采购单价（含税）为10元/千克。假定第四季度支付材料货款的60%，其余40%在下季度付清，则该企业预计资产负债表中"应付账款"项目的年末余额为（　　）元。

A.8 320　　　　　　　　B.9 280　　　　　　　　C.13 920　　　　　　　　D.12 480

12.下列各项中，不必单独编制与之有关的现金收支预算的是（　　）。

A.销售预算　　　　　　　　　　　　　B.直接材料预算

C.直接人工预算　　　　　　　　　　　D.制造费用预算

13.（　　）预算是根据客观条件，对有关变量进行分析，估计它们可能变动的范围及其在该范围内出现的概率，然后结合概率对各变量进行调整，计算期望值，编制预算。

A.零基预算　　　　B.弹性预算　　　　C.滚动预算　　　　D.概率预算

14.（　　）包括销售预算、生产预算、直接材料预算、直接人工预算等。

A.材料预算　　　　B.经营预算　　　　C.财务预算　　　　D.销售预算

15.在编制制造费用预算时，计算现金支出应予剔除的项目是（　　）。

A.间接材料　　　　B.间接人工　　　　C.管理人员工资　　　D.折旧费

16.下列各项中，没有直接在现金预算中得到反映的是（　　）。

A.期初、期末现金余额　　　　　　　　B.现金筹措及运用

C.预算期产量和销量　　　　　　　　　D.预算期现金余缺

17.预计期初存货50件，期末存货40件，本期销售250件，则本期生产量为（　　）件。

A.250　　　　　　　B.240　　　　　　　C.260　　　　　　　D.230

18.下列预算中，不涉及现金收支内容的项目为（　　）。

A.销售预算　　　　　　　　　　　　　B.生产预算

C.制造费用预算　　　　　　　　　　　D.产品成本预算

19.总预算是指（　　）。

A.财务预算　　　　　　　　　　　　　B.销售预算

C.专门决策预算　　　　　　　　　　　D.日常业务预算

20.（　　）是反映企业预算期期末财务状况的预算报表。

A.预计利润表　　　　　　　　　　　　B.预计所有者权益变动表

C.预计现金流量表　　　　　　　　　　D.预计资产负债表

21.下列各项中，不属于传统预算方法的是（　　）。

A.固定预算方法　　　　　　　　　　　B.弹性预算方法

C.增量预算方法　　　　　　　　　　　D.定期预算方法

22.下列项目中，能够克服固定预算方法缺点的是（　　）。

A.固定预算方法　　　　　　　　　　　B.弹性预算方法

C.滚动预算方法　　　　　　　　　　　D.零基预算方法

23.按照成本性态分析的方法将企业的成本分为固定成本和变动成本，这种预算方法是（　　）。

A.固定预算　　　　B.零基预算　　　　C.滚动预算　　　　D.弹性预算

24.下列各项中，属于编制弹性预算首先应当考虑及确定的因素的是（　　）。

A.业务量　　　　　　B.变动成本　　　　　C.固定成本　　　　　D.计量单位

25.企业在不能准确预测业务量的情况下，根据本量利之间的数量关系，以预算期内可预见的各种业务量水平为基础，编制能够适应多种情况预算的方法是（　　　）。

A.零基预算　　　　　B.弹性预算　　　　　C.滚动预算　　　　　D.固定预算

26.某公司编制预算的时候考虑到本年生产任务增长10%，所以制造费用就在去年30万元的基础上编制为33万元（30×(1＋10%)），它所采用的预算编制方法是（　　　）。

A.增量预算　　　　　B.零基预算　　　　　C.固定预算　　　　　D.弹性预算

27.增量预算编制方法的缺陷是（　　　）。

A.可比性弱

B.工作量很大

C.有利于促使各基层单位精打细算

D.可能导致无效费用开支项目无法得到有效控制

28.下列各项中，应当作为零基预算方法出发点的是（　　　）。

A.基期的费用水平　　　　　　　　　　B.历史上费用的最低水平

C.国内外同行业费用水平　　　　　　　D.所有费用为零

29.下列各项中，属于零基预算方法编制程序第一步的是（　　　）。

A.提出预算期内各种活动内容及费用开支方案

B.对方案进行成本效益分析

C.择优安排项目，分配预算资金

D.收集历史资料

30.下列说法不正确的是（　　　）。

A.固定预算编制方法可能造成预算上的浪费

B.零基预算有利于促使各基层单位精打细算，合理使用资金

C.定期预算有利于对预算执行情况进行分析和评价

D.滚动预算又叫连续预算或永续预算

三、多项选择题

1.下列各项中，能体现全面预算作用的有（　　　）。

A.明确工作目标　　　　　　　　　　　B.协调部门关系

C.控制经济活动　　　　　　　　　　　D.考核业绩标准

2.下列各项中，不属于业务预算的有（　　　）。

A.产品成本预算　　　　　　　　　　　B.资本支出预算

C.预计利润表　　　　　　　　　　　　D.预计资产负债表

3.下列选项中一般不属于长期预算的有（　　　）。

A.销售预算　　　　　　　　　　　　　B.财务预算

C.管理费用预算　　　　　　　　　　　D.资本支出预算

4.编制生产预算时需要考虑的因素有（　　　）。

A.预算期预计期末存货量　　　　　B.基期销售量

C.预算期预计销售量　　　　　　　D.预算期期初存货量

5.下列各项中,属于产品成本预算编制基础的有(　　　)。

A.制造费用预算　　　　　　　　　B.生产预算

C.直接材料预算　　　　　　　　　D.直接人工预算

6.下列各项中,编制直接人工预算需要考虑的有(　　　)。

A.基期生产量　　　　　　　　　　B.生产预算中的预计生产量

C.标准工资率　　　　　　　　　　D.标准单位直接人工工时

7.下列各项中,属于期末存货预算编制依据的有(　　　)。

A.基期销售量　　　　　　　　　　B.产成品期末存货成本预算额

C.在产品期末存货成本预算额　　　D.原材料期末存货成本预算额

8.在编制现金预算的过程中,可作为其编制依据的有(　　　)。

A.业务预算　　　　　　　　　　　B.预计利润表

C.预计资产负债表　　　　　　　　D.专门决策预算

9.下列各项中,被纳入现金收支预算的有(　　　)。

A.销售产品收到现金　　　　　　　B.购买材料支付现金

C.缴纳增值税　　　　　　　　　　D.资本性现金支出

10.下列各项中,能够为编制预计利润表提供直接信息来源的有(　　　)。

A.销售预算　　　　　　　　　　　B.产品成本预算

C.专门决策预算　　　　　　　　　D.销售费用及管理费用预算

11.按编制预算出发点的特征不同,可将编制成本费用预算的方法分为(　　　)。

A.固定预算方法　　　　　　　　　B.弹性预算方法

C.增量预算方法　　　　　　　　　D.零基预算方法

12.下列各项中,可以作为编制弹性预算依据的业务量有(　　　)。

A.产销量　　　　　　　　　　　　B.直接人工工时

C.机器工时　　　　　　　　　　　D.材料消耗量

13.下列各项中,能揭示弹性预算方法优点的有(　　　)。

A.可比性强　　　　　　　　　　　B.预算范围宽

C.各预算期预算相互衔接　　　　　D.不受现有费用项目的限制

14.与传统的增量预算方法相比较,零基预算方法的特殊之处在于(　　　)。

A.一切从零开始　　　　　　　　　B.不受现有费用项目的限制

C.以现有的费用水平为基础　　　　D.一切从实际需要出发

15.下列各项中,属于定期预算方法缺点的有(　　　)。

A.盲目性　　　　B.滞后性　　　　C.复杂性　　　　D.间断性

16.按预算编制和滚动的时间单位不同,滚动预算方法的滚动方式包括(　　　)。

A.逐月滚动　　　　B.逐季滚动　　　　C.混合滚动　　　　D.随机滚动

17.下列项目中,属于滚动预算方法优点的有(　　　)。

A.完整性突出　　　　B.及时性强　　　　C.连续性突出　　　　D.滞后性显著

18.下列与编制弹性预算相关的内容有（　　　）。

A.只要本量利数量关系不发生变化，则不必每期重新编制

B.以成本性态分析为理论前提

C.在预算期末需要计算"实际业务量的预算成本"

D.既可以用于成本费用预算，又可以用于利润预算

19.下列关于增量预算和零基预算的描述正确的有（　　　）。

A.增量预算是以基期成本费用水平为基础编制的预算

B.零基预算在编制费用预算时，不考虑以往会计期间发生的费用项目或费用数额

C.零基预算可能导致无效费用开支项目无法得到有效控制

D.增量预算不受现有费用项目的限制

20.滚动预算较之传统的定期预算具有的优点有（　　　）。

A.与会计年度相配合，便于预算执行结果的考核与评价

B.可以保持预算的连续性与完整性，使有关人员能从动态的预算中把握企业的未来，了解企业的总体规划和近期目标

C.可以根据前期预算的执行结果，结合各种新的变化信息，不断调整或修订预算，从而使预算与实际情况更相适应，有利于充分发挥预算的指导与控制作用

D.可以使各级管理人员始终保持对未来12个月甚至更长远的生产经营活动作周密的思考和全盘的规划，确保企业各项工作有条不紊地进行

四、判断题

1.销售预算是以生产预算为依据编制的。　　　　　　　　　　　　　　　　　（　　）

2.生产预算是全面预算的起点，其他预算的编制都应以生产预算为基础。　　（　　）

3.生产预算是所有经营预算中唯一只使用实物量计量单位的预算。　　　　　（　　）

4.预算委员会主要负责制订企业预算调整方案。　　　　　　　　　　　　　（　　）

5.专门决策预算的编制不依赖于日常经营预算，是独立进行的重大投资决策预算。
　　　　　　　　　　　　　　　　　　　　　　　　　　　　　　　　　　（　　）

6.各种经营预算的编制，均同时使用实物量和价值量作为计量单位。　　　　（　　）

7.财务预算是指反映企业预算期现金支出的预算。　　　　　　　　　　　　（　　）

8.在编制生产预算时，应考虑预计期初存货和预计期末存货。　　　　　　　（　　）

9.产品成本预算需要在生产预算、直接材料预算、直接人工预算和制造费用预算的基础上编制。　　　　　　　　　　　　　　　　　　　　　　　　　　　　　　（　　）

10.为了便于编制现金预算，还应在编制销售预算的同时，编制与销售收入有关的经营现金收入预算表。　　　　　　　　　　　　　　　　　　　　　　　　　　　（　　）

11.现金收支预算是以实物量指标反映企业经营活动结果的。　　　　　　　　（　　）

12.预计资产负债表和预计利润表构成了整个财务预算。　　　　　　　　　　（　　）

13.在预计资产负债表中，现金余额项目的期末数不一定等于现金预算中的期末现金余额。　　　　　　　　　　　　　　　　　　　　　　　　　　　　　　　　　（　　）

14. 预计财务报表的编制程序是先编制预计利润表，再编制预计资产负债表。　（　　）

15. 各种预算中，构成全面预算体系最终环节的是日常业务预算。　（　　）

16. 编制预算的方法按其业务量基础的数量特征不同，可分为固定预算方法和弹性预算方法两大类。　（　　）

17. 零基预算是为弥补增量预算的缺陷而设计的一种先进的预算方法。　（　　）

18. 一般来说，固定预算方法只适用于业务量水平较为稳定的企业或非营利组织编制预算时采用。　（　　）

19. 弹性预算方法只适用于编制利润预算。　（　　）

20. 在实务中，企业并不需要每年都按零基预算方法来编制预算，而是每隔几年才按此方法编制一次预算。　（　　）

21. 定期预算方法的最大特点是预算期与会计年度一致。　（　　）

22. 增量预算与零基预算的差别主要是编制预算的出发点不同。　（　　）

23. 编制零基预算时，应以现有的费用水平为基础。　（　　）

24. 固定预算的预算期与会计年度相脱离。　（　　）

25. 概率预算是在弹性预算的基础上加上各预定指标变化的概率。　（　　）

五、计算分析题

1. 甲公司编制销售预算的相关资料如下：

资料一：甲公司预计每季度销售收入中，有70%在本季度收到现金，30%于下一季度收到现金，不存在坏账。2024年年末的应收账款余额为6 000万元。假设不考虑增值税及其影响。

资料二：甲公司2025年的销售预算见表10-5。

表10-5　　　　　　　　　　2025年度甲公司销售预算　　　　　　金额单位：元

项目＼季度	一	二	三	四	全年
预计销售量（万件）	500	600	650	700	2450
预计单价（元/件）	30	30	30	30	30
预计销售收入	15 000	18 000	19 500	21 000	73 500
预计现金收入：	—	—	—	—	—
上年应收账款	*	—	—	—	*
第一季度	*	*	—	—	*
第二季度	—	(B)	*	—	*
第三季度	—	—	*	(D)	*
第四季度	—	—	—	*	*
预计现金收入合计	(A)	17 100	(C)	20 500	*

注：表内的"*"为省略的数值。

要求：

（1）确定表格中字母所代表的数值。

（2）计算 2025 年年末预计应收账款的余额。

2.某公司生产并销售甲、乙两种产品。2025 年两种产品在每一季度的销售中有 60% 可于当季度收到现金，其余 40% 的货款将于下一季度收讫。2025 年年初应收账款数据和各季度预测的销售单价和销售数量等资料见表 10-6。

表10-6　　　　　2025年度预计销售单价、预计销售量及其他资料表　　　　　金额单位：元

项目	季度	一	二	三	四	年初应收账款	增值税率	收现率 首期	收现率 二期
甲产品	销售单价（不含税）	75	75	75	75	8 000	13%	60%	40%
甲产品	预计销售量（件）	600	500	800	900	8 000	13%	60%	40%
乙产品	销售单价（不含税）	90	90	90	90	10 000	13%	60%	40%
乙产品	预计销售量（件）	800	1 000	1 100	1 000	10 000	13%	60%	40%

要求：

（1）编制该公司 2025 年度的销售预算表。

（2）编制 2025 年度的现金收入预算表。

3.某公司只生产一种产品——甲产品。2025 年度甲产品的预计销售量为：第一季度 1 000 件、第二季度 900 件、第三季度 1 100 件、第四季度 1 200 件。年初产成品存货量为 120 件，年末预计产成品存货量为 150 件，预计期末产成品占下期销售量的百分比为 10%。

要求：根据上述资料编制该公司 2025 年度的生产预算表。

4.某企业现金预算部分数据见表 10-7。假设现金期末最低余额为 50 000 元，银行借款起点为 10 000 元，贷款利息为每年 5%，还本时付息。

表10-7　　　　　　　　　　　　　现金预算　　　　　　　　　　　　　单位：元

项目	第一季度	第二季度	第三季度	第四季度	全年
期初现金余额	45 000	（8）	（15）	（22）	（34）
加：现金收入	105 000	（9）	200 000	（23）	665 000
可动用现金	（1）	（10）	（16）	（24）	（35）
减：现金支出	—	—	—	—	—
直接材料	30 000	40 000	40 000	（25）	150 000
直接人工	（2）	15 000	（17）	（26）	（36）
制造费用	12 000	12 000	12 000	12 000	（37）
销售和管理费用	10 000	10 000	10 000	（27）	40 000
购置设备	50 000	0	0	0	（38）

续表

项目	第一季度	第二季度	第三季度	第四季度	全年
支付所得税	75 000	75 000	75 000	（28）	300 000
现金支出合计	190 000	（11）	153 000	（29）	648 000
现金多余与不足	（3）	（12）	（18）	（30）	（39）
筹措现金：	—	—	—	—	—
向银行借款	（4）	10 000	（19）	（31）	（40）
归还借款	（5）	（13）	50 000	50 000	（41）
支付利息	（6）	（14）	（20）	（32）	（42）
期末现金余额	（7）	58 000	（21）	（33）	（43）

要求：将现金预算的空缺数据按照内在联系填补完整。

六、案例分析题

案例1　　　　　　　　华莱公司的预算编制调整

华莱公司自2010年实施全面预算管理，每年第四季度按照固定预算法编制次年预算。但是，自2024年开始，受行业竞争加剧等因素的影响，预测数据与实际数据偏差较大，导致预算编制费时费力，但控制效果不佳，成本费用上升压力较大。公司召开预算会议讨论此问题。财务经理认为期间费用历史数据的参考性不大，参照费用历史数据编制预算不利于降本增效；销售部经理认为预算期太长，预测数据不准，导致预算控制不力；财务总监认为提高预算的可靠性，必须加强大数据管理，提高预测的准确性。最终，大家一致认为自2025年开始，预算管理应改进预算编制方法、提高预测数据的准确性。

要求：

（1）根据华莱公司预算会议反馈的意见，你认为公司应采取怎样的预算编制方法？并说明理由。

（2）零基预算与传统的预算有哪些不同？

（3）滚动预算有哪些优缺点？采取何种措施能够弥补滚动预算的缺点？

案例2　　　　　　　　华为预算管理与战略执行

华为技术有限公司（简称"华为"）是全球领先的信息与通信技术（ICT）解决方案提供商。随着业务规模的扩大和全球化布局的深入，华为面临着复杂的经营环境和激烈的市场竞争。为了确保资源的有效配置和战略目标的实现，华为建立了全面的预算管理体系，并将其作为战略执行的重要工具。其预算管理实践如下：

第一，战略导向的预算编制。华为的预算编制以公司战略为导向，结合市场需求、技术趋势和竞争对手动态，制定年度经营目标。预算编制采用"自上而下"与"自下而上"相结合的方式，确保战略目标与部门计划的一致性。

第二，滚动预算与动态调整。华为采用滚动预算方法，每季度根据实际经营情况对预算进行调整，确保预算的灵活性和适应性。

第三，成本控制与资源优化。华为通过预算管理严格控制研发、生产和销售成本。例如，研发预算中明确规定了各项目的资金分配，确保资源向高优先级项目倾斜。在销售预算中，华为根据不同地区的市场潜力分配销售费用，确保资源的高效利用。

第四，绩效考核与激励机制。华为将预算执行情况纳入绩效考核体系，各部门的预算完成情况直接影响员工的奖金和晋升机会。

资料来源：1.孙继彬.华为全面预算管理：从战略到执行的闭环密码，藏着这些核心逻辑［EB/OL］.（2025-07-27）［2025-08-08］. https://www.toutiao.com/article/7531726472831058451/? channel=&source=search_tab. 2.蔡元兵.华为全面预算管理：客户价值在哪里，预算就在哪里［EB/OL］.（2025-01-11）［2025-08-08］.https://finance.sina.com.cn/wm/2025-01-11/doc-ineepzmk5219182.shtml.

要求：

（1）华为的预算编制采用了"自上而下"与"自下而上"相结合的方式。请分析这种方法的优点和适用条件。

（2）华为采用滚动预算方法应对市场变化。请结合案例说明滚动预算的优势，并分析其在不确定性环境中的应用价值。

（3）华为通过预算管理严格控制研发和销售成本。请分析预算管理在成本控制中的作用。

（4）华为将预算执行情况纳入绩效考核体系。请分析其对员工行为的影响，并提出改进建议。

第三部分　参考答案

一、名词解释

1.预算管理

预算管理是指企业以战略目标为导向，通过对未来一定期间内的经营活动和相应的财务结果进行全面预测和筹划，科学、合理配置企业各项财务和非财务资源，并对执行过程进行监督和分析，对执行结果进行评价和反馈，指导经营活动的改善和调整，进而推动实现企业战略目标的管理活动。

2.全面预算

全面预算是指在预测与决策的基础上，按照企业既定的经营目标和程序，规划与反映企业未来的销售、生产、成本、现金收支等各方面活动，以便对企业特定计划期内全部生产经营活动有效地作出具体组织与协调，最终以货币为主要计量单位，通过一系列预计的财务报表及附表展示其资源配置情况的有关企业总体计划的数量说明。

3.经营预算

经营预算也称业务预算，是指企业预算期日常发生的基本业务活动的预算，主要包括销售预算、生产预算、直接材料预算、直接人工预算、制造费用预算、期末存货预算、产品成本预算、销售与管理费用预算等。

4.专门决策预算

专门决策预算是指企业为不经常发生的非基本业务活动所编制的预算，如企业根据长期投资决策编制的资本支出预算、根据融资决策编制的筹资预算等。

5.财务预算

财务预算是指反映企业预算期现金收支、经营成果和财务状况的预算，具体包括现金预算和预计财务报表（预计利润表、预计资产负债表、预计现金流量表）。

6.固定预算

固定预算（Fixed Budget）又称静态预算，是指根据预算期内正常的可能实现的某一固定业务量水平而编制的预算。

7.弹性预算

弹性预算是为克服固定预算的缺点而设计的，是以业务量、成本和利润之间的依存关系为依据，按照预算期可预见的各种业务量水平为基础，编制适用于一系列业务量变化的预算。

8.增量预算

增量预算，又称调整预算方法，是以基期的费用水平为基础，结合预算期业务量水平及有关影响因素的未来变动情况，通过调整有关原有费用项目而编制预算的一种方法。

9.零基预算

零基预算是指在编制预算时，完全不考虑以往费用支出的实际水平，一切从零开始，根据预算期的实际需要和可能，逐项审定各预算项目开支的必要性及其数额，再根据成本效益原则对各预算项目进行成本效益分析比较、排序，确定预算支出数额的一种编制预算的方法。

10.定期预算

定期预算法是指以不变的会计期间（如日历年度）作为预算期的一种编制预算的方法。

11.滚动预算

滚动预算（Rolling Budget）又称永续预算或连续预算，是指企业根据上一期预算执行情况和新的预测结果，按既定的预算编制周期和滚动频率，对原有的预算方案进行调整和补充，逐期向后滚动，持续推进的预算编制方法。

12.概率预算

根据客观条件，对有关变量进行分析，估计它们可能变动的范围及其在该范围内出现的概率，然后结合概率对各变量进行调整，计算期望值，编制预算。这种运用概率编制预算的方法称为概率预算。

二、单项选择题

1.C	2.A	3.B	4.D	5.D	6.D	7.C	8.B	9.D	10.B
11.B	12.C	13.D	14.B	15.D	16.C	17.B	18.B	19.A	20.D
21.B	22.B	23.D	24.A	25.B	26.A	27.D	28.D	29.A	30.A

难点解析：

1.最能揭示全面预算本质的说法是：全面预算是关于未来期间内企业总体计划的数量说明。因此，选项C正确。

2.销售预算是编制全面预算的关键和起点。

3.经营预算也称业务预算，是指企业预算期日常发生的基本业务活动的预算。

4.经营预算（业务预算）主要包括销售预算、生产预算、直接材料预算、直接人工预算、制造费用预算、期末存货预算、产品成本预算、销售与管理费用预算等。因此，选项D正确；选项A、C、D属于财务预算。

6.经营预算与财务预算一般为短期预算，预算期间通常为1年，因此选项D正确。

7.选项A、B、D均是以生产预算为基础编制的；选项C是以销售预算为基础编制的。

8.生产预算只涉及实物计量单位，而不涉及价值计量单位。

9.预计生产量=预计销售量+期末存货量−期初存货量=1 900+2 100×10%−1 900×10%=1 920（件）

10.$\dfrac{预计直接}{材料采购量} = \dfrac{预计}{产量} × \dfrac{单位产品}{材料耗用量} + \dfrac{期末材}{料存货量} + \dfrac{期初材}{料存货量}$ =1 500×5+7 800×10%−1 000=7 280（千克）

第一季度材料采购的金额=7 280×12=87 360（元）

11."应付账款"项目的年末余额=（2 200+540−420）×10%×40%=9 280（元）

12.由于直接人工工资一般全部用现金支付，因此无须另外预计现金支出，可直接参加现金预算的汇总，故选项C正确。

15.固定资产折旧作为一项固定制造费用，由于不涉及现金支出，在编制制造费用预计现金支出计算表时，需从固定制造费用中扣除，故此题选项D正确。

16.现金预算一般包括四个部分：现金收入、现金支出、现金的余缺、资金筹集与融通。选项C未直接在现金预算中得到反映。

17.预计生产量=预计销售量+期末存货量−期初存货量=250+40−50=240（件）

20.预计资产负债表是反映企业预算期期末财务状况的预算报表。

21.传统预算方法有固定预算、增量预算、定期预算。选项B是针对固定预算的缺陷产生的，属于先进的预算方法。

23.弹性预算是建立在成本性态基础上的，将企业的成本分为固定成本和变动成本。

24.弹性预算是以业务量、成本和利润之间的依存关系为依据，按照预算期可预见的各种业务量水平为基础，编制适用于一系列业务量变化的预算。因此，编制弹性预算首先应当考虑及确定的因素是业务量。

26.某公司编制预算的时候考虑到本年生产任务增长10%，所以制造费用就在去年30万元的基础上编制为33万元（30×（1＋10%）），是以基期的费用水平为基础的，故该预算编制方法应为增量预算。

28.应当作为零基预算方法出发点的是零。

30.增量预算编制方法可能造成预算上的浪费。

三、多项选择题

1.ABCD	2.BCD	3.ABC	4.ACD	5.ABCD	6.BCD	7.BCD	8.AD	9.ABCD	10.ABD
11.CD	12.ABCD	13.AB	14.ABD	15.ABD	16.ABC	17.ABC	18.ABCD	19.AB	20.BCD

难点解析：

1.全面预算作用的有明确工作目标、协调部门关系、控制经济活动、考核业绩标准，故选项A、B、C、D均正确。

2.选项B"资本支出预算"属于专门决策预算；选项C"预计利润表"和选项D"预计资产负债表"均属于财务预算。

3.业务预算和财务预算均属于短期预算，因此，选项A、B、C属于短期预算；选项D属于长期预算。

4.预计生产量=预计销售量+预计期末产品库存量-预计期初产品库存量

因此，生产预算时需要考虑的因素有预算期预计销售量、预算期预计期末存货量、预算期期初存货量，选项A、C、D正确。

6.直接人工预算=预计生产量×单位产品直接人工工时×小时工资率

因此，编制直接人工预算需要考虑预计生产量、标准单位直接人工工时和标准工资率。

8.现金预算的编制基础是经营预算和专门决策预算，选项A、D正确。

9.选项A、B、C、D均可被纳入现金收支预算。

10.编制预计利润表的依据是各项经营预算和财务预算，选项A、B、D均为经营预算，故选项A、B、D正确。

11.按编制预算出发点的特征不同，可将编制成本费用预算的方法分为增量预算方法和零基预算方法。

12.编制弹性预算依据的业务量可以为产销量、直接人工工时、机器工时、材料消耗量等，选项A、B、C、D均正确。

13.选项A、B为弹性预算的优点；选项C为滚动预算的优点；选项D为零基预算的优点。

15.定期预算方法缺点的有盲目性、滞后性和间断性，因此选项A、B、D正确。

16.按预算编制和滚动的时间单位不同，滚动预算方法的滚动方式包括逐月滚动、逐季滚动和混合滚动三种。

19.选项A、B正确；增量预算可能导致无效费用开支项目无法得到有效控制，选项C错误；零基预算不受现有费用项目的限制，选项D错误。

20.选项A是定期预算的优点，其余三个选项均正确。

四、判断题

1.×	2.×	3.√	4.×	5.√	6.×	7.×	8.√	9.√	10.√
11.×	12.×	13.×	14.√	15.×	16.√	17.√	18.√	19.×	20.√
21.√	22.√	23.×	24.×	25.√					

难点解析：

1.生产预算是以销售预算为依据编制的。

2.销售预算是全面预算的起点，其他预算的编制都应以销售预算为基础。

4.预算委员会平衡、协商、调整各部门的预算草案，并进行预算的汇总与分析。

6.经营预算中生产预算的编制，只使用实物量作为计量单位。

7.财务预算是指反映企业预算期现金收支、经营成果和财务状况的预算。

11.现金收支预算是以价值量指标反映企业经营活动的，目的在于合理安排现金的收入和支出，正确计算和确定现金多余或不足的时间和金额，进而确定资金运用或资金筹集的方式、时间和数额。

12.现金预算、预计资产负债表和预计利润表构成了整个财务预算。

13.预计资产负债表中现金余额项目的期末数等于现金预算中的期末现金余额。

15.各种预算中，构成全面预算体系最终环节的是财务预算。

19.弹性预算方法既可以用于成本费用预算，又可以用于利润预算。

23.编制零基预算时，应以0为基础，而编制增量预算时，应以现有的费用水平为基础。

24.固定预算的预算期与会计年度保持一致。

五、计算分析题

1.解：

（1）A=16 500；B=12 600；C=19 050；D=5 850。

A（第一季度预计现金收入合计）=15 000×70%+6 000=16 500（万元）

B（第二季度中由第二季度发生的销售导致的现金流入）=18 000×70%=12 600（万元）

C（第三季度预计现金收入合计）=19 500×70%+18 000×30%=19 050（万元）

D（第四季度中由第三季度发生的销售导致的现金流入）=19 500×30%=5 850（万元）

（2）2024年年末预计应收账款余额=21 000×30%=6 300（万元）

2.解：

（1）该公司2025年度的销售预算表见表10-8。

表10-8　　　　　　　　　　　　2025年度销售预算表　　　　　　　　　　金额单位：元

项目	季度	一	二	三	四	全年
销售单价	甲产品	75	75	75	75	75
	乙产品	90	90	90	90	90
预计销售量（件）	甲产品	600	500	800	900	2 800
	乙产品	800	1 000	1 100	1 000	3 900
预计销售收入	甲产品	45 000	37 500	60 000	67 500	210 000
	乙产品	72 000	90 000	99 000	90 000	351 000
	合计	117 000	127 500	159 000	157 500	561 000
增值税销项税额		15 210	16 575	20 670	20 475	72 930
含税销售收入		132 210	144 075	179 670	177 975	633 930

（2）2025年度的现金收入预算表见表10-9。

表10-9　　　　　　　　　　　　　　2025年度现金收入预算表　　　　　　　　　　　　单位：元

项目	现金收入				
	第一季度	第二季度	第三季度	第四季度	全年
含税销售收入	132 210	144 075	179 670	177 975	633 930
期初应收账款	18 000				18 000
第一季度	79 326	52 884			132 210
第二季度		86 445	57 630		144 075
第三季度			107 802	71 868	179 670
第四季度				106 785	106 785
现金收入合计	97 326	139 329	165 432	178 653	580 740

3. 解：

该公司2025年度的生产预算表见表10-10。

表10-10　　　　　　　　　　　　　　生产预算表　　　　　　　　　　　　单位：件

品种	项目	第一季度	第二季度	第三季度	第四季度	全年
甲产品	预计销售量	1 000	900	1 100	1 200	4 200
	加：预计期末存货量	90	110	120	150	150
	减：预计期初存货量	120	90	110	120	120
	预计生产量	970	920	1 110	1 230	4 230

4. 解：

现金预算表见表10-11。

表10-11　　　　　　　　　　　　　　现金预算表　　　　　　　　　　　　单位：元

项目	第一季度	第二季度	第三季度	第四季度	全年
期初现金余额	45 000	（8）50 000	（15）58 000	（22）53 125	（34）45 000
加：现金收入	105 000	（9）150 000	200 000	（23）210 000	665 000
可动用现金	（1）150 000	（10）200 000	（16）258 000	（24）263 125	（35）710 000
减：现金支出	—	—	—	—	—
直接材料	30 000	40 000	40 000	（25）40 000	150 000
直接人工	（2）13 000	15 000	（17）16 000	（26）16 000	（36）60 000
制造费用	12 000	12 000	12 000	12 000	（37）48 000
销售和管理费用	10 000	10 000	10 000	（27）10 000	40 000

续表

项目	第一季度	第二季度	第三季度	第四季度	全年
购置设备	50 000	0	0	0	(38) 50 000
支付所得税	75 000	75 000	75 000	(28) 75 000	300 000
现金支出合计	190 000	(11) 152 000	153 000	(29) 153 000	648 000
现金多余与不足	(3) -40 000	(12) 48 000	(18) 105 000	(30) 110 125	(39) 62 000
筹措现金：	—	—	—	—	—
向银行借款	(4) 90 000	10 000	(19) 0	(31) 0	(40) 100 000
归还借款	(5) 0	(13) 0	50 000	50 000	(41) 100 000
支付利息	(6) 0	(14) 0	(20) 1 875	(32) 2 375	(42) 4 250
期末现金余额	(7) 50 000	58 000	(21) 53 125	(33) 57 750	(43) 57 750

六、案例分析题

案例1答题要点：

（1）可采用零基预算与滚动预算相结合的预算编制方法。

为了降低成本费用，对于固定成本预算可采用零基预算，对于其他项目的预算可采用滚动预算，以缩短预算期过长导致的预算可靠性差的问题。

（2）零基预算不是在现有的费用支出水平上来规划预算期各项开支数额，而是以"零"为起点，对每一个费用项目进行成本效益分析，并按照重要性程度对费用项目进行排序，以便对企业有限的经济资源进行优化配置和分配。

（3）滚动预算的优点是可以避免预算期过长导致预算脱离实际的情况。保持一年的预算期，使管理者对企业的未来有一个相对清晰的预期，有利于保证企业的经营管理工作稳定有序地进行。缺点是预算的编制工作会耗费大量的人力和物力，代价较大。

采取以下措施能够弥补滚动预算的缺点：建立大数据预测系统，以便及时、动态地预测业务数据；建立全面预算管理系统，以实现全面预算编制的自动化和智能化，减少人力成本，提高预算编制的效率和效果。

案例2答题要点：

（1）优点：

①战略一致性。"自上而下"确保公司战略目标贯穿预算编制全过程，避免部门目标与公司整体战略脱节。

②可行性提升。"自下而上"让各部门参与预算制定，基于实际业务需求提出计划，增强预算的可操作性。

③双向沟通。通过上下级反复协商，平衡战略要求与执行细节，减少预算执行阻力。

适用条件：

①企业规模较大：适用于业务复杂、层级较多的企业（如华为全球化布局）。

② 战略导向明确：企业需有清晰的战略目标，以便自上而下分解。

③ 高效协调机制：需要完善的沟通流程和信息系统，支持双向反馈。

（2）滚动预算的优势：第一，动态适应性。每季度根据实际经营数据（如市场需求、供应链波动）调整预算，避免僵化。第二，长期视角。滚动预算持续覆盖未来12个月至18个月，兼顾短期执行与长期规划。第三，风险缓冲。在不确定性中（如疫情、地缘政治等）快速调整资源分配，降低经营风险。第四，不确定性环境中的应用价值。面对美国制裁导致的芯片短缺，滚动预算帮助华为动态调整研发重点（如加速鸿蒙系统开发），优化资金使用效率。

（3）预算管理在成本控制中的作用：第一，设定成本上限。通过预算明确各环节成本标准（如研发费用占比、销售费率），防止资源浪费。第二，优先级排序。预算强制资源向高价值领域倾斜（如5G研发、欧洲高端市场拓展）。第三，过程监控。实时跟踪预算执行情况，及时纠正偏差（如超支项目暂停拨款）。

（4）积极影响：形成"结果导向"文化，激发执行力（如区域销售团队主动开拓新客户）。消极影响：部分员工因压力过大产生倦怠，或为达标而采取激进策略（如过度承诺客户）。

改进建议：第一，引入平衡计分卡（BSC），将长期指标（如客户满意度）纳入考核。第二，设置预算弹性区间（如±5%偏差不扣分），保留必要灵活性。

第十一章

业绩考核与评价

一、业绩评价概述

业绩评价是企业管理控制系统的核心部分，对企业不同层级的管理人员和部门都需要设计财务业绩衡量指标和非财务业绩衡量指标。

（一）业绩评价方法及演进

传统的业绩评价以财务指标为核心，通过编制预算，设定投资报酬率、利润、现金流量和各种财务比率，比较实际指标与预算指标的差异，并据以进行业绩评价和奖惩。

20世纪90年代以来，企业预算的作用日趋减弱，出现了改进预算和超越预算等新的理论和方法，新的财务指标相继出现，非财务指标在业绩评价体系中越来越重要，并且强调对创新、学习和知识资本等无形资本的评价。业绩评价体系结构包含的内容越来越丰富，出现多维指标。

（二）业绩评价指标体系的建立

1.业绩评价指标体系设计

进行科学的业绩评价的关键是设计一套合理的业绩评价指标体系。一般来说，设立业绩评价指标体系应考虑以下因素：①明确管理责任；②选取代表性财务指标；③应用非财务指标；④绩效评价符合长远利益。

2.业绩评价的财务与非财务指标

不断增加的全球竞争和全面质量管理扩大了对非财务指标的需求，对财务指标的批评凸显了非财务指标在业绩评价中的重要性，但非财务指标不可能取代财务指标，非财务信息对财务信息起到补充作用。许多企业的业绩评价把财务指标和非财务指标结合起来，将非财务信息作为财务信息的补充。

（三）业绩评价流程

成功的业绩评价除了指标体系的构建，还需要考虑业绩评价过程中表现出来的一系列控制系统的重要特征。整个业绩评价与控制流程如图11-1所示。

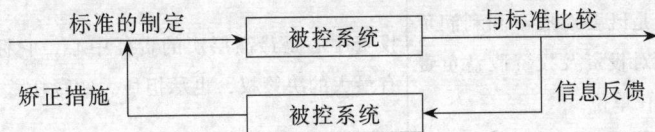

图 11-1　业绩评价与控制流程

业绩评价标准的设立应该具备以下几个要点：①标准要具有挑战性；②标准经过努力可以实现；③标准要透明并且广为人知；④标准要尽可能量化，不能量化的要具体明确；⑤标准应该将刚性和柔性要求结合起来。设立标准以后，就可以在经营过程中计量实际业绩，并与标准相比较，把信息反馈到管理层，核算和分析差异，提出改进绩效的措施与办法。业绩评价的结果将会被作为奖惩制度的依据，奖励业绩好的，惩罚业绩差的，以达到控制组织与员工行为、促进企业目标实现的目的。

二、以责任中心为主体的业绩考核与评价

（一）责任中心的概述

1.责任中心的概念

责任中心是责任会计的核算单位，是指承担一定经济责任，并享有一定权利的企业内部（责任）单位，是实施责任会计的始点和基础。责任中心通常都按照统一领导、分级管理的原则，在其内部合理划分责任单位，明确各个项目单位应承担的经济责任。

2.责任中心的特征

责任中心是一个责权利相结合的实体，其责任和权利皆可控，各责任中心之间既有合作又有竞争，并且有定期的考核与评价。

3.责任中心的类型

责任中心是为了使各单位在其规定的责任范围内有责有权，积极工作，保证各中心目标的实现。责任中心可划分为成本中心、利润中心和投资中心，各责任中心的概念、特点及类型见表11-1。

表11-1　　　　　　　　　　　　责任中心的类型

责任中心	概念	特点	类型
成本中心	成本中心是按成本水平评价、考核其工作成果的内部责任单位，是指只对成本或费用负责的责任中心，无须对收入、利润及投资负责	①只考虑成本费用；②只对可控成本承担责任；③只对责任成本进行考核和控制	技术性成本中心
			酌量性成本中心
利润中心	利润中心是指拥有产品或劳务的生产经营决策权，是既对成本、费用负责又对收入、利润负责的单位，有独立或相对独立的收入和生产经营决策权	①具有独立的收入来源或可以视同为一个有独立收入的部门，一般还具有独立的经营权；②利润中心权力和责任相对较大；③既要控制成本，又要增加收入，强调相对成本节约	自然利润中心
			人为利润中心
投资中心	投资中心是既要对成本和利润负责，又要对投资及投资收益负责的内部责任单位	投资中心是最高层次的责任中心，它拥有最大的决策权，也承担最大的责任	—

成本中心、利润中心、投资中心这三类责任中心的控制范围及三者之间的关系如图11-2所示。

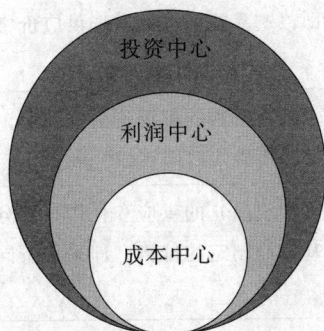

图11-2　责任中心关系图

我们可以看出，一个利润中心必然同时是成本中心；一个投资中心必然同时是利润中心、成本中心。

（二）内部转移价格

1.内部转移价格概述

（1）内部转移价格的概念

内部转移价格又称调拨价格，就是指企业内各部门之间由于相互提供产品、半成品或劳务而引起的相互结算、相互转账所需要的一种计价标准。这种计价结算并不动用企业货币资金，而是一种观念上的货币结算，是一种资金限额指标的结算。

（2）内部转移价格的作用

各责任中心用转移价格核算本单位的成本、费用、收入和利润，并在提供产品或劳务时与另一单位进行结算或转账。这种价格只是一种协商和约定的价格，只适用于企业内部。具体来说有以下三个方面的作用：①合理界定各责任中心的经济责任；②有效测定各责任中心的资金流量；③科学考核各责任中心的经营业绩。

（3）内部转移价格的制定原则

如果一种产品的最终完成需要在企业内部的多个责任中心之间进行转移，由多个责任中心共同的努力才能实现销售，那么即使仅有最终的产品才能为企业带来货币效益，实现的收益仍然应该由这些中心共同分享。这时，内部转移价格的制定就成为企业内部的利益分配机制。为促使企业财务目标的实现，制定内部转移价格应遵循下列原则：①目标一致性原则；②公平性原则；③自主性原则；④科学性原则。

2.内部转移价格的类型

常见的内部转移价格有四种：市场价格、协商价格、双重价格和成本转移价格，具体见表11-2。

（三）责任中心的业绩考核与评价

不同的责任中心具有自身的性质和特点，因此，对其考核的业绩指标也不同，具体见表11-3。

表11-2 内部转移价格的类型

类型	概念	
市场价格	市场价格简称市价，即以产品或劳务的市场供应价格作为计价的基础，以市场价格作为内部转移价格	
协商价格	协商价格又称议价，是指在正常的市场价格基础上，企业内部交易的供求双方通过定期协商，确定一个双方都能接受的内部转移价格	
双重价格	双重价格是指对产品（半成品）的供应和耗用单位分别采用不同的内部转移价格作为计价基础而制定的价格，即采用不同内部转移价格作为计价基础	双重市场价格
		双重转移价格
成本转移价格	成本转移价格就是以转移产品的成本为基础制定的内部转移价格	标准成本
		标准成本加成
		标准变动成本

表11-3 责任中心的业绩评价与考核指标

责任中心	评价与考核指标
成本中心	成本（费用）变动额=实际责任成本（费用）-预算责任成本（费用）
	成本（费用）变动率=成本（费用）变动额/预算责任成本（费用）×100%
利润中心	利润中心边际贡献总额=利润中心销售收入总额-可控成本总额（变动成本总额） 注意：如果可控成本中只有变动成本，无可控固定成本，上式中的可控成本总额就等于变动成本总额
	利润中心营业利润=利润中心边际贡献总额-不可控成本总额
投资中心	投资报酬率=营业利润/投资额×100% 或： 投资报酬率=销售利润率×资产周转率
	剩余收益=营业利润-最低投资收益 　　　　=营业利润-投资额×预期最低收益率

三、基于经济增加值的业绩考核与评价

（一）经济增加值的内涵

经济增加值（EVA），又称经济利润、经济附加值，是基于税后净营业利润和产生这些利润所需资本投入的总成本（即资本成本）的一种企业业绩评价指标。

（二）经济增加值的基本模型

经济增加值=税后净营业利润-资本成本

　　　　　=税后净营业利润-加权平均资本成本×投资资本总额

其中：

税后净营业利润=营业利润+财务费用+投资收益-EVA税收调整

加权平均资本成本=股权资本比例×股权资本成本率+债务资本比例×债务资本成本率×（1-所得税税率）

（三）经济增加值的调整

在计算经济增加值时需要对研究发展费用和市场开拓费、商誉、递延税项、各种准备等会计报表科目的处理方法进行调整。

（四）经济增加值的评价

经济增加值的优点比较明显，不仅考虑了债务资本成本，而且考虑了股权资本成本，能够更准确地考查和反映企业实现资本保值增值和价值创造的能力，有助于更好地实现股东财富最大化和企业持续增长与发展。

但是，经济增加值在使用过程中也存在一定的局限性。经济增加值的计算既考虑了债务资本成本，又考虑了股权资本成本，资本成本难以统一；同时，会计调整受收入实现、费用确认等会计处理方法及会计估计等因素的影响，难以避免企业的盈余操纵，而且调整项目需根据企业实际情况进行不同的调整，主观判断的影响严重，增加了操作难度。

四、基于平衡计分卡的业绩考核与评价

（一）平衡计分卡概述

平衡计分卡将企业的愿景和战略转化为一套全面的指标和可执行的行动。这些指标为战略衡量和管理系统提供了框架。平衡计分卡仍然重视实现财务目标，但是也兼顾了财务目标的业绩驱动因素。平衡计分卡从四个平衡的层面衡量企业的业绩，包括财务、客户、内部经营过程、学习与创新。这四个层面组成了平衡计分卡的基本框架。

（二）平衡计分卡的基本框架

平衡计分卡作为一种综合的业绩评价体系，要从四个方面来考虑和评价企业的业绩，即财务视角、客户视角、内部经营过程视角，以及学习与创新视角，具体见表11-4。

表11-4   平衡计分卡的基本框架

基本框架	含义
财务视角	平衡计分卡的财务视角明确了企业短期和长期财务业绩的目标，测量盈亏底线，如增长率、投资回报率以及其他传统财务指标
客户视角	平衡计分卡的客户视角通过客户如何感知企业提供的价值来衡量绩效
内部经营过程视角	通常是在制定财务和客户维度的目标与指标后，才制定企业内部运营视角下的目标与指标。内部运营过程指标主要涉及企业业务流程和管理流程的改良、创新过程，经营过程和售后服务过程等
学习与创新视角	学习与创新视角的目标为其他三个视角的目标实现提供了基础架构，是驱使上述三个视角获得成功的动力。学习与创新视角指标涉及员工的能力、信息系统的能力以及激励、授权与相互配合等

（三）平衡计分卡的实施步骤

企业在实施平衡计分卡时，可遵循以下步骤进行：确定公司的战略和目标；设计并确定评价指标体系；加强企业内部传递与沟通；确定目标值或评价标准值；反馈与修正。

（四）平衡计分卡的评价

1.平衡计分卡的优点

（1）将业绩评价与战略紧密联系，将战略目标逐层分解并转化为评价对象的业绩评价指标和行动方案，使整个组织行动协调一致，推动企业战略目标的实现。

（2）从财务、客户、内部经营过程、学习与创新四个维度确定业绩评价指标，既包含财务指标，又包含非财务指标，使业绩评价更为全面完整，有助于对企业的长期发展潜力与实力进行评价。

（3）将学习与创新作为一个维度，注重员工的发展要求和组织资本、信息资本等无形资产的开发利用，有利于增强企业可持续发展的动力。

2.平衡计分卡的缺点

（1）在评价指标方面。平衡计分卡将非财务指标纳入其中，但部分非财务指标的量化工作难以落实，当指标之间或指标的评价标准之间发生冲突时，就难以作出取舍，而且会因企业的不同而不同，无法进行跨公司、跨行业比较。

（2）在指标权重方面。平衡计分卡各指标权重在不同层级及各层级不同指标之间的分配比较困难，缺乏一套客观、行之有效的指标权重确定方法，主观色彩较浓。

（3）在专业技术和实施难度方面。平衡计分卡对专业技术要求较高，需要专业人员的指导、企业全员的参与和长期持续地修正与完善，对信息系统、管理能力有较高的要求，工作量比较大，操作难度也较大，需要持续地沟通和反馈，实施比较复杂，实施成本高。

五、基于绩效棱柱模型的业绩考核与评价

（一）绩效棱柱模型的概念及结构

绩效棱柱模型，是指从企业利益相关者的角度出发，以利益相关者满意为出发点，以利益相关者贡献为落脚点，以企业战略、业务流程、组织能力为手段，用棱柱的五个构面构建三维绩效评价体系，并据此进行绩效管理的方法。

绩效棱柱模型结构如图11-3所示。

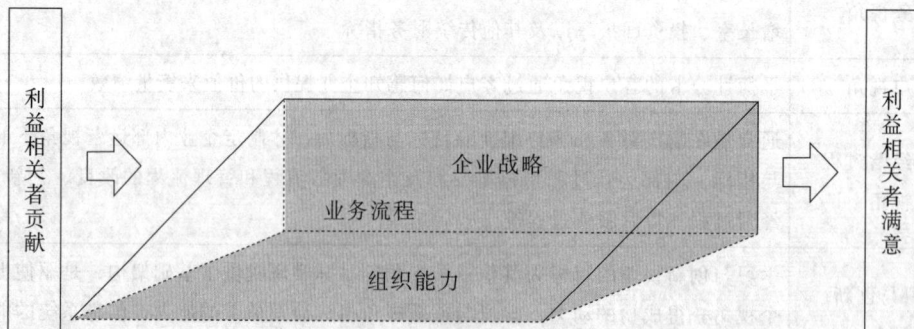

图11-3　绩效棱柱模型

（二）绩效棱柱模型的前提

绩效棱柱模型三个基本前提在绩效棱柱这一绩效管理框架中起着支撑作用。

第一，对于组织而言，如果他们希望长期生存和繁荣的话，那么把注意力仅仅放在一

个或两个利益相关者（股东和顾客）身上就是不可取的，甚至是不可行的。

第二，如果一个组织想将真正的价值传送给股东的话，那么它的战略、流程及能力就必须进行整合。

第三，组织及他们的利益相关者应该认识到它们之间的关系是互惠的。如果利益相关者期望得到一些利益的话，他们也应该为组织贡献自己的力量。绩效棱柱展示的是全面的绩效衡量结构。它建立在那些已经存在，并且在一直寻求弥补其不足的结构的基础之上，为我们洞察公司绩效管理的真正难题和面对现实的挑战提供了一个有效的、全面的框架。

（三）绩效棱柱模型的应用程序

在应用绩效棱柱模型工具方法时，一般按照明确主要利益相关者、绘制利益相关者地图、优化战略和业务流程以及提升能力、制定以绩效棱柱模型为核心的绩效计划等程序进行。

（四）绩效棱柱模型的评价

绩效棱柱模型的主要优点是：坚持主要利益相关者价值取向，使主要利益相关者与企业紧密联系，有利于实现企业与主要利益相关者的共赢，为企业可持续发展创造良好的内外部环境。

绩效棱柱模型的主要缺点是：涉及多个主要利益相关者，对每个主要利益相关者都要从五个构面建立指标体系，指标选取复杂，部分指标较难量化，对企业信息系统和管理水平有较高要求，实施难度大、门槛高。

第二部分　练习题

一、名词解释

1. 责任会计
2. 责任中心
3. 成本中心
4. 利润中心
5. 投资中心
6. 内部转移价格
7. 市场价格
8. 协商价格
9. 双重价格
10. 成本转移价格
11. 投资报酬率
12. 剩余收益
13. 平衡计分卡
14. 绩效棱柱模型

二、单项选择题

1.在下列各项中，需要同时对成本、收入、利润和投资负责的是（　　　）。

A.成本中心　　　　B.利润中心　　　　C.投资中心　　　　D.责任中心

2.下列各项中，不属于利润中心应当拥有的权利的是（　　　）。

A.价格决策权　　　B.投资决策权　　　C.生产决策权　　　D.销售决策权

3.投资中心的利润扣除其投资额按规定（或预期）的最低收益率计算的投资收益后的余额称为（　　　）。

A.投资报酬率　　　B.内部报酬率　　　C.税前净利　　　D.剩余收益

4.某生产车间是一个标准成本中心，为了对该车间进行行业绩评价需要计算的责任成本范围是（　　　）。

A.该车间的直接材料、直接人工和全部制造费用

B.该车间的直接材料、直接人工和变动制造费用

C.该车间的直接材料、直接人工和可控制造费用

D.该车间的全部可控成本

5.成本中心控制和考核的内容是（　　　）。

A.产品成本　　　　B.标准成本　　　　C.责任成本　　　　D.预算成本

6.以产品在企业内部流转而取得"内部销售收入"为特征的责任中心称为（　　　）。

A.标准成本中心　　B.投资中心　　　　C.自然利润中心　　D.人为利润中心

7.投资中心与利润中心的主要区别是（　　　）。

A.投资中心有生产的经营决策权　　　　B.投资中心有投资决策权

C.投资中心有对外销售收入　　　　　　D.投资中心具有法人地位

8.从引进市场机制、营造竞争气氛、促进客观和公平竞争的角度看，制定内部转移价格的最好依据是（　　　）。

A.市场价格　　　　B.协商价格　　　　C.双重价格　　　　D.成本价格

9.对产品（半成品）的供应和耗用单位分别采用不同的内部转移价格作为计价基础而制定的价格称为（　　　）。

A.市场价格　　　　B.协商价格　　　　C.双重价格　　　　D.成本价格

10.下列各项中不属于内部转移价格的作用的是（　　　）。

A.合理界定各责任中心的经济责任　　　B.有效测定各责任中心的资金流量

C.科学考核各责任中心的经营业绩　　　D.明确各责任中心的义务

11.下列公司制企业的责任单位中，可作为投资中心的是（　　　）。

A.公司　　　　　　B.车间　　　　　　C.班组　　　　　　D.职工

12.以成本转移价格作为内部转移价格时，如果交易产品涉及利润，则此时的价格应当是（　　　）。

A.实际成本　　　　B.标准成本　　　　C.标准成本加成　　D.变动成本

13.以下属于平衡计分卡财务视角业绩评价指标的是（　　　）。

A.产品退回率　　　　　　　　　　　　B.及时送货率

C.新产品收入占比　　　　　　　　　　　　D.客户调查产品形象和声誉指标情况

14.某轮胎厂是某汽车公司的一个投资中心，该厂预计2026年投资500万元，预计净收益增加100万元。如果该公司的平均报酬率为20%，则该厂这项投资的剩余收益为（　　）。

A.400万元　　　　　　B.100万元　　　　　　C.50万元　　　　　　D.0

15.某投资中心第一年投资100 000元，经营利润20 000元；第二年该中心新增投资20 000元，预计新增经营利润3 000元。接受新投资后，该中心的投资利润率为（　　）。

A.15.5%　　　　　　B.20%　　　　　　C.17.5%　　　　　　D.19.2%

16.通过落实经济责任实现对企业内各部门、各单位的协调与控制体现的是责任会计的（　　）原则。

A.责任主体　　　　　B.目标一致　　　　　C.可控　　　　　D.反馈

17.EVA与传统财务指标的最大不同，就是充分考虑了投入资本的机会成本，使得EVA具有（　　）的突出特点。

A.度量的是资本利润　　　　　　　　B.度量的是企业的利润总额

C.度量的是资本的社会利润　　　　　D.度量的是资本的超额收益

18.协商定价时确定内部转移价格的最高上限是（　　）。

A.市价　　　　　　　　　　　　　B.单位变动成本

C.单位固定成本　　　　　　　　　D.单位成本

19.供应方按市场价格或议价作为基础，而使用方按供应方的单位变动成本作为计价的基础的价格确认方法称为（　　）。

A.双重市场价格　　　　　　　　　B.双重转移价格

C.协商价格　　　　　　　　　　　D.市场价格

20.下列关于利润中心营业利润计算正确的是（　　）。

A.利润中心营业利润=利润中心边际贡献总额-不可控成本总额

B.利润中心营业利润=利润中心边际贡献总额-可控成本总额

C.利润中心营业利润=利润中心边际贡献总额-成本总额

D.利润中心营业利润=利润中心边际贡献总额-变动成本总额

21.经济增加值（EVA）的基本模型是（　　）。

A.税后净营业利润+资本成本　　　　B.税后净营业利润-资本成本

C.营业利润-资本成本　　　　　　　D.营业利润+资本成本

22.平衡计分卡从四个维度衡量企业业绩，其中不包括（　　）。

A.财务视角　　　　　　　　　　　B.客户视角

C.外部环境视角　　　　　　　　　D.学习与创新视角

23.绩效棱柱模型的核心是（　　）。

A.利益相关者满意　　　　　　　　B.利益相关者贡献

C.企业战略、业务流程、组织能力　　D.以上都是

24.平衡计分卡的实施步骤中，第一步是（　　）。

A.设计并确定评价指标体系　　　　B.确定公司的战略和目标

C.加强企业内部传递与沟通　　　　　　D.确定目标值或评价标准值

25.绩效棱柱模型的主要优点是（　　）。

A.指标选取简单　　　　　　　　　　　B.实施难度小

C.坚持主要利益相关者价值取向　　　　D.适合所有企业

三、多项选择题

1.下列各项中，属于责任中心内容的有（　　　）。

A.成本中心　　　　B.销售中心　　　　C.利润中心　　　　D.投资中心

2.下列各项指标中，可以用来考核成本中心的有（　　　）。

A.成本变动额　　　　B.成本变动率　　　　C.投资报酬率　　　　D.剩余收益

3.成本中心是只对（　　）负责的责任中心。

A.支出　　　　　　B.成本　　　　　　C.费用　　　　　　D.收入和利润

4.平衡计分卡作为一种综合的业绩评价体系，从以下（　　　）方面考虑和评价企业业绩。

A.财务视角　　　　　　　　　　　　　B.客户视角

C.内部经营过程视角　　　　　　　　　D.学习与创新视角

5.下列各项中，属于成本中心的有（　　　）。

A.技术性成本中心　　　　　　　　　　B.酌量性成本中心

C.标准型成本中心　　　　　　　　　　D.现实型成本中心

6.下列各项中，属于内部转移价格制定原则的有（　　　）。

A.目标一致性原则　　　　　　　　　　B.公平性原则

C.自主性原则　　　　　　　　　　　　D.科学性原则

7.下列各项中，可以作为内部转移价格的有（　　　）。

A.市场价格　　　　　　　　　　　　　B.协商价格

C.双重价格　　　　　　　　　　　　　D.成本转移价格

8.下列各项指标中，属于利润中心考核范畴的有（　　　）。

A.剩余收益　　　　　　　　　　　　　B.投资利润率

C.边际贡献　　　　　　　　　　　　　D.营业利润

9.下列各项中，属于双重价格表现形式的有（　　　）。

A.双重产品价格　　　　　　　　　　　B.双重市场价格

C.双重协商价格　　　　　　　　　　　D.双重转移价格

10.下列各项表达式中，其计算结果等于投资利润率指标的有（　　　）。

A.总资产周转率×销售利润率　　　　　B.总资产周转率×销售成本率

C.营业利润/投资额　　　　　　　　　　D.总资产周转率×成本费用利润率

11.平衡计分卡的优点包括（　　　）。

A.将业绩评价与战略紧密联系

B.从财务、客户、内部经营过程、学习与创新四个维度确定业绩评价指标

C.注重员工的发展要求和组织资本、信息资本等无形资产的开发利用

D.指标权重分配客观

12.绩效棱柱模型的三个基本前提包括（　　）。

A.组织不能只关注一个或两个利益相关者

B.组织的战略、流程及能力必须进行整合

C.利益相关者与组织之间的关系是互惠的

D.绩效棱柱模型适用于所有企业

13.在经济增加值（EVA）的计算中，需要对（　　）等项目进行调整。

A.研究发展费用　　　　　　　　　　B.市场开拓费

C.商誉　　　　　　　　　　　　　　D.递延税项

四、判断题

1.成本中心是企业责任中心的最高层次，也是决定企业经济效益高低的关键部门。
（　　）

2.在责任会计的三个责任中心中，利润中心是最基本的责任中心。　（　　）

3.利润或投资中心之间相互提供产品或劳务，最好以市场价格作为内部转移价格。
（　　）

4.当供应方提供的产品或劳务没有现成的市场价格时，可采用协商价格作为内部转移价格。　（　　）

5.一个成本中心必然同时是投资中心；一个成本中心必然同时是利润中心、投资中心。　（　　）

6.用途较为广泛的成本转移价格有：标准成本、标准成本加成、标准变动成本。
（　　）

7.双重转移价格是指当某种产品或劳务在市场上出现几种不同价格时，供应方采用最高市价，使用方采用最低市价。　（　　）

8.基于差异化战略的平衡计分卡更加强调过程管理，客户、内部运营、学习与创新三个视角是实现差异化战略的根本，财务是为过程服务的。　（　　）

9.可控成本总是针对特定责任中心来说的。一项成本，对某个责任中心来说是可控的，而对另外的责任中心可能是不可控的。　（　　）

10.车间、工段、班组都可以成为成本中心，然而个人不可以成为责任中心。（　　）

11.在经济增加值（EVA）的计算中，资本成本的计算较为简单，容易统一。
（　　）

12.平衡计分卡从财务、客户、内部经营过程、学习与创新四个维度进行业绩评价，因此无法进行跨公司、跨行业的比较。　（　　）

13.绩效棱柱模型以利益相关者满意为出发点，以利益相关者贡献为落脚点。（　　）

14.平衡计分卡的实施不需要企业全员参与，仅需要财务部门的参与即可。（　　）

15.在经济增加值（EVA）的计算中，会计调整项目可以根据企业的实际情况进行调整，不存在主观判断的影响。　（　　）

五、计算分析题

1.A 成本中心生产某产品，预算责任成本为 90 000 元，实际责任成本为 105 000 元。

要求：计算 A 中心的成本变动额和成本变动率。

2.已知：某投资中心的投资额为 100 000 元，年净利润额为 18 000 元，企业为该投资中心规定的投资利润率为 15%。

要求：计算该投资中心的投资利润率和剩余收益。

3.某公司下设甲、乙两个分公司，其中甲分公司 2024 年的营业利润为 60 万元，平均经营资产为 200 万元。总公司决定 2025 年追加投资 100 万元扩大甲分公司经营规模，预计当年可增加营业利润 24 万元。总公司规定的最低投资利润率为 20%。

要求：

（1）计算甲分公司 2024 年投资利润率和剩余收益。

（2）计算甲分公司 2025 年追加投资后的投资利润率和剩余收益。

（3）根据以上计算结果，分别以投资利润率和剩余收益指标评价甲分公司的经营业绩，并说明甲分公司接受该追加投资是否有利。

4.某公司下设甲、乙两个投资中心。甲投资中心的投资额为 200 万元，投资利润率为 15%；乙投资中心的投资利润率为 17%，剩余收益为 20 万元。该公司要求的平均最低利润率为 12%。公司决定追加投资 100 万元：若投向甲投资中心，每年可增加利润 20 万元；若投向乙投资中心，每年可增加利润 15 万元。

要求：

（1）计算追加投资前甲投资中心的剩余收益。

（2）计算追加投资前乙投资中心的投资额。

（3）计算追加投资前该公司的投资利润率。

（4）若甲投资中心接受追加投资，计算其剩余收益。

（5）若乙投资中心接受追加投资，计算其投资利润率。

六、案例分析题

案例 1   绿色平衡计分卡在畅途快运的应用

畅途快运在日益激烈的市场竞争环境和可持续发展理念的推动下，意识到单纯依靠传统平衡计分卡难以全面反映企业的绩效，尤其是环境绩效。因此，畅途快运决定引入绿色平衡计分卡，以更好地适应市场变化和可持续发展的要求。

畅途快运在引入绿色平衡计分卡之前，主要采用传统平衡计分卡进行绩效评价，重点关注以下四个维度：

（1）财务维度：关注盈利性、运营效率、偿债能力和发展潜力等财务指标。

（2）客户维度：关键指标包括客户满意度和市场占有率。

（3）内部流程维度：通过分析营业成本和期间费用指标来衡量管理效率。

（4）学习与成长维度：关注企业对员工素质的培训。

随着社会对环境问题的关注度不断提高，畅途快运意识到需要将环境绩效纳入绩效评价体系，以提升企业的可持续竞争力。因此，畅途快运对传统平衡计分卡进行了绿色化改造，具体的绿色平衡计分卡体系框架见表11-5。

表11-5
畅途快运绿色平衡计分卡体系框架

维度	具体指标	说明
财务维度	绿色投资回报率	新增绿色投资回报率指标，衡量公司在环保设备和技术上的投入所带来的经济回报
	环境成本控制	将环境成本纳入运营成本控制指标，确保公司在追求经济效益的同时，有效控制环境成本
客户维度	绿色服务满意度	新增绿色服务满意度指标，通过客户反馈评估公司在环保包装、低碳运输等方面的表现
	绿色认证与合规性	考核公司是否获得相关的环境认证（如ISO 14001），以及在环保合规方面的表现
内部流程维度	绿色物流管理	引入绿色物流管理指标，包括运输过程中的碳排放控制、物流配送的优化等
	资源回收利用率	考核公司在快递包装回收和再利用方面的表现，推动资源的循环利用
学习与成长维度	员工环保培训	新增员工环保培训指标，考核公司对员工进行环保知识和技能的培训情况
	绿色技术创新	鼓励员工和团队提出绿色技术创新方案，推动公司在环保技术方面的进步

通过引入绿色平衡计分卡，畅途快运在环保方面的努力得到了社会和客户的认可，提升了企业的品牌形象，增强了市场竞争力。绿色平衡计分卡的实施帮助畅途快运在绿色物流领域取得了竞争优势，吸引了更多注重环保的客户。同时，通过将环境绩效纳入绩效评价体系，畅途快运能够更好地平衡经济效益与环境责任，推动企业的可持续发展。

畅途快运从传统平衡计分卡到绿色平衡计分卡的转变，体现了企业在适应社会发展和市场需求方面的灵活性和前瞻性。通过绿色平衡计分卡，畅途快运不仅提升了自身的环境绩效，还为快递行业的可持续发展提供了有益的借鉴。

要求：

（1）畅途快运为何从传统平衡计分卡转向绿色平衡计分卡？请结合案例说明其核心动因。

（2）结合案例，谈谈畅途快运实施绿色平衡计分卡对快递行业可持续发展的借鉴意义。

（3）结合党的二十大精神，谈谈从平衡计分卡到绿色平衡计分卡给你带来哪些启示。

案例2 华兴公司责任中心制度的建设

华兴公司是一家大型制造企业，其内部设有多个部门。为了更好地进行管理和控制，公司决定将这些部门划分为不同的责任中心。以下是公司内部的两个部门的情况：

生产部：负责产品的生产制造，其成本主要由直接材料、直接人工和制造费用构成。生产部的经理对生产成本有完全的控制权。

销售部：负责产品的销售和市场推广，其成本包括销售费用和市场推广费用。销售部的经理对销售成本有完全的控制权，但销售价格由公司总部统一制定。

公司总部对这两个部门的业绩进行考核，主要依据以下指标：

生产部：生产成本控制情况，包括单位产品的生产成本和生产效率。

销售部：销售收入和销售利润率，即销售收入减去销售成本后的利润占销售收入的比例。

要求：

（1）请根据责任中心的分类，判断华兴公司的生产部和销售部分别属于哪种类型的责任中心，并说明理由。

（2）假设公司总部要求生产部在下一年度将单位产品的生产成本降低5%，销售部在下一年度将销售利润率提高3%。请为这两个部门分别提出一些可能的改进措施，并分析这些措施对公司的整体业绩可能产生的影响。

（3）如果公司总部决定将生产部和销售部合并为一个利润中心，你认为这种调整是否合理？请说明你的理由，并分析这种调整对公司管理和控制可能产生的影响。

第三部分　参考答案

一、名词解释

1.责任会计

责任会计是指为适应企业内部经济责任制的要求、对企业内部各责任中心的经济业务进行规划与控制、以实现业绩考核与评价的一种内部会计控制制度。

2.责任中心

责任中心是责任会计的核算单位，是指承担一定经济责任，并享有一定权利的企业内部（责任）单位，是实施责任会计的始点和基础。

3.成本中心

成本中心是按成本水平评价、考核其工作成果的内部责任单位，是指只对成本或费用负责的责任中心，无须对收入、利润及投资负责。

4.利润中心

利润中心是指拥有产品或劳务的生产经营决策权，是既对成本、费用负责又对收入、利润负责的单位，它有独立或相对独立的收入和生产经营决策权。

5.投资中心

投资中心是既要对成本和利润负责，又要对投资及投资收益负责的内部责任单位。投资中心是最高层次的责任中心，它拥有最大的决策权，也承担最大的责任。

6.内部转移价格

内部转移价格又称调拨价格，是指企业内各部门之间由于相互提供产品、半成品或劳务而引起的相互结算、相互转账所需要的一种计价标准。

7.市场价格

市场价格简称市价，即以产品或劳务的市场供应价格作为计价的基础，以市场价格作为内部转移价格，其前提是各责任单位必须有充分的外购外销产品（或劳务）的自主权，而且这些产品或劳务都具有进入竞争市场的价格优势。

8.协商价格

协商价格又称议价，是指在正常的市场价格基础上，企业内部交易的供求双方通过定期协商，确定一个双方都能接受的内部转移价格。

9.双重价格

双重价格是指对产品（半成品）的供应和耗用单位分别采用不同的内部转移价格作为计价基础而制定的价格，即采用不同内部转移价格作计价基础。

10.成本转移价格

成本转移价格就是以转移产品的成本为基础制定的内部转移价格。

11.投资报酬率

投资报酬率又称投资利润率，是指投资中心所获得的利润与投资额之间的比率，可用于评价和考核由投资中心掌握、使用的全部净资产的盈利能力。

12.剩余收益

剩余收益是指投资中获得的利润，扣减其投资额按规定（或预期）的最低收益率计算的投资收益后的余额，是一个部门的营业利润超过其预期最低收益的部分。

13.平衡计分卡

平衡计分卡是从财务、顾客、内部业务流程、学习与成长四个维度，将组织的战略落实为可操作的衡量指标和目标值的一种新型绩效管理体系和战略管理系统。设计平衡计分卡的目的就是要建立"实现战略指导"的绩效管理系统，从而保证企业战略得到有效的执行。因此，平衡计分卡是加强企业战略执行力的最有效的战略管理工具。

14.绩效棱柱模型

绩效棱柱模型是指从企业利益相关者的角度出发，以利益相关者满意为出发点，以利益相关者贡献为落脚点，以企业战略、业务流程、组织能力为手段，用棱柱的五个构面构建三维绩效评价体系，并据此进行绩效管理的方法。

二、单项选择题

1.C	2.B	3.D	4.D	5.C	6.D	7.B	8.A	9.C	10.D
11.A	12.C	13.C	14.D	15.D	16.A	17.D	18.A	19.B	20.A
21.B	22.C	23.D	24.B	25.C					

难点解析：

1.投资中心是既要对成本和利润负责，又要对投资及投资收益负责的内部责任单位。

2.投资决策属于投资中心拥有的权利，因此选项B不属于。

3.剩余收益是指投资中获得的利润，扣减其投资额按规定（或预期）的最低收益率计算的投资收益后的余额，是一个部门的营业利润超过其预期最低收益的部分。

4.在对成本中心的工作成果进行考核时，应从全部成本中区分可控成本并加总得到责任成本，进而将其实际发生额与预算额进行比较，揭示二者之间的差异及其金额、性质、形成的原因，并根据此差异分析的结果，对各责任中心的工作成果进行奖惩，以促进预算责任目标的完成。因此，选项D正确。

5.成本中心是企业发生成本的部门或单位。由于它只对成本负责，因而对成本中心考核的重点是成本，并且以可控成本即责任成本为主要内容。

6.人为利润中心指在企业内部按照内部结算价格将产品或劳务提供给本企业其他责任中心取得收入，实现内部利润的责任中心。因此，选项D正确。

7.利润中心不具有投资决策权，因此选项B错误。

8.市场价格是制定内部转移价格的最好依据，因为市价比较客观，对买卖双方均无所偏袒，而且能促使卖方努力改善经营管理，同时市价也最能体现责任中心的基本要求。

9.双重价格是指对产品（半成品）的供应和耗用单位分别采用不同的内部转移价格作为计价基础而制定的价格，即采用不同内部转移价格作计价基础。

11.投资中心的管理特征是较高程度的分权管理。一般而言，大型集团所属的子公司、分公司和事业部往往都是投资中心；工厂、车间、工段、班组等一般属于成本中心。

12.标准成本加成是以产品（半成品）或劳务的标准成本加计一定的合理利润作为计价的基础。其能分清相关责任中心的责任，有利于划清买卖双方的经济责任，激励双方降低成本、增加利润，也有利于正确评价双方经营业绩。

14.剩余收益=100-（500×20%）=0

15.投资利润率=（20 000+3 000）÷（100 000+20 000）×100%≈19.2%

16.责任会计旨在通过落实经济责任实现对企业内各部门、各单位的协调与控制，其会计主体是经济责任的承担者。

18.协商定价时确定内部转移价格的最高上限是市价，下限是单位变动成本，具体水平由买卖双方在这个范围内协商确定。

19.双重转移价格是指供应方按市场价格或议价作为基础，而使用方按供应方的单位变动成本作为计价的基础。

24.企业在实施平衡计分卡时，可遵循以下步骤进行：确定公司的战略和目标；设计并确定评价指标体系；加强企业内部传递与沟通；确定目标值或评价标准值；反馈与修正。因此，实施平衡计分卡时，第一步是确定公司的战略和目标。

三、多项选择题

1.ACD	2.AB	3.BC	4.ABCD	5.AB
6.ABCD	7.ABCD	8.CD	9.BD	10.AC
11.ABC	12.ABC	13.ABCD		

难点解析：

1.责任中心是为了使各单位在其规定的责任范围内有责有权，积极工作，保证各中心目标的实现。责任中心可划分为成本中心、利润中心和投资中心。因此，选项A、C、D正确。

2.成本中心的考核指标包括成本（费用）变动额和成本（费用）变动率两项指标。

3.成本中心只考虑成本费用。成本中心一般没有收入来源，故只对成本、费用负责，而无须对收入、利润及投资负责。

5.成本中心包括技术性成本中心和酌量性成本中心。

8.剩余收益和投资利润率是投资中心考核的范畴。因此，选项A、B错误。

9.双重价格有两种形式：双重市场价格，是指当某种产品或劳务在市场上出现几种不同价格时，供应方采用最高市价，使用方采用最低市价；双重转移价格，是指供应方按市场价格或议价作为基础，而使用方按供应方的单位变动成本作为计价的基础。

11.平衡计分卡的优点包括：

（1）将业绩评价与战略紧密联系，将战略目标逐层分解并转化为评价对象的业绩评价指标和行动方案，使整个组织行动协调一致，推动企业战略目标的实现。

（2）从财务、客户、内部经营过程、学习与创新四个维度确定业绩评价指标，既包含财务指标，又包含非财务指标，使业绩评价更为全面完整，有助于对企业的长期发展潜力与实力进行评价。

（3）将学习与创新作为一个维度，注重员工的发展要求和组织资本、信息资本等无形资产的开发利用，有利于增强企业可持续发展的动力。

13.在计算经济增加值时需要对研究发展费用和市场开拓费、商誉、递延税项、各种准备等会计报表科目的处理方法进行调整。

四、判断题

1.×	2.×	3.√	4.√	5.×	6.√	7.×	8.√	9.√	10.×
11.×	12.√	13.√	14.×	15.×					

难点解析：

1.投资中心是最高层次的责任中心，它拥有最大的决策权，也承担最大的责任。

2.成本中是最基本的责任中心，只对成本、费用负责。

5.一个利润中心必然同时是成本中心；一个投资中心必然同时是利润中心、成本中心。

7.当某种产品或劳务在市场上出现几种不同价格时，供应方采用最高市价，使用方采用最低市价的方法为双重市场价格；双重转移价格是指供应方按市场价格或议价作为基础，而使用方按供应方的单位变动成本作为计价的基础。

10.凡是企业内部有成本发生、需要对成本负责并能实施成本控制的单位都可以成为成本中心，集团下属的子公司、车间、工段、班组甚至个人都可以成为成本中心。

11.在经济增加值（EVA）的计算中，资本成本的计算并不简单，也难以统一。资本成本包括债务资本成本和股权资本成本。其中：债务资本成本相对容易计算，但也会受到利率波动、债务结构等因素的影响；股权资本成本的计算更为复杂，通常需要使用资本资产定价模型（CAPM）等方法估算，且不同企业的股权资本成本差异较大。此外，企业在计算EVA时还需要对会计项目进行调整。这些调整也会影响资本成本的计算。因此，资本成本的计算不仅复杂，而且难以统一。

14.平衡计分卡是一种全面的业绩评价体系，其实施需要企业全员的参与，原因如下：第一，战略分解与执行。平衡计分卡将企业的战略目标分解为各个部门和员工的具体行动方案，需要各部门和员工的共同参与和执行。第二，跨部门协作。平衡计分卡的四个维度涉及企业的各个方面，需要财务、销售、生产、研发等部门的协作。第三，持续改进。平衡计分卡的实施需要持续地沟通、反馈和改进，这需要全员的参与和共同努力。因此，仅靠财务部门的参与是无法有效实施平衡计分卡的。

15.经济增加值（EVA）的计算中，会计调整项目确实需要根据企业的实际情况进行调整，但这些调整存在主观判断的影响。例如，递延税项和准备金项目的调整也需要根据企业的会计政策和实际情况进行判断。由于这些调整涉及会计估计和判断，因此不同的人可能会有不同的处理方式，从而引入主观性。这种主观性可能导致EVA的计算结果在不同企业之间缺乏可比性。

五、计算分析题

1.解：

成本变动额 = 105 000 - 90 000 = 15 000（元）

成本变动率 = 15 000 ÷ 90 000 × 100% = 16.67%

2.解：

投资利润率 = 18 000 ÷ 100 000 × 100% = 18%

剩余收益 = 18 000 - 100 000 × 15% = 3 000（元）

3.解：

（1）2024年的投资利润率 = 60 ÷ 200 × 100% = 30%

剩余收益 = 60 - 200 × 20% = 20（万元）

（2）2025年追加投资后的投资利润率 = (60 + 24) ÷ (200 + 100) × 100% = 28%

剩余收益 = (60 + 24) - 300 × 20% = 24（万元）

（3）甲分公司追加投资后的投资报酬率28%，小于追加投资前的投资报酬率30%，表明公司经营业绩有所下降，但剩余收益达到24万元，大于追加投资前的剩余收益20万元，所以甲分公司接受追加投资有利。

4.解：

（1）追加投资前甲投资中心的剩余收益=200×（15%-12%）=6（万元）

（2）追加投资前乙投资中心的投资额=20÷（17%-12%）=400（万元）

（3）追加投资前该公司的投资利润率=（200×15%+400×17%）÷600×100%≈16.33%

（4）甲投资中心接受追加投资的剩余收益=200×15%+20-（200+100）×12%=14（万元）

（5）乙投资中心接受追加投资的投资利润率=（400×17%+15）÷（400+100）×100%=16.60%

六、案例分析题

案例1答题要点：

（1）畅途快运转向绿色平衡计分卡的核心动因包括：第一，外部压力。社会对环境问题的关注度提高，客户对绿色服务的需求增加。第二，行业竞争。快递行业需通过差异化（如低碳物流）提升竞争力。第三，传统工具的不足。传统平衡计分卡缺乏环境绩效指标，无法全面反映企业可持续发展能力。第四，战略转型需求。响应国家"双碳"政策，推动绿色物流技术和管理模式创新。

（2）第一，理念转变。畅途快运的实践表明，快递企业应积极转变发展理念，将可持续发展纳入企业战略，从单纯追求经济效益向兼顾经济、环境和社会效益转变。行业内其他企业可以借鉴这种理念，提高对环境保护的重视程度，推动整个行业的可持续发展。

第二，绩效评价体系创新。绿色平衡计分卡为快递行业提供了一种新的绩效评价模式，将环境绩效纳入其中，使企业能够更全面地评估自身的运营情况。其他企业可以参考这种模式，建立适合自身的绿色绩效评价体系，引导企业在各个维度上关注可持续发展。

第三，绿色服务提升。畅途快运通过绿色平衡计分卡推动了绿色服务的发展，如环保包装、低碳运输等。这为行业内其他企业提供了示范，鼓励它们在服务过程中注重环保，提升绿色服务水平，满足客户对环保的需求，增强行业的整体竞争力。

第四，资源循环利用。畅途快运在绿色平衡计分卡中强调资源回收利用率，促进了快递包装的回收和再利用。其他企业可以借鉴这一做法，加强资源循环利用，减少资源浪费和环境污染，实现行业的可持续发展。

（3）党的二十大报告强调了人与自然和谐共生的现代化，提出要广泛形成绿色生产生活方式，推动经济社会发展全面绿色转型。畅途快运从传统平衡计分卡到绿色平衡计分卡的实践，为这一理念提供了生动的企业案例，带来以下启示：

第一，企业是推动绿色转型的重要力量。畅途快运通过绿色平衡计分卡，将环境绩效纳入绩效评价体系，不仅推动了自身的绿色转型，还通过供应链协同、绿色包装、低碳运输等方式，带动上下游企业共同实现碳减排。这体现了企业在推动绿色发展中的积极作用，符合党的二十大报告中"推动形成绿色低碳的生产方式"的要求。

第二，绿色转型与经济效益可以并行不悖。畅途快运在引入绿色平衡计分卡后，不仅提升了环境绩效，还通过绿色技术创新和资源优化实现了经济效益的提升。例如，畅途快运通过绿色包装减少了碳排放，同时也降低了包装成本。这表明，企业在追求经济效益的同时，可以通过绿色转型实现双赢，符合党的二十大报告中"实现高质量发展"的要求。

第三，企业应积极履行社会责任。畅途快运通过绿色平衡计分卡，积极参与社会环保活动，如"畅途快运森林"项目，推动公众参与碳中和。这种做法不仅提升了企业的社会形象，还为全社会的绿色发展贡献了力量，体现了企业履行社会责任的重要性，符合党的二十大报告中"坚持人民至上"的理念。

第四，绿色转型需要系统思维和全员参与。畅途快运的绿色转型涉及从包装、运输到供应链管理的全链条，需要企业内部各部门的协同合作和全员参与。这体现了系统思维的重要性，符合党的二十大报告中"坚持系统观念"的要求。企业应通过绿色平衡计分卡，将绿色理念融入日常运营，推动全员参与绿色发展。

总之，畅途快运从传统平衡计分卡到绿色平衡计分卡的实践，不仅为企业自身的发展提供了新思路，也为其他企业提供了绿色转型的有益借鉴。这一实践与党的二十大精神高度契合，体现了企业推动绿色发展、履行社会责任、实现高质量发展的时代要求。

案例 2 答题要点：

（1）责任中心类型判断及理由：

生产部：属于成本中心。因为生产部主要负责产品的生产制造，其业绩考核主要依据生产成本控制情况，而不涉及销售收入或利润的考核。生产部的经理对生产成本有完全的控制权，但不负责产品的销售和收入的获取。

销售部：属于利润中心。因为销售部负责产品的销售和市场推广，其业绩考核不仅包括销售成本，还涉及销售收入和销售利润率。销售部的经理对销售成本和销售收入都有一定的控制权，能够通过销售活动获取收入并创造利润。

（2）生产部改进措施：第一，采用更先进的生产设备和技术，提高生产效率，降低单位产品的直接人工成本。第二，优化原材料采购渠道，降低直接材料成本。第三，加强生产过程中的成本控制和管理，减少制造费用的浪费。

影响分析：以上措施能够有效降低单位产品的生产成本，提高生产效率，从而增强公司的成本竞争力。长期来看，有助于公司在市场上以更具竞争力的价格销售产品，提高市场份额和盈利能力。

销售部改进措施：第一，加强市场调研，了解客户需求和竞争对手情况，制定更有效的销售策略和市场推广计划。第二，提高销售人员的专业素质和销售技巧，提升销售团队的整体业绩。第三，优化销售渠道和物流配送，降低销售费用和市场推广费用。

影响分析：以上措施能够提高销售利润率，增加公司的销售收入和利润。同时，通过提高市场推广的效果和销售团队的业绩，能够进一步扩大产品的市场影响力和品牌知名度，为公司的长期发展奠定良好的基础。

（3）合理性分析：将生产部和销售部合并为一个利润中心，从表面上看，可以更好地协调生产与销售之间的关系，提高整个价值链的效率。生产部可以根据销售部的市场需求和销售计划来安排生产，而销售部也可以根据生产部的生产能力和成本情况来制定销售策略。此外，合并后可以减少部门间的沟通成本和协调难度，提高决策的效率。

影响分析：合并为利润中心的这种调整也可能带来一些负面影响。首先，合并后可能会导致责任不清，生产部和销售部的业绩考核标准变得复杂，难以准确评估各部门的实际贡献和业绩。其次，合并后可能会削弱各部门的专业性和灵活性，因为生产与销售的业务性质和管理要求存在较大差异，合并后难以兼顾各方面的需求。此外，合并后可能会增加管理的复杂性，需要重新设计和调整组织结构、管理流程和考核机制等，增加公司的管理成本和风险。因此，在决定是否合并时，公司需要综合考虑各种因素，权衡利弊，作出合理的决策。

第十二章

战略管理会计与环境管理会计

一、战略管理会计概述

(一)战略管理会计的产生与发展

目前,在西方经济发达的国家,该理论仍处于发展初期,无论是基本内容还是基本方法都尚未成熟、规范。对战略管理会计需要解决的主要问题的看法是基本一致的,即如何适应变化中的内外部条件,企业资源在内部如何分配与利用,如何使企业内部之间协调行动以取得整体上更优的战略效果。

(二)战略管理会计的特点与目标

战略管理会计的特点包括:①外向性;②长远性;③综合性;④动态性。

战略管理会计的目标可以分为最终目标和具体目标两个层次。战略管理会计的最终目标与企业的总目标一致,也就是企业价值最大化。战略管理会计的具体目标主要包括以下四个方面:①协助管理层确定战略目标;②协助管理层编制战略规划。③协助管理层实施战略规划。④协助管理层评价战略管理业绩。

(三)战略管理会计与传统管理会计的联系与区别

战略管理会计与传统管理会计的联系与区别见表12-1。

表12-1   **战略管理会计与传统管理会计的联系与区别**

联系	①战略管理会计是对传统管理会计的发展; ②战略管理会计是对传统管理会计的一次重大变革; ③战略管理会计对传统管理会计提出了挑战
区别	①战略管理会计提供了超越企业本身的更广泛有用的信息; ②战略管理会计提供了更多的与战略管理有关的非财务信息; ③战略管理会计改进了评价企业业绩的尺度; ④战略管理会计提供了更及时有效的业绩报告

(四)战略管理会计的新发展

1.战略管理会计的管理控制系统功能得到扩展

主要体现在:①新产品开发中的管理控制系统设计;②管理控制系统对产品创新的影响;③知识密集型公司管理控制系统的功能发挥;④时间会计中的价值观对管理控制系统的贡献。

2.基于互联网生态的战略管理会计发展

"互联网＋"、云计算和大数据等技术的发展为新经济时代的管理会计注入了新的活力，企业应将各种技术情境应用于管理会计工具和方法的创新，通过"互联网＋"等的思维和意识促进管理会计管理控制系统作用的发挥，使企业管理更加精细。

二、战略管理会计的基本内容

（一）企业的经营环境分析

1.企业的外部经营环境分析

外部环境又分为宏观环境和特定产业环境。宏观环境主要是指对所有企业产生较大影响的宏观因素。企业必须深入了解这些客观存在因素，并适应宏观环境对企业的要求。特定产业环境是指企业所属产业中的目标市场。相比较而言，特定产业环境直接关系到企业的市场占有率和盈利水平，因此特定产业环境分析应当是企业外部环境分析的核心。

2.企业内部经营环境分析

企业内部环境是指企业的内部条件，包括人力、物力资源，管理水平，经营者的领导才能等。综合内外部环境一起分析才能知己知彼百战百胜。

（二）价值链分析

价值链分析是一种战略工具，它是提高企业竞争优势的基本途径，不仅与企业所处的产业有关，而且与企业自身的生产经营也密切相关，因此价值链分析包括企业内部的价值链分析和产业的价值链分析。

1.企业内部的价值链分析

企业内部价值链是由企业内部为客户创造有价值产品或服务的一连串"价值活动"所构成的，这些"价值活动"之间是相互联系的。进行企业价值链分析，首先要找出企业内部最基本的价值链，然后把这个最基本的价值链分解为一个个单独的价值作业，最后再分别分析各作业成本在总成本中所占的比例、增长趋势、各作业的成本习性及与其竞争对手进行该作业的差异。

2.产业的价值链分析

价值链不是相互独立的价值活动的集合体。各项价值活动之间的相互联系是取得竞争优势的重要来源，而且价值链中包括多方面的相互联系。例如，原材料供应过程中与供应商之间的关系；企业经营过程中内部各单位或部门之间的关系；产品销售过程中与顾客之间的关系等。为寻求竞争优势，企业必须从更广的角度——产业角度来展开价值链分析。该系统既包括供应商的价值链，又包括客户的价值链。企业不仅应理解自身的价值链，还要理解自身价值活动对供应商及客户的价值链的适应程度，只有这样才能增强自身的获利能力。

（三）竞争分析

影响企业竞争强度的因素有：①新进入者的威胁；②顾客讨价还价的能力；③供应商讨价还价的能力；④替代产品的威胁；⑤现存企业的竞争。

（四）战略定位分析

1.公司层的战略定位

公司层战略定位是对企业整体事业范围的确定，包括经营类型及经营范围的定位、公司的宗旨和目标的确定等。

2.经营层的战略定位

经营层的战略定位应与企业和产业的具体状况相适应。目前使用比较广泛的是美国学者迈克尔·波特提出的三种竞争战略，分别是：成本领先战略、差异化战略和聚焦战略。

以上三种竞争战略的特征见表12-2。企业可通过比较、借鉴来选择和制定适合自身发展的竞争战略。

表12-2   三种竞争战略比较

项目	成本领先战略	差异化战略	聚焦战略
战略目标	整个产业范围	整个产业范围	特定市场
竞争优势	低成本	独特的产品或服务	特定市场的低成本或差异化或二者兼得
产品品种	品种多	品种有限	产品可能多或有限
生产	在保证产品质量和基本性能的基础上尽可能做到低成本	力求创新生产出差异化产品	生产出满足特定市场需要的产品
价格	低价格	较高价格	根据特定市场情况灵活定价

（五）战略成本动因分析

根据瑞利（Riley）的观点，战略成本动因可以分为两大类：一是结构性成本动因；二是执行性成本动因，其含义及包含的内容见表12-3。

表12-3   成本动因的含义和内容

成本动因	含义	内容
结构性成本动因	结构性成本动因是与企业的战略定位和经济结构密切相关的成本因素。不同的战略选择会导致企业不同的生产经营方式，进而导致截然不同的成本动因	①规模 ②范围 ③经验 ④技术 ⑤复杂性
执行性成本动因	执行性成本动因是在企业按照所选择的战略定位和经济结构进行生产经营的过程中，成功地控制成本所应考虑的因素，它也是决定企业成本水平的重要因素	①员工对参与持续改善的责任感 ②全面质量管理 ③生产能力的利用 ④工厂布局的效率 ⑤产品设计是否合理且容易制造 ⑥与供应商、顾客之间的联系

三、环境管理会计

（一）环境管理会计概述

1.环境管理会计的产生与发展

20世纪50年代，由于工业污染事件和环境污染事件的法律诉讼的发生，诉讼失败导致的经济赔偿和环境恢复费用成为企业会计核算的要素。但是，此时企业关心的仍是经济业绩，环境因素对财务的影响没有得到重视。

21世纪初，世界各个国家都制定了环境方面的法律法规来规范和制约破坏环境、浪费资源等行为，比如我国2014年修订了《中华人民共和国环境保护法》，美国出台了《国家环境保护法案》等。随着对环境会计研究的不断深入，可持续发展的概念被引入环境会计中。在这种形势下，企业的经营目标从股东价值最大化转化为利益相关者价值最大化。至此，人们认识到作出环境决策的不是会计人员而是管理层，必须从管理与决策的角度出发，建立环境管理系统，才能解决环境问题。

2.环境管理会计的概念

环境管理会计是通过将环境信息纳入管理会计的预测、决策、规划、控制和考核评价等工作框架，以充分考虑环境的成本和效益对组织影响的一种现代管理会计活动。

3.环境管理会计的基本内容

环境管理会计以达成企业股东效益最大化和企业可持续发展为双重目标，以收集、加工、处理和利用财务、环境和社会三类信息为主要手段，进而将环境因素纳入管理会计的规划、决策、控制工作内容之中。其具体工作内容包括：对环境效益与成本的预测与规划、环境成本的管理和控制、考虑环境因素的经营决策和投资决策以及对环境绩效的评价等。

4.实施环境管理会计的意义

第一，实施环境管理会计有助于企业进行科学决策。

第二，实施环境管理会计有助于提高企业的环境绩效和财务绩效。

第三，实施环境管理会计能够积极促进企业保护生态环境，顺利实现可持续发展。

（二）环境管理会计的应用

1.编制环境财务预算

企业通过编制预算将企业的经营目标分解落实，对其资源进行合理化的统筹安排，以保证目标的顺利实现。

2.控制环境成本

联合国国际会计和报告标准政府间专家工作组（ISAR）在《环境会计和报告的立场公告》中指出，环境成本为：本着对环境负责的原则，为管理企业活动对环境造成的影响而采取或被要求采取措施的成本，以及因企业执行环境目标和要求所付出的其他成本。环境成本由内部环境成本和外部环境成本构成。

3.考虑环境因素的经营决策和投资决策

企业在进行短期经营决策时，需要将可计量的环境成本与环境效益作为相关成本与相关收入纳入决策分析。

企业在进行长期投资决策时，一方面应将能够可靠估算的环境效益和成本计入估算项目的净现金流量；另一方面需要考虑项目未来在建设和运营过程中对环境可能产生的影响，以及项目是否符合环保标准和环保法律的规定。

4.评价环境绩效

环境绩效，是指企业通过努力减少对外部环境的影响而取得的结果，既包括企业的生产经营对外部环境造成的直接影响，又包括企业努力维持、修复、改善自然环境取得的成果。因此，狭义的环境绩效主要指企业各项环保指标的达标程度，而广义的环境绩效则包括企业进行污染防治、改善生态环境的贡献以及对资源有效利用等方面的综合成效。

环境绩效评价指标既包括财务指标，又包括非财务指标；既包括反映企业管理层努力程度的过程指标，又包括反映环境管理结果的指标。

企业在选取指标时，可以根据自身经营和行业特点，同时考虑信息处理的成本效益，选取和构建环境绩效评价指标体系，实施环境绩效评价。

第二部分 练习题

一、名词解释

1.战略管理会计

2.结构性成本动因

3.执行性成本动因

4.集中型战略

5.零成本

6.环境管理会计

7.环境绩效

二、单项选择题

1.下列哪项不属于战略管理会计的特点。（   ）

A.外向性 　　　　　B.长远性 　　　　　C.短视性 　　　　　D.综合性

2.下列（   ）不属于战略管理会计中的"战略三角"。

A.企业 　　　　　　B.客户 　　　　　　C.供应商 　　　　　D.竞争对手

3.传统管理会计的最终目标是（   ）。

A.利润最大化 　　　　　　　　　　B.社会责任最大化

C.顾客利益最大化 　　　　　　　　D.收入最大化

4.下列哪个选项不属于企业内部环境（   ）。

A.人力物力资源 　　　　　　　　　B.法律法规

C.管理水平 　　　　　　　　　　　D.经营者的才能

5.下列属于传统管理会计可以提供的信息的是（   ）。

A.财务信息 　　　　B.外部信息 　　　　C.非财务信息 　　　D.竞争对手信息

6.结构性成本动因不包括（   ）。

A.规模　　　　　　B.经验　　　　　　C.技术　　　　　　D.工厂布局的效率

7.战略管理会计重视企业与（　　　）的关系。

A.职工　　　　　　B.资金　　　　　　C.内部因素　　　　D.外部环境

8.下列哪个选项不属于企业外部环境（　　　）。

A.管理水平　　　　B.政治　　　　　　C.法律　　　　　　D.经济

9.战略管理会计与传统管理会计相比，提供了更多的与战略管理有关的（　　　）。

A.财务性信息　　　　　　　　　　　B.非财务性信息

C.统计信息　　　　　　　　　　　　D.内部信息

10.环境管理会计是通过将环境信息纳入管理会计的预测、决策、规划、控制和考核评价等工作框架，以充分考虑（　　　）的成本和效益对组织影响的一种现代管理会计活动。

A.生产　　　　　　B.环境　　　　　　C.人力　　　　　　D.技术

11.环境成本由内部环境成本和外部环境成本构成，随着环保法律制度的不断完善，外部环境成本逐渐（　　　）。

A.减少　　　　　　B.增加　　　　　　C.内部化　　　　　D.外部化

12.不属于环境管理会计基本内容的是（　　　）。

A.对环境效益与成本的预测与规划　　　B.环境成本的管理和控制

C.企业财务报表的编制　　　　　　　　D.对环境绩效的评价

13.环境管理会计的实施有助于企业进行科学决策，其依据的法律原则是（　　　）。

A.谁污染谁治理，谁开发谁保护　　　　B.污染者付费原则

C.可持续发展原则　　　　　　　　　　D.环境信息公开原则

14.下列各项环境绩效评价指标体系中，不包括（　　　）。

A.财务指标　　　　B.非财务指标　　　C.个人隐私指标　　D.过程指标

15.下列各项中，不属于广义的环境绩效指标的是（　　　）。

A.环保指标的达成度　　　　　　　　　B.企业进行污染防治的贡献

C.企业改善生态环境的贡献　　　　　　D.资源有效利用的综合成效

三、多项选择题

1.下列情况中，顾客有较大优势的有（　　　）。

A.顾客的购买量占企业销售量的比重大

B.有很多可供顾客选择的供应者

C.供应的产品被少数企业垄断且供小于求

D.顾客改变供应渠道的成本很低

2.下列情况中，供应商有较大优势的有（　　　）。

A.顾客改变供应渠道的成本很低

B.供应的产品被少数企业垄断且供小于求

C.所供应的产品不可替代

D.企业购买量占供应商产量的一小部分

3.战略管理会计理论中的竞争战略有（　　　）。

A.低成本战略　　　　B.差异化战略　　　　C.波动型战略　　　　D.集中型战略

4.传统管理会计对新制造环境的不适应性主要表现在（　　　）三方面。

A.成本计算系统　　　B.成本控制系统　　　C.业绩报告系统　　　D.成本核算系统

5.执行性成本动因包括（　　　）。

A.范围　　　　　　　B.规模　　　　　　　C.全面质量管理　　　D.员工责任感

6.结构性成本动因包括（　　　）。

A.经验　　　　　　　　　　　　　　　　　B.生产能力的利用

C.产品设计是否合理并容易制造　　　　　　D.复杂性

7.如何利用结构性成本动因来获取竞争优势（　　　）。

A.通过适度投资来降低成本　　　　　　　　B.选择企业适宜的纵向经营范围

C.通过积累经验不断降低成本　　　　　　　D.重视提高企业技术水平

8.如何利用执行性成本动因来获取竞争优势（　　　）。

A.工厂布局合理化　　　　　　　　　　　　B.产品设计合理化

C.大力推进全面质量管理　　　　　　　　　D.引导员工参与管理

9.影响企业竞争强度的因素有（　　　）。

A.新进入者的威胁　　　　　　　　　　　　B.顾客讨价还价的能力

C.替代产品的威胁　　　　　　　　　　　　D.现存企业的竞争

10.环境管理会计以达成企业股东效益最大化和企业可持续发展为双重目标，以收集、加工、处理和利用（　　　）三类信息为主要手段，进而将环境因素纳入管理会计的规划、决策、控制工作内容之中。

A.财务　　　　　　　B.环境　　　　　　　C.社会　　　　　　　D.竞争

四、判断题

1.战略管理会计可以完全替代传统管理会计。（　　　）

2.传统管理会计也可以提供关于竞争对手的信息。（　　　）

3.差异化战略有时会与争取占领更大的市场份额相矛盾。（　　　）

4.根据ISO 14031环境绩效评价体系，对评价企业环境绩效和影响的需要而言，最重要的指标是环境状况指标。（　　　）

5.互联网经济的"零成本"主要体现为三个零，即空间占据是零、时间消耗为零、运输成本是零。（　　　）

6.战略管理会计具有结果控制与过程控制相结合的动态系统的特征。（　　　）

7.执行性成本动因是与企业的战略定位和经济结构密切相关的成本因素。（　　　）

8.对于执行性成本动因而言，总是"越多越好"。（　　　）

9.尽管从整个市场角度看，聚焦战略未能取得成本领先战略或差异化战略的优势，但它却在其狭窄的目标市场中获得了一种或两种优势地位。（　　　）

10."互联网＋"对战略管理会计实践产生的冲击与影响是由其本身的特征所决定的。

（　　　）

11.环境管理会计的定义在国际上已经完全统一。　　　　　　　　　　（　　　）

12.环境管理会计的实施能够帮助企业实现股东价值最大化和可持续发展的双重目标。

（　　　）

13.环境成本仅包括企业内部承担的环境治理费用。　　　　　　　　（　　　）

14.企业实施环境管理会计有助于吸引投资者和客户，提升企业的社会声誉。（　　　）

15.环境绩效评价指标体系中，管理绩效指标主要反映管理层的努力程度，而经营绩效指标主要反映环境管理的结果。　　　　　　　　　　　　　　　　（　　　）

五、简答题

1.战略管理会计与传统管理会计的区别有哪些？

2.结构性成本动因具体有哪些内容？

3.影响企业竞争强度的因素有哪些？

六、案例分析题

案例1　　　　　　　　宁德时代战略与环境管理会计协同发展

宁德时代新能源科技股份有限公司（简称"宁德时代"）作为全球领先的动力电池系统提供商，以其卓越的技术创新实力与高瞻远瞩的战略布局，在竞争激烈的市场中崭露头角，不仅引领行业发展方向，更在全球能源转型与可持续发展进程中扮演关键角色。

在技术研发上，宁德时代坚守"技术为王，创新为本"的理念，持续投入大量资金，组建了一支由顶尖专家和优秀人才构成的研发团队，专注于材料科学与电化学领域。凭借不懈努力与创新，宁德时代成功推出高能量密度的三元锂电池和安全性极佳的磷酸铁锂电池。这些产品性能达国际领先水平，获市场广泛认可，成为国内车企首选。同时，宁德时代还与特斯拉等国际知名车企建立长期合作关系，进一步稳固其全球领先地位。

在研发环节，宁德时代遵循绿色设计原则，对材料和工艺进行全面环境影响评估。在材料选择上，优先采用可再生及低环境影响材料，降低对稀有和不可再生资源的依赖；在工艺设计上，优化流程，以降低能耗与废弃物排放，从源头减少环境负担。

在生产过程中，宁德时代致力于打造绿色工厂，通过引入先进设备与技术，优化流程和能源管理，实现生产智能化、自动化与绿色化。比如，借助智能制造系统精准控制生产过程，提高效率与质量；利用高效能源管理系统实时监测能耗，优化能源配置；采用先进污染治理技术，确保"三废"达标排放。

在环境管理方面，宁德时代深刻认识到新能源汽车产业的可持续发展离不开对电池回收问题的有效解决。面对电池回收这一行业难题，宁德时代主动承担起社会责任，建立了一套覆盖电池全生命周期的回收体系，对电池回收过程中的成本和效益进行全面、系统的分析和评估，合理规划回收网络和处理流程，实现了资源的高效回收和循环利用。同时，宁德时代积极与高校、科研机构等开展产学研合作，共同研发先进的电池回收技术和工艺，提高电池回收的效率和质量。另外，宁德时代还与各大车企、经销商等建立了紧密的合作关系，共同建立电池回收网点，拓宽电池回收渠道，提高电池回收的便利性和可及性。

在新能源行业快速发展的背景下，宁德时代的战略管理会计和环境管理会计发挥了显著的协同作用。以储能市场为例，当储能市场需求呈现快速增长趋势时，战略管理会计团队敏锐地捕捉到这一市场机遇，立即开展全面且深入的市场调研。通过对市场需求、政策导向、技术演进趋势以及竞争对手动态等多方面因素的综合分析，战略管理会计团队精准地确定了以高能量密度、长循环寿命为核心指标的储能电池研发方向，为企业的资源投入和业务布局提供了明确的战略指引。在战略管理会计确定了储能电池研发方向后，环境管理会计则从环保和可持续发展的角度出发，对研发、生产和回收等各个环节进行严格把控。在研发环节，环境管理会计参与对研发方案的评估，确保研发过程中采用的材料和工艺符合环保要求，避免对环境造成潜在危害；在生产环节，环境管理会计协助企业优化生产流程，降低能源消耗和污染物排放，实现绿色生产；在回收环节，环境管理会计运用全生命周期成本理念，对储能电池的回收和处理进行规划和管理，确保资源的高效回收和循环利用，减少对环境的负面影响。

　　通过战略管理会计和环境管理会计的协同作用，宁德时代不仅能够在激烈的市场竞争中准确把握市场机遇，实现业务的快速发展，还能够在环境保护和可持续发展方面发挥积极作用，实现经济效益和环境效益的双赢。这种协同管理模式为新能源行业的其他企业提供了宝贵的借鉴经验，也为推动全球新能源产业的可持续发展作出了重要贡献。

　　资料来源：编者根据宁德时代 ESG 报告及公开资料整理。

　　要求：

　　（1）宁德时代通过战略管理会计确定储能电池的研发方向，这一过程体现了战略管理会计的哪些作用？

　　（2）宁德时代在运用环境管理会计对生产过程中的环境成本进行核算时，如何准确识别和量化那些难以直接用货币衡量的环境影响，比如对周边生态系统的潜在破坏、对当地居民生活质量的间接影响等？

　　（3）宁德时代的战略管理会计和环境管理会计发挥了显著的协同作用，请分析两者的协同机制是怎样的？对企业发展起到哪些作用？

案例 2　　　　　　　　　施耐德电气环境管理会计应用

　　施耐德电气有限公司（简称"施耐德电气"）作为全球能源管理和自动化领域的佼佼者，一直致力于可持续发展。它将降低运营和产品全生命周期的环境成本、实现"碳中和"目标作为可持续发展战略的核心，并借助环境管理会计（EMA）工具来推动这一战略的实施。关键举措如下：

　　第一，能源成本与环境影响联动分析。施耐德电气开发了先进的 EcoStruxure™ 平台。该平台能够实时监控工厂的能源消耗和碳排放数据，将能源成本与碳足迹紧密关联。通过 EMA 工具对工厂运营数据的深入分析，成功识别出如生产线冷却系统等高能耗环节。针对这些环节进行优化后，单个工厂的能源效率显著提升了 15%，在降低能源成本的同时，也减少了碳排放，实现了经济效益与环境效益的双赢。

　　第二，环境成本内部化决策。在供应链管理方面，施耐德电气要求供应商提供碳排放数据，并将其纳入采购成本核算体系。例如，某供应商使用燃煤锅炉进行生产，导致环境成本过高，施耐德电气积极协助该供应商改用清洁能源，不仅帮助供应商降低了自身的环境成本，也使得整个供应链的碳成本得以降低，提升了供应链的可持续性和竞争力。

第三，绿色产品设计的经济性验证。通过EMA工具，施耐德电气对传统产品与绿色产品（如无六氟化硫开关设备）的全生命周期成本进行了详细对比。分析结果表明，虽然绿色产品的初期投资相对较高，但从长期来看，其维护和处置成本更低，具有更高的经济可行性和环境友好性。

资料来源：编者根据施耐德电气官网及公开资料整理。

要求：

（1）结合EcoStruxure™平台的功能，施耐德电气如何通过EMA工具实现能源成本与碳排放的联动分析？

（2）施耐德电气将环境成本纳入采购成本核算这一做法，给自身供应链管理带来了哪些机遇和挑战？

（3）结合案例分析，在当今数字化时代，如何有效地将EMA数据与数字化工具结合，以实现更高效的环境管理和成本控制？

第三部分　参考答案

一、名词解释

1.战略管理会计

战略管理会计是与企业战略管理密切联系的，它运用灵活多样的方法收集、加工、整理与战略管理相关的各种信息，并据此来协助企业管理层确立战略目标、进行战略规划、评价管理业绩。

2.结构性成本动因

结构性成本动因是与企业的战略定位和经济结构密切相关的成本因素。

3.执行性成本动因

执行性成本动因是在企业按照所选择的战略定位和经济结构进行生产经营的过程中，成功地控制成本所应考虑的因素。它也是决定企业成本水平的重要因素。

4.集中型战略

集中型战略是企业主攻某个特定的客户群、某产品系列的一个细分区段或某一个地区的市场。

5.零成本

互联网经济的"零成本"主要体现为三个零，即空间占据是零、时间消耗为零、信息交换成本是零。

6.环境管理会计

环境管理会计是通过将环境信息纳入管理会计的预测、决策、规划、控制和考核评价等工作框架，以充分考虑环境的成本和效益对组织影响的一种现代管理会计活动。

7.环境绩效

环境绩效，是指企业通过努力减少对外部环境的影响而取得的结果，既包括企业的生产经营对外部环境造成的直接影响，又包括企业努力维持、修复、改善自然环境取得的成果。

二、单项选择题

1.C	2.C	3.A	4.B	5.A	6.D	7.D	8.A	9.B	10.B
11.C	12.C	13.A	14.C	15.D					

难点解析：

2.“战略三角”是企业、客户和竞争对手。

3.传统管理会计的最终目标是利润最大化。

4.“法律法规”属于企业外部环境。

5.传统管理会计能提供的是内部信息和财务信息。

6.工厂布局的效率是执行性成本动因。

7.战略管理会计重视企业与外部环境的关系。

8.管理水平属于企业内部环境。

9.战略管理会计关注的是非财务信息。

10.环境管理会计的定义：环境管理会计是通过将环境信息纳入管理会计的预测、决策、规划、控制和考核评价等工作框架，以充分考虑环境的成本和效益对组织影响的一种现代管理会计活动。

12.环境管理会计的具体工作内容包括：对环境效益与成本的预测与规划、环境成本的管理和控制、考虑环境因素的经营决策和投资决策以及对环境绩效的评价等。

14.环境绩效评价指标既包括财务指标，也包括非财务指标；既包括反映企业管理层努力程度的过程指标，也包括反映环境管理结果的指标。

三、多项选择题

1.ABD	2.BCD	3.ABD	4.ABC	5.CD	6.AD	7.ABCD	8.ABCD	9.ABCD	10.ABC

难点解析：

1.“供应的产品被少数企业垄断且供小于求”使得供应商有较大优势。

2.“顾客改变供应渠道的成本很低”使得客户有较大优势。

3.战略管理会计理论中的竞争战略有低成本战略、差异化战略和集中型战略。

4.传统管理会计对新制造环境的不适应性主要表现在成本计算系统、成本控制系统和业绩报告系统。

5.范围和规模属于结构性成本动因。

6.生产能力的利用和产品设计是否合理并容易制造属于执行性成本动因。

7.这些方式都是在结构性动因方面可以采用的方法。

8.这些方式都是在执行性动因方面可以采用的方法。

9.这些方式都属于影响企业竞争强度的因素。

10.环境管理会计以达成企业股东效益最大化和企业可持续发展为双重目标，以收集、加工、处理和利用财务、环境和社会三类信息为主要手段，进而将环境因素纳入管理会计的规划、决策、控制工作内容之中。

四、判断题

1.×	2.×	3.√	4.×	5.×	6.√	7.×	8.×	9.√	10.√
11.×	12.√	13.×	14.√	15.√					

难点解析：

1.战略管理会计师传统管理会计的发展和补充，不能替代传统管理会计。

2.传统管理会计只提供内部信息。

5.互联网经济的"零成本"主要体现为三个零，即空间占据是零、时间消耗为零、信息交换成本是零。

7.结构性成本动因是与企业的战略定位和经济结构密切相关的成本因素。

8.对于执行性成本动因而言，并非总是"越多越好"，因为过度投入可能导致资源浪费和效率降低，关键在于合理优化和平衡。

13.环境成本由内部环境成本和外部环境成本构成。

五、简答题

1.两者的区别有：

（1）战略管理会计提供了超越企业本身的更广泛有用的信息。

（2）战略管理会计提供了更多的与战略管理有关的非财务信息。

（3）战略管理会计改进了评价企业业绩的尺度。

（4）战略管理会计提供了更及时有效的业绩报告。

2.结构性成本动因具体有如下内容：

（1）规模，指一项投资将形成多大的生产、研究开发和市场销售等资源的组合。

（2）范围，指企业进行纵向合并的程度，即企业跨越行业价值链的长度，企业的横向合并则更多地与规模有关。

（3）经验，对于企业进行的生产，随着产量的增加，工人在制造单件产品上所需的时间逐渐减少。

（4）技术，指在企业价值链的每一步运用了哪些处理技术。

（5）复杂性，指企业向顾客能够提供多大范围的系列产品或服务。

3.影响企业竞争强度的因素有：

（1）新进入者的威胁。新企业进入市场可能带来新的生产能力和资源，抢占现有企业的市场份额，加剧竞争。进入壁垒低时，新进入者威胁大。

（2）顾客讨价还价的能力。顾客购买量占企业销售量比重大、有众多可选择的供应者、改变供应渠道成本低时，顾客讨价还价能力强，会对企业定价和利润产生压力。

（3）供应商讨价还价的能力。当供应的产品被少数企业垄断且供小于求、产品不可替代、企业购买量占供应商产量一小部分时，供应商讨价还价能力强，可能提高供应价格，增加企业成本。

（4）替代产品的威胁。如果市场上存在能替代企业产品或服务的替代品，且替代品在价格、性能等方面更具优势，会吸引顾客购买替代品，降低企业产品的市场需求，增强竞争强度。

（5）行业竞争者的竞争。行业内现有企业之间为争夺市场份额、客户资源等展开的竞争，包括价格竞争、产品差异化竞争、服务竞争等。企业数量多、产品同质化严重时，竞争更为激烈。

六、案例分析题

案例1答题要点：

（1）第一，信息支持。提供全面的市场、技术和竞争信息，为决策提供数据支持。第二，资源配置。帮助企业明确资源投入方向，优化业务布局。第三，战略导向。通过分析外部环境和内部能力，制定符合企业长期发展的战略路径。

（2）第一，建立环境影响评估体系。宁德时代可以通过建立一套科学的环境影响评估体系，对生产过程中的各个环节进行全面评估。例如，在工厂选址阶段，就对周边生态系统进行详细的调查和分析，包括动植物种类、生态系统结构和功能等。在生产过程中，持续监测废水、废气、废渣的排放对周边土壤、水体、空气等环境要素的影响，以及噪声、振动等对居民生活质量的潜在影响。第二，采用定性与定量相结合的方法。对于一些难以直接用货币衡量的环境影响，可以采用定性描述和定量指标相结合的方式进行量化。比如，对于周边生态系统的潜在破坏，可以通过生物多样性指数、生态系统服务功能价值等定量指标来反映生态系统的变化情况。对于居民生活质量的间接影响，可以通过问卷调查、实地访谈等方式收集居民的反馈，然后进行定性分析和评估。第三，借助专业机构和技术手段。宁德时代可以借助专业的环境研究机构、科研院校等的力量，运用先进的环境监测技术和模型，对环境影响进行准确识别和量化。例如，利用遥感技术监测土地利用变化、植被覆盖度等生态指标，利用环境模拟模型预测污染物扩散和生态系统响应等。

（3）协同机制：

① 信息共享。战略管理会计在进行市场调研和战略决策时，收集的市场需求、政策导向、竞争对手动态等信息，与环境管理会计进行共享。环境管理会计依据这些信息，在研发、生产和回收环节制定相应的环保策略和措施。

② 目标一致。两者都以企业的可持续发展为目标。战略管理会计确定的业务发展方向和战略布局，考虑到了环境因素对企业长期发展的影响；环境管理会计在各环节的把控中，确保企业的经营活动符合环保要求，同时不影响企业的经济效益，支持战略管理会计目标的实现。

③ 决策协同在储能电池研发方向的确定过程中，战略管理会计提供市场和战略层面的分析，确定研发方向；环境管理会计则从环保角度对研发方案进行评估，提出改进建议，两者共同参与决策，使决策更加科学、全面。

对企业发展的作用：

① 把握市场机遇。战略管理会计能够敏锐捕捉市场机遇，为企业确定正确的发展方向。环境管理会计的协同，确保企业在抓住机遇的过程中，不会因环境问题而受到阻碍，

实现业务的快速发展。

②提升企业形象。通过协同作用，实现了经济效益和环境效益的双赢。这有助于提升企业在社会公众、投资者、客户等利益相关者心目中的形象，增强企业的品牌价值和市场竞争力。

③促进可持续发展。两者的协同使企业在发展过程中充分考虑环境因素，推动企业采用绿色技术和生产方式，实现资源的有效利用和环境保护，促进企业的可持续发展。

案例2答题要点：

（1）第一，数据实时获取。EcoStruxure™平台具有强大的实时监控功能，可对工厂的能源消耗和碳排放数据进行实时采集。它通过在工厂的各个关键节点（如电力设备、生产流水线、能源供应系统等位置）安装传感器，收集不同时段的能源使用量以及对应的碳排放数值。这些数据能够精准反映工厂在生产过程中的能源和环境相关情况。

第二，数据整合与关联。EMA工具接入EcoStruxure™平台获取实时数据后，将能源消耗数据和碳排放数据进行整合。它会根据能源的类型（如电力、天然气、煤炭等）以及对应的碳排放系数，建立能源消耗与碳排放之间的数学关联模型。

第三，深度数据分析。EMA工具运用先进的数据分析技术，对整合后的数据进行深入挖掘。它可以分析不同生产环节、不同时间段的能源成本与碳排放之间的关系。例如，通过分析发现某个特定生产环节在特定时间段内能源消耗高且碳排放大，进而识别出高能耗、高排放环节（如生产线冷却系统等）。

第四，动态监测与优化。该平台和工具能够对能源成本与碳排放进行动态监测。随着生产情况的变化，如生产计划调整、设备更新等，实时分析能源成本和碳排放的变化趋势。一旦发现能源成本或碳排放异常升高，系统会及时发出预警，并提供有针对性的优化建议。通过对高能耗环节进行优化，如调整冷却系统的运行参数、更换节能设备等，实现能源效率的提升，降低能源成本和碳排放，最终实现两者的联动控制和优化。

（2）机遇：将环境成本纳入采购成本核算，有助于施耐德电气筛选出更具有可持续发展能力的供应商，优化供应链结构。通过与供应商合作，降低碳成本，提升了整个供应链的环境绩效，增强了供应链的竞争力。同时，这也符合企业的可持续发展战略，提升了企业的品牌形象和社会责任感。

挑战：实施这一举措需要投入大量的人力、物力和时间成本来收集和分析供应商的碳排放数据，增加了供应链管理的复杂性。此外，如果部分供应商无法满足要求，可能会导致供应链的不稳定，影响企业的生产和交付。企业需要平衡环境要求和供应链的稳定性，寻找合适的解决方案。

（3）第一，搭建集成化数据平台。借鉴施耐德电气的EcoStruxure™平台，企业应搭建一个集成化的数据平台，将EMA数据与企业的其他运营数据进行整合。该平台要具备实时数据采集、存储和处理的能力，能够收集来自生产、采购、销售等各个环节的环境相关数据，如能源消耗、碳排放、废弃物排放等。通过统一的数据平台，打破数据孤岛，实现数据的共享和交互，为环境管理和成本控制提供全面、准确的数据支持。

第二，运用先进数据分析技术。利用大数据分析、人工智能和机器学习等先进技术，对 EMA 数据进行深度挖掘和分析。通过对大量历史数据和实时数据的分析，发现数据之间的潜在关系和规律，如能源消耗与生产效率、环境成本与产品质量之间的关联。

第三，实现数字化监控与预警。借助物联网技术，将传感器等设备部署在企业的各个关键位置，实时监测能源消耗、碳排放等环境指标。数字化工具能够对这些数据进行实时分析，当指标超过预设的阈值时，及时发出预警。

第四，支持供应链数字化协同。在供应链管理中，利用数字化工具实现与供应商的数据共享和协同。要求供应商提供环境数据，并将其纳入企业的数字化管理体系。通过对供应链各环节的环境数据进行分析和优化，降低整个供应链的环境成本。

第五，提供可视化决策支持。开发直观、易用的可视化工具，将复杂的 EMA 数据以图表、图形、仪表盘等形式展示出来。这些可视化工具能够帮助企业管理层和员工更直观地了解企业的环境绩效和成本状况，快速作出决策。

第六，促进数字化创新应用。鼓励企业内部的数字化创新，探索 EMA 数据与数字化工具结合的新应用场景和方法。例如，利用虚拟现实（VR）和增强现实（AR）技术进行环境模拟和培训，帮助员工更好地理解环境管理的重要性和方法；开发智能决策系统，根据 EMA 数据自动生成最优的环境管理和成本控制方案，提高决策的效率和准确性。

参考文献

［1］孙茂竹，支晓强，戴璐．管理会计学［M］．9版．北京：中国人民大学出版社，2020．

［2］孙茂竹，支晓强，戴璐．管理会计学学习指导书［M］．9版．北京：中国人民大学出版社，2020．

［3］吴大军，牛彦秀．管理会计［M］．7版．大连：东北财经大学出版社，2023．

［4］吴大军，牛彦秀．管理会计习题与案例［M］．7版．大连：东北财经大学出版社，2024．

［5］财政部会计司编写组．管理会计案例示范集［M］．北京：经济科学出版社，2019．

［6］孔德兰，许辉．管理会计实务［M］．6版．大连：东北财经大学出版社，2023．

［7］苑梅，朱璋龙．管理会计案例教程［M］．2版．大连：东北财经大学出版社，2024．

［8］刘萍，于树彬，时丹丹．管理会计习题与解答［M］．8版．大连：东北财经大学出版社，2023．

［9］王海燕，龚巧莉，汤琦瑾．管理会计教学案例［M］．大连：东北财经大学出版社，2023．

［10］杨晔．管理会计案例与解析［M］．北京：经济科学出版社，2019．

［11］温素彬．管理会计：理论·模型·案例［M］．3版．北京：机械工业出版社，2019．